大潮

改革开放的亲历者
激情澎湃的大时代

口述：

腾飞的故事

韩淑芳　主编

Koushu
Tengfei De Gushi

中国文史出版社

图书在版编目（CIP）数据

口述．腾飞的故事 / 韩淑芳主编．—北京：中国文史出版社，2018.5
（大潮）
ISBN 978-7-5205-0327-3

Ⅰ．①口… Ⅱ．①韩… Ⅲ．①改革开放—成就—中国 Ⅳ．① D619

中国版本图书馆 CIP 数据核字（2018）第 122685 号

责任编辑： 徐玉霞

出版发行：**中国文史出版社**
社　　址：北京市西城区太平桥大街 23 号　邮编：100811
电　　话：010-66173572　66168268　66192736（发行部）
传　　真：010-66192703
印　　装：北京地大彩印有限公司
经　　销：全国新华书店
开　　本：787 × 1092　　1/16
印　　张：21.75
字　　数：309 千字
版　　次：2018 年 7 月北京第 1 版
印　　次：2018 年 7 月第 1 次印刷
定　　价：62.80 元

《大潮》丛书

主　　编：韩淑芳

副 主 编：王文运　张春霞

策划编辑：（以姓氏笔画为序）

卜伟欣　牛梦岳　李晓薇　赵姣娇

高　贝　徐玉霞　梁玉梅　梁　洁

前言
PREFACE

改革开放，是中国人民在中国共产党领导下进行的一场天翻地覆的伟大革命，堪称中国乃至世界当代史上具有划时代意义的伟大事业。正如习近平主席所言："改革开放这场中国的第二次革命，不仅深刻改变了中国，也深刻影响了世界。"

13 亿多中国人民，在中国共产党的带领下，从农村到城市，从经济领域到政治、文化、社会、生态等方方面面，万众一心，锐意进取，艰苦创业，砥砺奋进，铸就了国家和民族发展史上史诗般的辉煌。古老的中国，从世界上最贫穷落后的国家之一，发展成为世界第二大经济体、第一大工业国、综合实力大国，中国人民的生活实现了从贫穷到温饱、再到总体小康的根本性转变。

这场历史上前所未有的大改革大开放，极大地激发了中国经济社会的生机与活力，调动了亿万人民群众的积极性。冲破人民公社旧体制、创造"大包干"的农民，抓住时代机遇、不惧风险、突破固有思维的个体经营者，艰苦创业、矢志不渝、勇于实践的企业家，为民族复兴与腾飞砥砺前行的科学工作者，奋斗在生产一线的大国工匠，心系祖国、积极投身改革开放事业的港澳台同胞和海外侨胞，为城市发展与崛起身先士卒、殚精竭虑的书记与市长，以及勇敢面对变革、迎接命运挑战的普通百姓……千军万马汇聚成波澜壮阔、激情澎湃的改革开放大潮。

我们有幸生活在这个大时代，我们有幸见证了中华民族走上复兴之路，我们有幸成为改革开放亲历者，我们有幸融为改革开放大潮中激情涌动的一滴水甚至一朵浪花。当一个个亲历者的经历、体悟与情感化作一篇篇生动、鲜活的文字，当我们阅读这些饱含激情与时代精神的文字，改革开放的大潮不禁砰然澎湃而来，激动着我们，感染着我们。

几十年来，人民政协各级机构征集编辑了大量反映改革开放的“三亲”（亲历、亲见、亲闻）文史资料，我们择其精华编辑了《大潮》丛书，通过亲历者讲述的一个个生动鲜活的故事，记录历史，见证岁月，讴歌时代。

韩淑芳

2018 年 6 月

目录
CONTENTS

第一章　使命神圣，责任在肩

第二章　砥砺奋进，铿锵前行

第一章

使命神圣，责任在肩

牛文元　致力“可持续发展”三十年，赢得世界声誉

“可持续发展”帷幕初启，中国首登世界舞台

1983年，第38届联合国大会通过决议成立“世界环境与发展委员会”（WCED），时任挪威首相布伦特莱夫人（Brundtland）任委员会主席，所以这个委员会也被称为布伦特莱委员会。1984年5月委员会正式成立，委员由22位世界著名的学者和政治活动家组成，其中包括中国生态学会的创始人、中科院院士马世骏教授。

世界环境与发展委员会的出现，是人类对共同面临问题的一种积极回应。因为过去一二百年以来工业革命所走过的道路，再往后已经被证明走不通了，那么面对即将到来的新千年，新的发展道路又在哪里?

为此，委员会的主要任务是：审查世界环境和发展的关键问题，创造性地提出解决这些问题的现实行动建议，提高个人、团体、企业界、研究机构和各国政府对环境与发展的认识水平。简言之，就是提出一条人类在21世纪的发展方面需要共同遵守的行为规则和健康可行之路。

当时，我正在美国做公派访问学者并即将回国。马世骏院士获聘为委员后，

立即给我写了一封长信，邀我从美国回来共同开展这项工作。马先生和我的导师——中科院地理研究所所长、著名地理学家黄秉维院士同辈，但他在信里说得很谦虚：

“已经同你老师说过了。我研究的面太窄，你的研究经历我了解，比较适合搞环境与发展领域的专业研究，希望你能回来与我一道承担委员会的工作。”

前辈竭诚相邀，我当即欣然应允。回国后，我和马先生每周都要碰一两次面，研究如何给委员会提建议。其中最重要的一点就是：必须确定发展中国家特别是中国在“可持续发展”中的见解及在全球所处的地位。布伦特莱委员会成立后，尽管已经按照国际惯例尽量希望将委员的比例分配得均衡一些，但大多数委员还是来自西方发达国家，他们强调：可持续发展的基本核心问题就是保护环境，这就等于遏制了发展中国家的发展权。对此我们当然不能认同。当时，发达国家的社会经济已经发展到相当的水平了，但发展中国家的社会经济尚处于起步阶段。中国当时也刚刚迈出改革开放的步伐，如果都跟着发达国家放弃发展去片面关注环境，我们只能一直穷下去，那怎么行？

为此，我们站在发展中国家的立场，明确、坚定地表达了上述观点，归纳起来主要包括四条建议：

第一，环境与发展应当保持平衡，应当和发展阶段相适应。我们不反对保护环境，也不赞成先污染后治理的做法，但是不能将发达国家的标准机械、教条地强加到发展中国家头上。不仅如此，对于发展中国家而言，发展还是现阶段的第一要义，不能扼杀发展中国家的发展权利。

第二，环境问题是全球问题，不是局部的和个体的，因此，解决环境问题也要以全球的、历史的视角去考虑。

第三，可持续发展中要体现公平正义。我们提出，西方国家在工业化以来的发展过程中，占有、消耗了大量发展中国家的自然资源和人力资源，这也是造成众多发展中国家发展落后、环境恶化的重要原因。因此，西方发达国家在“可持续发展”这一全球性议题中，有义务为发展中国家提供经费、技术等方面的补偿及援助，不能坐视不管。

第四，要制定有约束的行动纲领，呼吁世界各地应采取“政府主导、法律规范、企业先行、公众参与”的主导路线。

就这样，从 1983 年到 1987 年近四年的时间里，我们先后前往瑞典、日本等多个国家，围绕发展中国家、特别是中国在可持续发展中的国家权益问题和发达国家的委员（包括布伦特莱夫人本人）展开讨论甚至辩论。在此过程中，我们还持续不断地给委员会提供了其他不少有益的建议。

1987 年 2 月，在日本东京召开的第八次世界环境与发展委员会上，布伦特莱委员会提出的报告获得通过，这就是著名的《我们共同的未来》(也称《布伦特莱报告》)(*Our Cammon Future or Brundtland Report*)；随后又经第 42 届联合国大会通过后，于 1987 年 4 月正式出版。1989 年，报告中译本在中国大陆面世。

报告共分为“共同的问题”“共同的挑战”和“共同的努力”三部分，在集中分析了全球人口、粮食、物种和遗传资源、能源、工业和人类居住等方面的情况并系统探讨了人类面临的一系列重大经济、社会和环境问题之后，提出了三个鲜明观点：第一，环境危机、能源危机和发展危机不能分割；第二，地球的资源和能源远不能满足人类发展的需要；第三，必须为当代人和下代人的利益改变发展模式。

在此基础上，报告提出了“可持续发展”的概念并深刻指出：在过去，我们关心的是经济发展对生态环境带来的影响，而现在，我们正迫切地感到生态的压力对经济发展所带来的重大影响。因此，我们需要有一条新的发展道路，这条道路不是一条仅能在若干年内、在若干地方支持人类进步的道路，而是一直到遥远的未来都能支持全球人类进步的道路。这一鲜明、创新的科学观点，把人们从单纯考虑环境保护引导到把环境保护与人类发展切实结合起来，实现了人类有关环境与发展思想的重要飞跃。

可喜的是，在发展中国家的共同努力下，由我们集中提出的前述四条建议中，其中第一、第二两条和第三条的一部分被《我们共同的未来》这份人类可持续发展的奠基性和纲领性文件所采用，这就是后来人们常说的“两条半”。后来，因为马世骏先生和我在国内较早开展可持续发展研究并同世界接轨，有人就诙谐地把我们称为“一马一牛”，权当是对我们工作的认可和勉励吧。

在“生态环境预警”方面，中国给世界带了一个好头

虽然中国在“可持续发展”的世界性议题中成功地发出了自己的声音，但是“可持续发展”的理念刚进入国内时，一开始却遭到了冷遇，这既出乎意料，又在意料之中。当时中国正值改革开放初期，一门心思在搞经济增长。因为过去穷怕了，不少人现在一心只想着致富，至于发展经济的方式是不是科学，由此会不会造成环境恶化、生态破坏、资源枯竭等后果，则顾不上了。

1988 年，我接受了马世骏先生的建议，来到中科院生态环境研究中心工作。刚去不久，我就郑重提出：应当把“可持续发展”列入科研计划中。

这一建议遭到不少人的不理解和批评，质疑我们不过是在炒作一个新名词，在玩概念。但是我们心里非常清楚：西方发达国家 100 多年来走过的现代化道路就摆在我们面前，其中许多负面作用已经非常明显。对中国而言，在当下与未来的现代化进程中，如果不重视可持续发展，重复别人走过的弯路，肯定要吃大亏，且不说子孙后代，当代的发展都将难以为继；推而广之到全球，如果不走可持续发展的道路，地球承载力能不能支撑人类生存都是个大问题，对此我们应该吸取教训，而不是人云亦云、亦步亦趋。所以，不管别人怎么说，我和身边的志同道合者们都始终坚持自己的观点。在我们的积极倡导下，“可持续发展”最终于当年被列入中科院生态环境研究中心的科研计划中。

同年，时任国务委员、国家科委主任宋健指示国家科委给我们下达了一个任务：对中国生态环境的评价和预警进行研究。这是中国首次开展关于生态环境的基本评估，体现了中国政府的清醒认识和战略远见。研究组共有三人，由我任组长，胡鞍钢和王毅担任我的助手。在宋健同志的大力支持下，我们于 1989 年发

布了国内第一份《中国生态环境预警报告》。报告发布后，在国内引起很大震动，宋健同志为此还作了一个很长的批示，指出必须关注生态环境的问题。应当说，当时大家的注意力都在搞发展上，对于生态环境的问题可以说较少关注，所以这份报告一出，不少人开始认识并开始关注到环境、资源问题的紧迫性。

这份报告在国际上也产生了很大的反响。1990 年 8 月，第五届国际生态学会议在日本横滨召开，我代表中国生态学会出席。会议期间，我们把中国在生态环境预警方面的基本理论、方法、过程等向大会做了一个报告，引起了国际生态学会的极大兴趣和高度重视，日本国内的主流媒体也都刊载了这一消息。国际生态学会认为，在真正意义上对生态环境的预警，中国是最早开展此项研究的国家之一，可以说在世界上带了一个好头。

1991 年，经我提议，中国科学院开始筹备“环境与持续发展研究室”，这也是我国最早开展“可持续发展”研究的机构之一，旨在面向国家“可持续发展”战略需求及重大前沿问题开展研究。不料，此时却传来马世骏先生因车祸去世的不幸消息。当时我在美国，接到消息后立即赶回国内。马先生的意外离世，对我而言是失去了一位良师益友；对中国乃至世界的“可持续发展”领域而言，则是失去了一位难得的人才，这也让我深感自己在今后推动中国可持续发展研究方面更加责无旁贷。1992 年，中科院“环境与持续发展研究室”正式成立并由我任主任。

“地球峰会”上响亮发声，中国令世界刮目相看

1992 年 6 月，在《我们共同的未来》问世五年后，联合国环境与发展大会（又称“地球峰会”）在巴西里约热内卢隆重召开。这也是继 20 年前于瑞典斯德哥尔摩召开的联合国人类环境会议之后，环境与发展领域中规模最大、级别最高的一次国际会议，共有 183 个国家代表团和 70 个国际组织的代表参加了会议，102 位国家元首或政府首脑到会讲话。时任中国国务院总理李鹏应邀出席首脑会

议，与各国政要进行了广泛的高层接触；时任国务院环境委员会主任宋健率中国代表团参加了部长级会议，我也有幸以专家身份参加了大会。

应当说，这次“地球峰会”是在全球环境持续恶化、发展问题更趋严重的情况下召开的。会议围绕“环境与发展”这一主题，在维护发展中国家主权和发展权，发达国家提供资金和技术等根本问题上进行了艰苦的谈判。

对于这次大会，中国可以说是有备而来。一方面，随着生态安全、环境保护等理念在中国的推广，已经有越来越多的人开始关心加入到可持续发展的研究和实践中去，著名民间环保人士梁从诫先生就是其中一个典型的例子。

梁先生曾不止一次提及，他之所以开始关注环保，源于20世纪80年代我给《百科知识》月刊的一篇投稿。他也是这份刊物的创办人之一。在文中，我对当时方兴未艾、叫好声一片的乡镇企业提出警告：遍地开花的乡镇企业，使用的多数是大型企业的淘汰机器，是高耗能、高污染的家伙，实际上是把污染源扩大并分散，这对污染的治理会非常困难，将给中国的自然环境带来不可估量的隐患。在当时，认识到乡镇企业可能造成的潜藏环境危机，这篇文章算是比较早的一篇。梁先生曾说，这篇来稿他反复读过，每看一遍内心都会受到一次强烈的震撼，由此决定弃史而转投环保之路。

为此季羡林先生曾说：“从诫毅然抛开那一条‘无灾无难到公卿’的道路，由一个历史学家一变而为‘自然之友’。这是顺乎民心应乎潮流之举。我对他只能表示钦佩与尊敬。”

另一方面，中国政府对于可持续发展的支持力度也越来越大。1989年《中国生态环境预警报告》的研究发布后，宋健同志批示并呈报至国务院常务会议，时任国务院总理李鹏对此十分肯定。此外，原国家科委副主任邓楠、社会发展科技司司长甘师俊等也很积极地支持我们的研究。这一时期，原国家计划委员会也牵头开展关于生态环境保护、资源合理利用等方面的工作。不仅如此，中国政府还积极参与了联合国“地球峰会”的各项准备工作。1991年6月，中国发起并在北京主办了第一届“发展中国家环境与发展部长级会议”；7月，又向大会筹委会提交了《中华人民共和国环境与发展报告》，此外还先后担任筹委会和正式大会副主席。

从学术研究的角度而言，这一时期我们也做了不少工作，对于可持续发展的理论内涵、战略目标、行动路线、政策支持等开展了系统研究并形成了一套理论体系。值得一提的是，宋健同志本人在繁重的领导工作之余，还亲自对中国人口的发展问题进行了研究。正是有了社会、政府、学术界等各方积极的前期铺垫，尽管预计到了可能面临的困难，但我们对于参加这次“地球峰会”还是比较有信心的。

会议开始不久，由于国与国之间差别很大，社会制度不同、意识形态不同、发展水平不同，由此所造成的各种利益的博弈、各种理念的碰撞，使得大家坐在一起却谈不拢。当时，场内争论、场外游行，热闹得很。在这种情况下，中国充分体现出了大国的风范和智慧。

6 月 12 日，李鹏总理在大会首脑会议上发表讲话，阐述了中国政府关于加强国际合作和促进世界环境与发展事业的五点主张：

第一，经济发展必须与环境保护相协调。

第二，保护环境是全人类的共同任务，但是经济发达国家负有更大的责任。

第三，加强国际合作要以尊重国家主权为基础。国家不论大小、贫富、强弱，都有权平等参与环境和发展领域的国际事务。

第四，保护环境和发展离不开世界的和平与稳定。

第五，处理环境问题应当兼顾各国现实的实际利益和世界的长远利益。

这五点主张充分显示了中国政府站在各方利益，以及地球共同家园和人类子孙后代共同责任的视野中考虑“可持续发展”国际合作的基本立场，得到了广大发展中国家的支持，推动形成了各方都能够接受的普遍共识。

在各方的共同努力下，本次“地球峰会”终于圆满完成。其中，与会各国讨论后通过的《里约环境与发展宣言》(又称《地球宪章》)和《21 世纪议程》这两个纲领性文件，堪称史无前例。这次“地球峰会”的一大亮点是提出了人类“可持续发展”的新战略和新观念，包括人类应与自然和谐一致，可持续地发展并为后代提供良好的生存发展空间；人类应珍惜共有的资源环境，有偿地向大自然索取；人类为此应变革现有的生活和消费方式，与自然重修旧好，建立“人与自然和谐统一”这一全新的“全球伙伴关系”，以及人类之间应当和平共处等。

可以说，“地球峰会”为“可持续发展”的全球合作开了一个好头，中国也在这一重要时刻响亮庄严地发出了自己的声音。

此后，“中国声音”在与“可持续发展”有关的重要国际场合接连发出。继李鹏总理代表中国政府在1992年“地球峰会”上作出履行《21世纪行动议程》等会议文件的庄严承诺后五年，在1997年纽约举行的第19届特别联大（环境与发展问题联合国大会特别会议）上，我国向大会提交了《中国可持续发展国家报告》，时任国务委员宋健代表中国政府阐述了我国在推进可持续发展方面取得的成就和执行《21世纪议程》的进展情况，获得国际社会的高度评价。

十年后的2002年，在南非约翰内斯堡召开的“可持续发展”问题世界首脑会议上，时任国务院总理朱镕基代表中国政府在会上发表讲话，强调指出中国将坚定不移地走可持续发展的道路。

20年后的2012年，在里约热内卢召开的联合国可持续发展大会（“里约+20”峰会）上，时任国务院总理温家宝在《共同谱写人类可持续发展新篇章》的演讲中指出：中国作为负责任、有担当的发展中大国，它的发展将给世界带来更大的机遇、作出更大的贡献；中国愿与国际社会一道，描绘一幅“我们憧憬的未来”新蓝图，共同谱写人类可持续发展事业新篇章。

回顾一路走来的这段历史，从我的亲身经历的感受而言，应当说，“可持续发展”超越制度、信仰、文化，成为与人类命运休戚相关的共同主题，足见其生命力之强；而在国际社会“可持续发展”合作中求同存异、寻求最大公约数等方面，“中国声音”的发出则赢得了全世界的尊重。

十年一剑，“可持续发展”终成国家战略

1992年前后，国内搞“可持续发展”研究的人一下子多了起来，“可持续发展”研究也俨然成了一门“显学”。我想，这与中国政府的巨大努力和全社会的热切支持是分不开的。

实际上，在1992年里约“地球峰会”前后，中国国家领导人已经敏锐意识到中国必须走可持续发展的道路，我们在这方面的行动之果断快速，甚至超过一些发达国家。“地球峰会”结束后不到一个月，中国国务院环境保护委员会就组成了由52个部门及北京大学、中国科学院、中国社会科学院等300余名专家参加的工作小组进行多角度可操作性研究，编制《中国21世纪议程——中国21世纪人口、环境与发展白皮书》，根据我国情况制定可持续发展战略、计划和对策；同年8月，中国政府提出促进中国环境与发展的“十大对策”；此后，《议程》文本先后五易其稿并于1994年3月在国务院常务会议上正式通过。中国也成为世界上首个编制出本国21世纪议程行动方案的国家。《议程》中明确提出“加强环境教育，不断提高全民族的环境意识”“将可持续发展思想贯穿于从初等到高等的整个教育过程中”，足见中国政府将“可持续发展”上升为国家、民族战略的坚定决心。

于我个人而言，此时在“可持续发展”方面也已经有了十余年的研究和积累。1994年，我撰写的《持续发展导论》一书出版，成为国内第一部系统阐述“可持续发展”的理论专著。我在书中从资源、人口、空间、经济活动等七大变量的函数关系出发，论述了“可持续发展”的基本属性与基本规律。这本书刚出版时，也引起过一些争议，有人认为“可持续发展”概念的提出在全世界范围内也不过才几年时间，国内不可能这么快就出专著了。当然他们并不知道，实际上我至少从1983年起就开始进行这方面的工作了。这本书后来受欢迎的程度远远出乎我的意料，我可以自信地说，这项由我们中国人自己完成的“可持续发展”研究，

即便到现在也不过时。

同年，诺贝尔物理学奖获得者李政道和时任中国科学院院长周光召倡议发起“21世纪中国的环境和发展”高层研讨会并邀请我担任执行主席。当时，时任第八届全国政协副主席、中国科协主席朱光亚，全国人大常委会环境与资源保护委员会主任曲格平，国家科委副主任邓楠，国家环境保护局局长解振华，农业部副部长洪绂曾，中国科学院副院长孙鸿烈、许智宏，国务院发展研究中心名誉主任马洪等十余位中国科学院院士，以及来自全国各地的86位专家、学者等出席了会议。研讨会就中国下一世纪的发展方向、发展模式和发展前景等重大问题分七个方面的议题进行了多层次、全方位的探讨；围绕中国可持续发展的问题提出了多项有价值的建言，堪称我国在“环境与发展”领域中举行的首次大规模、高水平的学术研讨会。会后，由我作为执行主编将会议论文编辑出版，书名为《绿色战略：21世纪中国环境与可持续发展》，对此后中国制定“可持续发展”的国家战略起到了一定作用。

对中国而言，1995年到1996年称得上是“可持续发展”正式转化升级为国家意志的阶段。1995年9月，中共十四届五中全会正式将可持续发展战略写入《关于制定国民经济和社会发展“九五”计划和2010年远景目标的建议》，提出“必须把社会全面发展放在重要战略地位，实现经济与社会相互协调和可持续发展”。这是在党中央的文件中第一次使用“可持续发展”的概念。根据十四届五中全会精神，1996年3月第八届全国人民代表大会第四次会议批准了《国民经济和社会发展“九五”计划和2010年远景目标纲要》，将“可持续发展”作为一条重要的指导方针和战略目标上升为国家意志。1997年党的十五大更进一步明确将可持续发展战略作为我国经济发展的战略之一。

作为一名学者，看到自己经过十几年推动“可持续发展”的努力和成果融入国家发展战略中，感到由衷的高兴。尽管从学术研究的角度而言我们可能开展得比较早，但是要想让研究成果真正发挥战略作用、体现社会价值，还必须依靠国家层面强有力的推动，必须转化为国家意志和战略。10多年来，经过政府、社会、企业、公众等方方面面的努力，“可持续发展”终于走出象牙塔，走进各行各业、千家万户，由不被理解到广受欢迎；自己也总算实践了学以致用的信念，这是让我倍感欣慰的地方。

首部《中国可持续发展战略报告》的出台

随着“可持续发展”上升为国家战略，为了进一步深化“可持续发展”研究，我在 1998 年建议：对应国际标准编制一套系统的年度报告，深入研究、追踪“可持续发展”问题。

我的想法得到了时任中科院院长路甬祥院士的大力支持，他说：

“老牛，你要真下决心做这件事，你的团队就必须心无旁骛，也不要找什么机会到社会上去搞创收，就要稳定方向和人员，一心一意追踪全中国、全世界的‘可持续发展’问题，把研究做深、做透、做系统，如果这样行，我就支持你！”

我说：“院长，有你这番话，我这个决心就算是下定了！”

同年，中科院可持续发展战略研究组正式成立，由我任组长并兼首席科学家。从那时起，我和我的团队就一门心思走在“可持续发展战略”的世界前沿研究道路上，始终未曾离开一步。

1999 年，第一份《中国可持续发展战略报告》新鲜出炉。当时，我对路甬祥院长说：

“咱们这份报告，主要就是为了向国家决策层传递最新的科研成果，以更好地为决策提供科学支持。您要是有这个魄力，咱们就在每年两会期间向全国人大代表、全国政协委员免费赠送，人手一册。”

在院领导的支持下，我们坚持每年出一本研究报告，到今年已经连续出了 16 部。

通过这份报告，我们希望把有中国特色的“可持续发展”内涵、理论体系、战略要求、战略目标、战略路线图、独立的指标体系等提出来，以期在此基础上推动创立具有战略咨询价值的“可持续发展”理论指导体系。

事实证明，报告发布至今，引起了全社会极大的轰动和反响。每年，报告中所披露的内容都会引起全国人大代表、全国政协委员和社会媒体的广泛关注以及各方的热议。在报告中，我们开创了“可持续发展”综合性、基础性、战略性、前瞻性、社会性的系统学研究方向；提出了“生存、发展、环境、社会、智力五大支持系统”的“可持续发展”理论构架；利用了“可持续发展”的资产负债分析方法；建立了独立的“可持续发展”评价指标体系、资源环境综合绩效评价指标；提出了中国“可持续发展”的三个“零增长”目标；开展了“可持续发展”的综合性、专题性研究。

这些年来，《中国可持续发展战略报告》也已经与世界接轨并受到国际社会的高度关注和好评。

在联合国可持续发展委员会认定的全球最受重视的247份年度研究报告中，《中国可持续发展战略报告》位列其中。值得一提的是，2001年人类步入新千年之际，我们《报告》的研究团队专门在“可持续发展”框架下就“国家现代化”问题提出了一套全新的理论体系，引起了国际上同行的兴趣。在这项研究中，我们围绕中央提出的中国现代化建设“三步走”的战略，采用了“模拟追击”理论：假设以发达国家作为现代化的第一梯队，以发展中国家为第二梯队，发展中国家要追上发达国家的过程，至少取决于“目前差距”和“追赶速度”这两大变量。根据这两大变量，我们计算出了中国追上或者进入发达国家所需的时间，并且由此细化出中国各个省级地区达到世界发达国家水平的时间表，例如北京大致要在2018年。当然，现代化是一个动态发展、永不停歇的过程，并不是说我们赶上了发达国家，就不继续往前进了。这套现代化发展指标的设计比较严格，而且可以定量分析，这在世界上还是第一次，因此国际学界对此很感兴趣，专门在报纸上刊发书评进行介绍，并将它命名为“牛式指标”。

参与起草联合国“千年生态系统评估”

2001 年 6 月 5 日世界环境日到来之际，时任联合国秘书长安南宣布正式启动“千年生态系统评估”（Millennium Ecosystem Assessment，MA）。这是一个由世界卫生组织、联合国环境规划署和世界银行等组织资助的大型国际合作项目，当时预计耗资 2100 万美元、为期四年完成。作为世界上首个针对全球陆地和水生生态系统开展的多层次综合性评估项目，该项目旨在建立生态系统变化与人类福祉间的关系，从而推动生态系统的保护和可持续利用，为决策者、研究者和广大公众提供可靠的地球生态系统的变化信息，以保证社会经济的可持续发展。

中国在这个项目中发挥了重要作用。时任科技部部长徐冠华担任项目理事，赵世洞教授、刘纪远教授、欧阳志云教授和我等人也受联合国邀请，与来自 95 个国家的近 1500 位学者、非政府组织代表等一道，参与了研究工作。2003 年，在 51 位各国不同领域知名学者的共同努力下，《生态系统与人类福祉：评估框架》研究报告首先完成并公开出版。我和上述几位中国学者也作为作者参与了报告起草。这份报告是 MA 各项报告中最早出版的一部，作为全球“千年生态系统评估”的奠基性文本，它的出版为整个评估工作的顺利开展奠定了良好的基础。同时，由于报告在“生态系统与人类福祉间相互关系及其评估框架”方面的创新意义，它的问世也成为生态学发展到“全面为社会经济可持续发展服务”这一新阶段的里程碑。

2005 年，“千年生态系统评估”项目圆满完成，其成果在北京、伦敦、华盛顿等全球八大城市同步公开发布。研究成果向人类提出了严重警告：我们赖以生存的生态系统大部分正处于不断退化状态，生态服务的支撑能力不断减弱，这种情况在未来 50 年内还将进一步加剧。

为此，徐冠华部长代表中国政府在北京发布会上郑重提出：生态是全球性问题，需要世界各国共同努力。中国将开展有针对性的生态恢复和生态建设，包括建立节水型社会、实施荒漠化防治工程、在全国范围内推行东西部生态补偿机制等，以实现西部生态系统的良性恢复，为促进中国乃至世界的可持续发展进一步作出贡献。

“绿色GDP”构想：不断追求“好品质”的GDP

由于在“可持续发展”研究方面取得了一些成绩，2002年我在届内当选为第九届全国政协委员，同时任全国政协人口资源环境委员会委员，此后又连任两届。2003年，国务院正式下文聘请我为国务院参事，希望我为国家决策提供建议和咨询。

2001年新千年到来之际，为推进“可持续发展”研究，总部设在意大利的第三世界科学院（TWAS，2012年起更名为世界科学院）筹备创立社会经济学部。作为其中唯一的中国科学家，我成为首批十位院士之一并参与了社会经济学部的创立。

2007年，我被世界环境与发展领域的高规格奖项“国际圣弗朗西斯环境奖”委员会授予个人年度大奖，成为获得这一奖项的首位发展中国家人士，另一位获得个人大奖的是意大利前总统钱皮。评奖委员会在给我的颁奖词中说：

“自1988年以来，牛文元教授在中国最早发布了环境预警系统的报告，主持了国家‘可持续发展’的战略研究，开创了中国‘可持续发展’的理论体系、设计了‘可持续发展’的战略框架，揭示了发展行为的基本规律。”

我想，这些殊荣的获得，其中固然有个人的努力，但更重要的是反映出了中国这些年来在现代化发展中的科学理念、文明意识和在“可持续发展”方面为世界所作出的杰出贡献，以及由此所产生的国际影响力和来自国际社会的充分肯定。

2007年，我在向全国政协提交的一份提案中，呼吁加快研究建立绿色GDP核算制度。我在提案中提出：政治意愿与管理手段之间的不匹配是经济增长方式难以真正转变的根本原因，开展绿色GDP核算的重要意义，恰恰在于将资源消耗和环境污染的全景图示展示于整个核算过程之中。

我认为，作为衡量国家或地区财富和发展实力的核心指标，目前的 GDP 只是反映了经济增长的数量，却无法全面反映经济发展的质量，因此不能完整体现 GDP 作为社会财富度量的核心要求，也使其在这方面的科学性与准确性大打折扣。盲目追求 GDP 的数量增长，从国家发展的整体层面上来讲显然并不健康；更有甚者，伴随"以 GDP 论英雄"的泛滥，地方上还时而出现虚报 GDP 数字的现象，甚至造成各省 GDP 之和与国家 GDP 总量相差达几万亿元情况的出现。当然，在清醒认识 GDP 存在缺陷的同时也必须承认，GDP 作为 20 世纪人类"最伟大的发明"之一，其出现近百年来仍是综合衡量一个国家或地区财富积累的最佳指标，目前世界上还没有任何一个指标可以替代它。因此，我们既不盲目崇拜 GDP，也不盲目摒弃 GDP，而是应当认真研究如何正确认识和把握 GDP 的实质，对其加以精确化改造，这也成为落实科学发展观、加快经济发展方式转变的重要课题。

在此背景下，我和我的研究团队自 2010 年起创新思路，在全世界范围内首次独立研发了一套"中国 GDP 质量指数"体系，包括经济质量、社会质量、环境质量、生活质量和管理质量五大子系统及其分属的 15 个要素。其中，经济质量表明 GDP 生成过程中资源占用量及其对于物质、能量的消耗水平；社会质量表明 GDP 生成过程中对社会进步贡献的能力以及社会和谐对于 GDP 生成的反馈效应，强调公平对于效率的反哺能力以及社会状态对于 GDP 生成的基础性作用；环境质量表明 GDP 生成过程中生态环境的代价及其成本外部化效应；生活质量表明 GDP 生成过程中民众心理或意愿的幸福感和安全感；管理质量表明 GDP 生成过程中决策水平与管理水平的学习能力、调控能力、选择能力以及把握宏观经济走向的精准性、流畅性和前瞻性。

在围绕上述五大质量的理论建模框架下，我们完成了中国 GDP 质量的定量测算。2011 年 7 月，在中科院《中国科学发展报告 2011》中，公布了中国省区市 GDP 质量指数并进行了首次排名，北京、上海、浙江排名前三位。这一做法打破了按GDP数量排序论座次的格局。以广东省为例，就国家统计局发布的统计数据而言，它的GDP数量在全国31个省、自治区、直辖市里排名最高，但是按照五大质量核算，它的GDP质量只能排在第六位。这在国内引起很大震动，不少专家和业内人士都表示，中国应该不断追求“品质好”的GDP以及“绿色GDP”的成长。

这件事也引起了国际上的关注。同年11月19日，创刊160余年、被誉为美国最受尊敬刊物之一的《大西洋月刊》专载了克里斯托弗·米姆斯的文章《修补世界的五种尝试》，其中提到的第五种尝试，就是“中国的GDP质量指数”。文中指出：“牛文元教授认为该指数可以衡量一个国家的真实财富、可持续发展程度与社会和谐水平。”应当说，随着中国经济总量的不断壮大，世界上所谓“中国威胁论”“中国崩溃论”等言论也开始甚嚣尘上，原因之一就产生于对中国GDP的怀疑。因此，“中国GDP质量指数”的提出，对于世界打消对中国经济发展质量的顾虑和怀疑是有积极意义的；不仅如此，该指数对于世界各国经济发展质量的测评也具有普遍、积极的价值。

融入新型城市化的“可持续发展”

2006年，我在全国政协委员任上提出书面报告，建议在成都设立城乡一体化国家综合改革配套试验区。我的这一设想是基于对“可持续发展”的空间思考。公平正义是“可持续发展”的重要内涵，而城乡差异较大则是当时中国西部存在比较突出的问题。因此，我们建议借鉴上海浦东、天津滨海新区等成功经验，在西部搞一个统筹城乡发展的试点。

为此，我专门去四川成都进行了为期两个多月的调查，回京后在当年10月份起草了“以统筹城乡和城乡一体化为标志，建议国家设立‘和谐社会综合改革配套试验区’”的报告，通过全国政协递送国务院。报告经温家宝总理阅批后，国务院即派出由中央财经领导小组办公室副主任杨伟民率领的调查组到成都进行了为期一周的调查，调查认为我们反映的情况真实，进行这项工作很有必要。翌年 6 月，国务院正式发文，批准在成都、重庆设立“国家统筹城乡发展综合改革配套试验区”。

从那时起，城市化就成为我从事“可持续发展”研究的又一个关注方向。这里有三个原因。首先，这些年来随着中国的城市化率迅速提高，和过去以农村为主体的中国社会相比，这预示着一种社会形态巨大变革时代的来临。其次，随着城市化进程的不断加速，社会矛盾开始集中表现为城乡之间的矛盾，这以城乡之间的贫富差距为主要代表。最后，城市化向来是推动发展、促进消费的基本动力，它为工业化搭建平台，是国家财富增长的巨大引擎。

目前，中国的城市化率已经超过 50%。随着社会形态的改变，城市化之路接下来该怎么走？城乡差异怎么才能慢慢缩小？这是一个大课题。现在中央提出新型城镇化战略，关于这一点，我认为要解决好三个关键要素。

第一是“动力”，这也是新型城市化首先要面对的问题。推动方式不同，城市生产力水平的提升效果也会大相径庭。现在提出建设智慧城市，实际上就是要让城市生产力水平在信息化、在新动力的驱动下提升到一个新阶段。按照世界银行的说法，真正意义上的智慧城市，在现有投入不变的情况下，GDP 应增加 2—2.5 倍。

第二是“质量”。人们来到城市、建设城市是为了生活得更美好。就这个意义而言，城镇化的质量集中体现在“可持续发展”的水平上，也就是说城市的发展不能超越生态环境和资源的支撑限度。

第三是“公平”。一个城市的发展成果能不能惠及全体社会成员，即在人际之间、代际之间、城乡之间、城际之间能不能取得公平正义，缩小贫富差距，走向共同富裕。

这三大要素是新型城镇化中最基本的东西，缺了哪一个，都不能叫新型城镇化。这是我关于新型城镇化的第一个认识。

我的第二个认识是要重视“人的城市化”，这一点可以分为四个连续的步骤：

第一，人的解放。主要体现在打破农村、城市之间的户籍限制，形成人口在城乡间的自由流动。

第二，人的就位，也就是人来到城市后要立得住脚，要有饭吃、有活干。

第三，人的归化。主要体现在新老城市居民之间的融合、认同等。

第四，人的幸福。通过上述几个步骤，最后目的是要让所有人在城市生活得舒心、幸福。

当前，在国内新型城镇化的进程中，“智慧城市”是一个很热的概念。究其本质而言，“智慧城市”内涵与“可持续发展”在不断采用先进生产力的理念方面具有内在的一致性。首先，从城市健康发展的动力而言，“智慧城市”中无论是智慧产业、智慧交通等，都是希望通过充分借助知识、智慧和信息，提高环境资源的使用效益来创造更多的“绿色财富”，从而达到少用能源资源、少牺牲环境的目的。这与以往单纯投入资源、罔顾生态环境的发展方式是完全不一样的，体现了“可持续发展”中人与自然相和谐的理念。其次，“智慧城市”内涵中强调社会的公平正义，这也与“可持续发展”的理念相一致。“智慧城市”建设中提出要消除“信息孤岛”和“数字鸿沟”，实际上就是要从信息共享的角度，提供一个全社会共有的信息平台基础，让每个人都有机会共享信息时代的发展成果，在平等的起跑线上开展竞争。因此，真正意义上的“智慧城市”完全可以为中国的新型城镇化注入强劲动力。如果我们通过城镇化既创造了更多的财富，又减少了对自然的干扰，同时还能够使大家公平地享受，这不就是可持续发展吗？

大道至简

世间万象，尽管看上去纷繁庞杂、千变万化，但如果深入其最本质的东西，道理其实是非常简单朴素的，即谓“大道至简”。从事“可持续发展”这项研究30多年来，我逐渐体会到“可持续发展”的本质其实并不复杂，概括起来就是“人口、资源、环境、发展”四个要素四位一体的相互协调和系统优化，如果把它们之间的协调和优化搞好了，“可持续发展”肯定就没有问题。

总的来看，这四个要素之间的协调和优化包括两大关系，也就是“可持续发展”需要处理好的两大主线。

首先，人和自然的和谐。我常说，我们喝的水、呼吸的空气、吃的粮食，都是向大自然的索取，大自然都给我们记着账呢。有索取就得有回馈，两者要取得平衡，这就是人和自然的和谐。否则就像恩格斯所说，人类迟早会遭到自然界的报复。

其次，人和人的和谐。人和人之间的关系要基于公平正义、宽容互助、共建共享，如果没有这一条，“可持续发展”同样实现不了。人和人的和谐包括三层含义：一是代际和谐，不能“吃子孙饭、断子孙路”；二是区际和谐，国内不同区域要均衡发展；三是国际和谐，人类共存于一个地球村，各国对这个共同生活的家园都负有不可推卸的责任，在这个问题上谁也不可能独善其身。

就“和谐”这一点而言，“以和为贵”的人文精神是“可持续发展”的灵魂导向。因此，中华优秀文化传统在“可持续发展”中的时代意义正日益凸显。实际上，早在30多年前参与联合国“我们共同的未来”议题时，我们的观点中就已经融入了“天人合一”“中庸”等中华“和文化”的优秀思想并获得国际上的认可。我们现在谈可持续发展也好、新型城镇化建设也好，都离不开“和谐”这一文化精神的感召。以智慧城市为例，信息化技术和平台只能是实现发展的手段和工具，和谐、共享的人文精神才是其“智慧”内涵之所在。达到城市信息化的目的，最终还是为了实现公平、正义、社会和谐，这就是人文精神对智慧城市的指引。缺少了人文精神的城市，谈不上有真正的智慧，也不可能真正实现可持续发展。

当前，中国的有识之士提出了文化自觉、文化自信、文化自强这个大题目，我非常赞成，文化也需要“可持续发展”。一方面，我们要传承好本民族的优秀传统文化，在此基础上结合时代的需求传承发扬、推陈出新；另一方面，我们也要重视不同文化间的对话和融合，美美与共，共同繁荣，这样才能提升民族文化和人类文化共同的生命力。

计利当计天下利

于我个人而言，多年来能一直参与“可持续发展”这项事业，感到很庆幸。我受孔夫子“学以致用”的影响比较深。小时候家里穷，念书对我来说是件奢侈的事，当时就想，我这辈子到世上不能白来一趟，一定要做成点事，当然最初的想法还只是停留在“成名成家”上。后来，随着我理解的加深，认识到“学以致用”不能只为求个体之名利，而是要利己利人、达己达人，尽平生所学对国家、社会、大众作出一些贡献，即谓“计利当计天下利”。我之所以选择“可持续发展”作为事业方向，也是认为在这方面更能为推进社会进步尽点力。

我给学生上课，第一堂课一定不讲知识、不讲技术，讲做人。对于做人，我的理解也就六个字：头两个字是“敬畏”，敬畏自然、敬畏真理。敬畏之心可使我们的行为不至于出格。接下来的两个字是“感恩”，感恩“天地君亲师”，这些都是扶助我们成长最基本的条件。“天地”指自然，“君”可以理解为令我们得以安身立命、赋予我们文化内涵的国家、民族；“亲”包括亲人，也包括更广泛的朋友；“师”指所有对我们有过帮助教益的人，所谓“三人行必有我师”。最后两个字就是“宽容”，宽容是一种修养，也是让自己时常感到幸福的一个重要条件，宽容一步，海阔天空。如果能够将敬畏、感恩和宽容融入“可持续发展”的制度、观念和文化里，从而以此来塑造人的精神世界，相信对于祖国、对于人类、对于“我们共同的未来”，将会非常有意义。而这，也是我的期许。

（作者时任中国科学院可持续发展战略研究组组长、首席科学家　潘飞/整理）

戚发轫　凭着航天精神，圆了中国人的航天梦

航天产业对于一个国家非常重要。中国航天事业的奠基人钱学森同志说过，航天技术被世人普遍认为是20世纪现代科学最重大的成就和发展最快的学科之一，是当代科学技术与基础工业最新成就的高度结合，是一个国家科技水平和综合国力的重要标志。胡锦涛同志曾在神舟六号飞船发射庆功会上讲过一句话，他说："无垠的太空是全人类的财富，探索太空是全人类的追求。"中国人有权利利用这个资源，中国人也有义务去探索这个空间。美国前总统小布什也在2004年讲过，在新世纪，谁能够有效地运用太空资源，谁就能够获得更多的财富和安全。

先把"地球上的事"办好

1970年，苏联、美国处于冷战时期，争相搞载人航天工程。1971年4月，我国也将载人工程的研发提上了日程，称作714工程。但当时载人航天技术久攻不下，大家也有争论——在这样困难的条件下，国家到底该不该花这么多钱去作这项研究？最后，周总理说，以现在的情况，我们不跟他们搞这个比赛，而要先把地球上的事办好。他的意思是，让我们先做好民用卫星技术的研究，让老百姓受益，再去研发载人航天工程。这是个重大的决策。所以，1975年，载人航天工

程暂时下马。但此前所做的工作也为日后正式开展载人航天工程积累了经验。

总理下达指示后，我们便集中精力研发通信卫星、气象卫星、返回式卫星，等等。现在看来，这个决定是非常正确的。举例来说，1984 年之前，中国没有通信卫星，中央电视台的节目是依靠微波中转传送的，每隔 50 公里建一个中继站，成本非常高，而且覆盖面积小，信号也不好。当时不是全国各地都能收到电视节目，电视机几乎卖不出去。1975 年实施 331 卫星通信工程，研制了“东方红二号”通信卫星、“长征三号”运载火箭，在西昌建了一个发射场，在北京和新疆建了通信地面站和包括“远望号”测量船在内的测控系统。1984 年 4 月 8 日，我国在西昌卫星发射中心，用“长征三号”运载火箭将“东方红二号”卫星送入了距离地球赤道上空 3.6 万公里的地球静止轨道，定点于东经 125°。从此，全国各地都能收到电视信号，接收信号的天线一下子如同雨后春笋般到处架设起来，电视机变得供不应求。1984 年的国庆大阅兵，全国老百姓都能从电视机里看到实时直播。

通信卫星的研发工程是 1975 年由毛主席亲自批示的，投资了十个亿。如今，我国已经先后发射了“东方红二号”“东方红三号”“东方红四号”卫星，“东方红五号”正在研制中。并且，我国自主研发的通信卫星已经出口到尼日利亚、委内瑞拉、巴基斯坦等南非、南美和亚洲国家。

为把中国的测控能力覆盖到全球，保证中国的航天器和航天员在地球任何地方都能和指挥中心保持实时联系，我国又研发了中继卫星来解决这个问题。目前，我国已经发射了“天链一号 01”星、“天链一号 02”星、“天链一号 03”星共三颗中继卫星，建立起第一代中继卫星系统。信号可经中继卫星实时转至地面，大大提高了信息传输的效率。这样中国的航天员在任何地方都可以和家里通话，对地观测卫星的信息随时都可以实时传到国内。

除了信息传输，卫星还有一项很重要的功能是信息获取。通过设计轨道，令卫星定期到指定位置获取信息便是其中一项内容。这项功能应用比较典型的是气象卫星。每晚中央电视台的天气预报上播放的云图就是我们自己的卫星——“风云二号”静止轨道气象卫星拍摄下来的。还有“风云三号”极地轨道气象卫星，负责在一定时间内获取全球的气象资料和云图。我国曾宣布，所获取的气象资料无偿地提供给世界各国使用，因此，世界气象卫星组织的主席曾由中国人担任。

卫星第三项重要功能是信息发布，即导航定位。要满足国民经济发展和国防建设需求，必须依靠全球导航定位系统。目前，美国、俄罗斯已各自建立起自己的全球导航系统，欧洲很多国家也在建立自己的全球导航系统，我国一直是使用美国的 GPS 系统，但建立起独立的自主可控的系统是发展的必然趋势。但不是发射一两颗卫星就行了，这个系统起码得发射二三十颗卫星之后才能建成。

我国科学家陈芳允提出，在静止轨道的两个不同位置分别放上一颗卫星，再加上地面站，可以形成一个区域性导航系统。目前，这个系统已经建成，称作“北斗一号”。我国在建的自主可控的全球导航定位系统“北斗二号”，到目前已发射 14 颗卫星，拟到 2020 年之前共发射 30 多颗。届时，我国对于车、船、飞机、导弹、巡航弹等活动目标均可实现导航定位。

迄今为止，我国已发射卫星 200 多颗，仍在工作的有近 100 颗。当前太空中工作着的卫星有将近 1000 颗，其中美国占了 490 多颗，欧洲和俄罗斯分别为 100 多颗。从数量上讲，我国很快就会超过 100 颗，但是与美国等先进国家相比还是少。但从每年的发射数量上讲，俄罗斯占第一位，美国和中国不是并列第二，就是中国第二、美国第三。我相信，不久我国在轨卫星的数量将超过它们。俄罗斯确实发射了很多，但也掉下来不少，近三年失败过八次，而这种情况在我国近年来是没有过的。

在看到成绩的同时，我们也要看到自己同世界先进水平的差距。比如，卫星照相的分辨率，其他国家可以精确到零点几米，我国还只是一米；世界上寿命最长的卫星是 15—18 年，我国的卫星寿命最长的则是十三四年。

中国人要上天，而且要快

随着我国综合实力的不断增强以及国际形势的变化，1986 年，王大珩、陈芳允、王淦昌、杨家坪四位科学家挥笔上书，将“跟踪世界先进水平，发展我国高技术”的建议呈报中共中央。邓小平同志立即批示：此事宜速决断，不可拖延。随即组织数百名科学家进行反复论证。经中共中央、国务院批准，《中国高技术研究发展计划纲要》迅速在全国得以开展实施。由于上述事件均发生在1986年3月，所以该纲要又称作“863计划”。

“863计划”中的一个重要部分是中国载人航天工程。专家组经过五年的论证，得出结论：第一，中国人一定要上天，而且要快，否则跟不上世界发展形势；第二，中国人载人航天要用飞船，而不是航天飞机；第三，要想搞飞船，需要做好哪些方面的准备工作。

用飞船而不用航天飞机，这是专家组经过严谨论证之后得出的结论。虽然航天飞机是世界顶尖水平科学技术的集成，但不适合中国国情。航天飞机技术难度大，比大飞机复杂得多，而我国的大飞机至今仍在研发当中。此外，航天飞机的一个特点是上天之后可以再回来，虽可以重复使用，但穿越大气层时，2000℃的高温会将机身表面的几万片防热瓦烧毁，再次发射的时候需要全部更换，造价太高。并且，航天飞机没有救生系统，万一出现故障，会直接威胁航天员的生命安全。美国“挑战者”号与“哥伦比亚”号航天飞机的失事曾造成共14名航天员遇难，这个教训是非常惨痛的。美国自己承认采用航天飞机是一个错误的决策，现已令航天飞机退役。

经过充分的准备工作，1992年，中国载人航天工程正式上马。计划分三步走，第一步是载人飞船阶段，要求研发飞船载人上天，运行一段时间之后安全返航。也就在这个时候，我被任命为载人飞船总设计师，负责总体工作。

我在俄罗斯观看过“联盟”号飞船的发射过程，三个航天员上天前总设计师要签字表示一切准备就绪，可以发射。载人航天是人命关天的事，我的压力可想而知。但是，这是国家交付的任务，我自然义不容辞。

要实现载人航天，首先得研发出无人飞船。中央给我们的任务是“争八保九”，即争取在1998年首次发射无人飞船，确保在1999年首次发射。1998年11

月，江泽民主席、李鹏委员长、朱镕基总理参观载人飞船初样产品以后提出：能否在 1999 年国庆的时候发射成功？要知道，这在当时几乎是不可能实现的。时间紧不说，按航天产品的研制程序，初样只能用于地面试验，初样试验之后，要重新投产正样产品才能上天。然而，我们的任务是“争八保九”，1999 年又是国家大庆之年，澳门也要回归了。为此，我们发动群众集思广益，提出一个大胆的方案，就是用初样产品改装成一个最小配置、保证能回到中国腹地的试验飞船方案，来落实中央领导的要求。经中央批准，在工程领导的大力支持下，经过大家的不懈努力，“神舟一号”最终按预期时间发射成功，返回落点离预定地点不超过十公里。

我对“神一”怀有特殊的感情。1992 年中国载人航天飞船工程立项时，我国正处于从计划经济向市场经济转变初期，社会上广为流传的一句话是“搞导弹的不如卖茶叶蛋的”。我们这些搞军工科研的人，在当时既不“光彩”，也不“实惠”，所以院里好多年轻人或下海，或出国，或到了外企，研发队伍就是由我们这些五六十岁的人和一些留下来的年轻人组成的。有人产生了怀疑：“这样的队伍能搞飞船吗？”然而，“神舟一号”的成功发射，证明我们这个队伍是能胜任的，我们经受住了质疑和考验。因而，“神一”的成功对我来说，非常值得纪念。“神十”发射前，我还专程去了一趟“神一”的落点，以作怀念。

后来发射“神舟五号”的时候，有人问我为什么不紧张，我说，我最紧张的时候是发射“神舟一号”，因为那是第一次上天，冒着一定的风险。而“神五”虽然是载人飞船，但是此前我们已经成功发射了四次无人飞船，把所有的问题都解决了，应该说还是很有把握的。

我们的航天员要穿自己的航天服

载人航天工程的第二步是空间实验室阶段，为建立空间站做技术准备。这一阶段必须突破四大技术关键。

一是出舱。搞载人航天，航天员不仅仅是跟随飞船发射出去并安全返回那么简单，他们自己还要做很多工作。除了日常的监控、做试验之外，假如飞船、空间站出现故障，航天员甚至需要到舱外进行修理工作。“神七”运行过程中，航天员就曾出舱把一个部件卸下来拿回舱里，这是我国航天员首次在太空中出舱作业。这项工作看似简单，却不知让科研人员付出了多少心血。其中，关键技术是研制舱外航天服。为了保证航天员在天上生活得比较舒适，舱内运用了先进技术进行减震降噪，并且严格控制温度、湿度。若要出舱，舱外航天服须代替飞船，为航天员提供保温、供氧等功能。航天服研制技术的成熟与否，直接关系到能否保障航天员的生命安全，因此必须做到万无一失。研发“神七”时，我国已与航天服研制技术较为成熟的俄罗斯签订了协议，拟通过购买他们的舱外航天服进行解决。但我们觉得，舱外航天服作为关键技术，若不自主研发，无论如何都说不过去。我们将意见反映到上级领导机关，领导同志经过慎重考虑，作出决定：我们的航天员要穿自己的航天服出舱活动。经过严密组织，各单位的大力协作，我们终于研制出了自己的舱外航天服。因与俄罗斯签订有协议，我们不能违约，所以，“神七”发射时，翟志刚是穿了我国自己研制的航天服出舱的，而刘伯明是穿了俄罗斯的航天服，没有出舱，但也算给了俄罗斯一个交代。

二是交会对接。这是规模最大、最复杂的工作，风险也比较大。所以当时的计划是做两次无人交会对接，一次有人交会对接。由于技术准备充分，严密组织，通过对“神八”“神九”两次飞行就圆满完成了任务。所以，到“神十”发射时，除了再次验证，又增加了多项科学试验项目和工程试验项目，如中德合作的空间生物的科学试验和飞船绕飞的工程试验。

三是补加技术。航天员长期在太空工作，要保证提供水、氧气、推进剂、各种维修器材和相应的工具。神舟飞船仅仅用于载人，它的承载能力是三位航天员和 300 公斤的物品。而相对航天员长期工作、生活的需要来说，300 公斤远远不够。因此，必须研发承载能力有 5 吨左右的货运飞船，还要研发相应的运载火箭把货运飞船送上天。日前研制工作正在顺利进行。

四是再生式生命保证技术。每送入太空一公斤物品，就要耗费几万美金，十分昂贵，即便以后我们有了货运飞船，长期运送也不经济。所以，要利用再生技术，实现太空中水和空气的循环利用，以满足航天员工作、生活的需求。再生水技术是将航天员用过的水以及排泄物等收集起来，净化之后重新利用，这种技术并不太难；关键在于另外一种技术，即将用过的水经过水气分离，电解出氧气。虽然为了解决航天员的蛋白供应问题，在空间站培养的藻类等生物在生长过程中也会析出氧气，但量太少，远远达不到航天员的需要，所以，我们必须掌握水气分离技术。

等到将这四项关键技术全部突破，并研发出载重为 25 吨的大型运载火箭之后，我们才真正具备了在太空建立空间站的条件。根据我国目前的需要来看，空间站的总重不超过 100 吨，其中包括一个 20 吨左右的核心舱。两个 20 吨左右的实验舱，一个将近 10 吨的载人飞船以及一个 13 吨左右的货运飞船。日后再有需要，可以再扩展。我国的空间站预计在 2020 年建成，“天宫二号”就是在做这方面的准备。目前，核心舱已经初具规模。

中国人还是应该到月球上去

载人航天工程的第三步完成之后是登月工程。目前，无论学术界还是老百姓，都在热议中国人要不要去月球。美国总统奥巴马曾发表声明，称美国不再登月，而要到诸如火星和小行星上去。因此有人提出：美国都不去了，我们为什么还要去？我是登月工程的积极分子：正因为我们没去过，才更要去。我现在正在论证，也给中央写信，希望得到支持。无论是否会立项，关键技术的攻关是应该开始的。因为这是要花费大量时间的。比如，“东风五号”目前使用的大型火箭发动机是 20 年前“863 计划”立项时就开始做的，用了 20 年才做到应用。登月工程的关键技术若现在还不启动，就来不及了。登月之前，先要探月。

中国的探月工程分三步走，第一步是绕月飞行。这项工作，已经由“嫦娥一号”“嫦娥二号”完成。“嫦娥一号”在距离月球表面200公里的高度绕月飞行，将整个月球表面的情况反馈回地面，最后降落到月球上。此前，月球上已经有美国国旗、印度国徽分别代表各自的国家，由此，“嫦娥一号”成为月球上代表我国的标志性物体。“嫦娥二号”在距离月球表面100公里的高度绕月飞行，并瞬间到达距离月球表面几十公里的高度，确定了下一步落到月球上进行探测工作的平坦区域。在做试验并拍摄小行星的照片之后，“嫦娥二号”运行在距离地球6000万公里左右的轨道上，为我国探测火星做准备。

第二步是落到月球进行探测。我们设计了一个月球车，计划在今年年底或者明年年初降落到月球预先选定的区域进行探测，然后将数据反馈回来。

第三步是要到月球上取几公斤石头和土壤回来。与美国不同的是，我们要在月球表面挖掘到一定深度，取样并返回地球。这项任务也得在2020年之前完成。

任何时候都要发扬航天精神

目前，我国已经可以称得上是一个航天大国，有进入太空的能力，有利用太空的能力，也有控制太空的能力。这些成绩的背后，离不开中央的关怀和正确决策，也离不开千千万万科研人员所凝聚起来的航天精神。

中央曾提出“两弹一星”精神，即“热爱祖国、无私奉献、自力更生、艰苦奋斗、大力协同、勇于登攀”。但中国航天工程立项时，也就是研发“神一”的时候，是一个特殊的时期，在当时的条件下，必须拿出一种特别的精神来做。这就是中央总结提出的载人航天精神，叫“四个特别”，即“特别能吃苦、特别能战斗、特别能攻关、特别能奉献”。

飞船的队伍一直都是贯彻实现航天精神的典范，却因此得到了一个“不好”的名声——总是加班。我们经常调侃自己是“星期六肯定加班，星期天加不加班不肯定”。

在与德国人交流时，对方问我：“戚先生，你们真有本事，一年发射两个飞船！有什么好办法，能不能给我介绍一下？”

我说：“第一，我不能讲；第二，讲了你们也做不到。”

他说：“我们德国人不比你们中国人差，怎么你们中国人能做到，我们做不到？”

我说：“我去过德国，一周里，星期一、星期五不做重要的工作，重要工作都放在中间的几天做。中国人是白天干活，晚上干活。星期六、星期天、过节都干活。”

他说：“那违反《劳动法》。”

我说：“我们凭什么能赶上你，就是凭着这个精神。”

他听后，更加佩服中国人。

这个精神，是我们中国航天人在特殊的历史条件和特殊需要的时候所具有的特别精神。比如，“神五”发射之前正是“非典”肆虐的时候，我们上百人的队伍绝对不能有一个受到感染。因此，连续几个月，我们全在招待所住着，没有一个人回家。这需要一种特别的精神。

“神五”发射成功后，胡锦涛同志特地给我们写了一封信，信中将航天精神概括为五句话：

“热爱祖国，为国争光的坚定信念；勇于攀登，敢于超越的进取意识；科学求实，严肃认真的工作作风；同舟共济，团结协作的大局观念；淡泊名利，默默奉献的崇高品质。”

我深刻体会到，这五句话概括中国航天人在正常情况下所坚守的航天精神，再恰当不过了。

（作者时任神舟飞船总设计师　于洋/整理）

傅志寰　**父亲开火车，我造火车**

——“书生部长”傅志寰的铁路记忆

傅志寰，铁路专家，1998年至2003年任铁道部部长，铁路大提速的主要推动者和决策者之一。20世纪六七十年代，在株洲电力机车研究所主持设计、试制了韶山一型至韶山四型电力机车以及我国第一列电动车组；20世纪八九十年代在铁道部工作期间，组织开发了具有我国自主知识产权的电力机车、内燃机车、货车等20余种产品，形成国产品牌系列，适应了货运重载客车提速的需要；在铁道部担任领导期间全力推动铁路提速，遵循开发高速重在安全技术的科学理念，并且组织筹划青藏铁路早期建设工作，为建成世界上海拔最高、距离最长的高原铁路作出了贡献。1999年在他的领导下，开工建设了中国第一条时速200—300公里的秦皇岛至沈阳客运专线，组成高速铁路，研制了高速电动车组，三年后在这条铁路上创造了321.5公里/小时的当时中国铁路第一速。

2003年当选为中国工程院院士、俄罗斯交通科学院院士、欧美同学会副会长；从2003年3月，到全国人大财经委员会任主任委员，五年里组织审议和起草了30多部法律，开展了经济监督工作；2009年被选为中国节能协会理事长，组织开展调查研究宣传培训、咨询服务、节能技术开发及推广活动。几年来他致力于从事构建综合交通运输体系的研究，取得了多项成果。

“我是听着火车汽笛声长大的”

主持人：在2003年的时候，您离开了铁路工作。我很想知道您现在看到火车、看到铁路，是不是还会有不太一样的感情？

傅志寰：我出生于铁路世家，从小就在铁路边上长大的，也可以说是听汽笛声长大的。后来我在铁路工作了42年。如果从小时候算起，我跟铁路打交道已经有六十几年了，所以我对铁路的情结非常深，可以说是难以割舍的。

主持人：当您在铁路边上长大、在铁路边玩的时候，有没有想过自己今后这么长时间的人生都会跟铁路有关联？

傅志寰：小时候没有想到，就是有兴趣、就是玩。我出生在哈尔滨，父亲是火车司机，家里生活条件也是比较差的。那时候也没什么幼儿园，经常跟邻居的小朋友跑到火车站去，在空车厢里边跑来跑去、跑上跑下玩。没什么事干了，就捡个钉子放在钢轨上，火车一过去压扁了，自己再修理修理，就做成了一把小刀，很有趣。

主持人：当时更多是把火车看作自己生活的一部分，伴随着自己成长的一种存在，那么在您的印象里，那时候的火车是什么样的？

傅志寰：那个时候的火车就是蒸汽机车，车厢里非常简陋。我们家就在铁路边上，一天到晚都能听见“扑哧、扑哧”的蒸汽声，虽然是噪声，但我已经习惯了，如果听不到反而睡不踏实。

“坐着火车去苏联学造火车”

1955年高中毕业后，傅志寰被选送到北京俄语学院留苏预备部学习俄语，一年后去了苏联，在莫斯科铁道学院铁路电气化系学习，从此和电力机车结下了不解之缘。留学是年轻人的梦想，1957年对傅志寰来说是难忘的一年。毛泽东在莫斯科接见了中国留学生，他说："世界是你们的，也是我们的，但是归根结底是你们的。你们青年人朝气蓬勃，正在兴旺时期，好像早晨八九点钟的太阳，希望寄托在你们身上。"领袖的殷切期望激励了他的一生，傅志寰深知自己肩负的责任，努力克服语言方面的困难，起早贪黑地苦读。到了二年级各门功课全优，三年级时他的照片上了系里的光荣榜。

主持人：看得出来您对铁路对于火车真的是有很深的感情，所以在参加高考的时候才会报考唐山铁道学院蒸汽机车制造专业。

傅志寰：对。我有个志向，不想离开铁路，而且要超过自己的父亲。他是开火车的，我应该是造火车的，所以 1955 年我在高中毕业的时候报考了唐山铁道学院，专业就是蒸汽机车制造。但没去成，因为此时要选拔一批人当留苏预备生，我的成绩比较好，而且年纪小，经过体检、政审，就被北京俄语学院留苏预备部（今北京外语大学外语学院）录取了，学校就在魏公村，学了一年。

主持人：这一年的学习结束之后，您就坐着火车去苏联学造火车？

傅志寰：那时候飞机很少，几乎没有别的选择，所有的留学生不管学什么专业，都是坐火车去的，而且是专列，一个专列有 1000 多人。这对我来说比较特殊，因为我是学铁路的。在满洲里要换乘苏联的火车，它跟我们的不大一样，是由内燃机车和电力机车牵引的。当时在国内还没有，所以火车头对我来说很新鲜。那时火车到站一般都停十几分钟，只要一停，我就跑到前边去，看看未来要学习制造的电力机车。去苏联一路共花费了七天时间，其中在苏联境内有五天，大家都感到很枯燥，唯独我感到非常有意思。不管是蒸汽机车还是内燃机车、电力机车，我都非常有兴趣。

主持人：所以您能够去苏联学习自己感兴趣的专业，心里是不是觉得很幸福？

傅志寰：当然了，像我们家庭是比较困难的，解放以后升大学还是有可能的，因为我成绩也还不错，可以拿到奖学金，但是从来没想到要到苏联去学习。当时社会上流传的说法是"苏联的今天就是我们的明天"，这是非常深入人心的，特别是年轻人，都特别向往到苏联去看一看，更甭提到苏联去学习了。

主持人：到了苏联遇到了哪些困难，会不会觉得很辛苦？

傅志寰：头一年是非常非常困难的。虽然在北京学了一年俄语，但是这点儿基础知识对于上大学来讲是远远不够用的。开始听课的时候基本听不懂，更没法做笔记，只能下课以后借苏联同学的笔记看。

主持人：这样的感受应该是挺难过的，一方面是自己求知若渴的心情，另外一方面只能看见老师的嘴唇在上下地张合，但是又不知道他在说什么。好在这一年过后您还是成了一名非常优秀的学生。

傅志寰：应该说成绩还可以吧。我们中国同学非常非常用功，到苏联学习很不容易。那个时候我们每个月的助学金是500卢布，500卢布是个什么含义？就相当于五六个、六七个工人的工资，也就是说可以养活五六个家庭。我们都知道这笔钱对国家来讲是来之不易的，所以大家都有一种紧迫感，既然来了一定要好好学习，学成了以后要报效国家。

主持人：那么当时您到了苏联除了学习之外，在观念上、在社会生活上，受到的最大的冲击是什么？

傅志寰：我们的中国同学当然包括我在内，所有的时间几乎都用在学习上面了。头一年语言没有过关，要补笔记、做作业，是非常辛苦的，我记得不到晚上一两点钟我们是不能上床的。开始的时候，考试成绩非常不好，所以拼命在学，就没有业余时间了。到了二年级稍微好一点，真正语言过关了是在三年级。一共大学上了五年，前两年非常吃力，后三年基础打得是相当好的，自由度比较大了。那时候苏联同学的业余活动是比较丰富的，但是我们中国人没有这个精力，他们对我们也不大理解，还给我们起外号，叫“面包干”。听着很难听，但我们觉得“面包干”就“面包干”吧，成绩好一点，知识多掌握一点，回去以后能发挥更大的作用。当然课余之外偶尔还有人跳跳舞，这个不是我的强项。因为我是哈尔滨人，冬天假期的时候滑冰呀、滑雪呀，这是我的爱好，但是一旦开学了以后我都是全力以赴搞学习。

“田心是中国电力机车的摇篮，也是我最留恋的地方”

1961 年，傅志寰毕业回国。为了报答国家的培养，他在志愿书中写道：“坚决服从祖国分配，愿意到最艰苦的地方去。”于是，他被分到了位于湖南省的铁道部株洲电力机车研究所，并不在株洲市区，而在位于五公里外一个叫田心的小镇上。该所成立不过两年，老技术人员只有几名，其余为几个新来的大学毕业生，办公室也是借的。20 世纪 60 年代初，国家处于困难时期，人们连肚子都吃不饱。然而，这些困难却没有影响满怀抱负的傅志寰的工作热情。

主持人：您在毕业回国分配志愿书上说要到祖国最需要的地方，到最艰苦的地方去，这句话可能在现在的人听来更像是一句口号，在当时您写下这样的话是什么样的心情？

傅志寰：不光是我一个人，我们绝大多数都是这么写的，这是发自内心的，不是什么口号。如果说没有国家的培养，我们不可能留学，如果国家不给我们钱，我们也没有这么多精力全心全意把功课学好。我们不但是属于父母、属于家庭的，更是属于国家的，在这个时候不能和组织讲价钱。我们一同学习铁路电气化专业的五个人，分到北京的有三个，还有一个分到了鞍山，而我分到了株洲。株洲当时的条件是比较艰苦的，我被分到铁道部株洲电力机车研究所。这个所是 1959 年成立的，我是 1961 年毕业，所以我到这里的时候，它基本上刚刚组建，条件很差。办公室是借别人的，一个屋子里大概有 20 张办公桌，只有一部电话，还是由接线员接。电话的通话质量很差，声音要非常响才能让对方听到，一个人打电话，旁边都跟着听。像什么实验室也都没开始建。我在苏联买了很多很多书，因为当时电力专业刚刚起来，我觉得在国内可能找不到资料。大连那时候没有汽车，我就托运过来，和另外一个同事拉了一个板车，大概走了五公里，到火车站把书箱子拉回宿舍。

我这个人是爱火车的，非常热爱我的专业，株洲电力机车研究所是我们国家比较早的制造电力车的地方，全国就这一家。既然我是学这个专业的，就没有打算离开，尽管当时条件比较艰苦，一方面工作，一方面还为填饱肚子发愁。我们很多宿舍都偷偷摸摸搞电炉子，买点萝卜、买点酱，但油是定量供应的，买不着，粮食则根本没有。饿极了只能煮点萝卜吃。

主持人：生活条件很艰苦，科研条件更艰苦。您在株洲的这 23 年间，其实取得了非常大的科研成果，田心那样一个小地方却成了中国电力机车的摇篮。

傅志寰：是的，应该是在 1958 年末、1959 年初，出了第一台电力机车，后来又出了第二台。然而这两台车是不能用的，是“大跃进”时期为了赶时间，按照苏联的图纸造出来的。我赶上了第三台电力机车的制造过程。开始还有苏联专家，后来因为中苏关系比较紧张，苏联专家撤走了，把图纸也拿走了，怎么办呢？我们当时想：你们撕毁合同是你们不遵守信义，你走了那我没办法，但是你走了不等于我们干不出来！我们一方面愤怒，一方面自己干，大家都说要“愤发图强”，是“愤怒”的“愤”，不是“奋斗”的“奋”。我们这群人，原来的老工程师没搞过电力机车；当时有上海交大的一批毕业生，实际上也没有接触过电力机车，就在书本上学了一点；我比他们稍微强一点，实习过，看过电力机车是怎么造的，当然也是皮毛，开过电力机车。所以那时候就搞了很多很多实验，不管是白天还是晚上，也没有什么礼拜天，就是一门心思要把这个技术掌握住，一定要让机车过了关，一定要实现批量生产。所以那个时候劲头非常足。就这么着，跟他们在一起干了很多年，电力设施从无到有，我们自己的电力机车过了关，投入了批量生产。

傅志寰在株洲工作 23 年，最能表达这段时期感受的是他在多年后与老同志聚会时的讲话，他说：我们是从困难中走过来的，然而我们却非常自豪。虽然我们付出了很多，但是无怨无悔，尤其感到骄傲的是为我国铁路电气化事业作出了贡献，我们想想看，天上飞的是外国造的空客、波音飞机，地上跑的是奥迪、桑塔纳等国外品牌的汽车，但是在我们的铁道线上奔驰的是中华牌，是用我们的心血创造出来的新型机车。我们的付出得到了很大的回报，这个回报不是对个人的，而是对祖国的。他又说：田心虽然是个小地方，但它却是中国电力机车的摇篮，也是我奉献青春年华的地方。这里有我同甘共苦的朋友，是我最留恋的土地。

“再不提速，火车就没人坐了”

1981年，傅志寰去德国进修。一年里，他亲身体验到了时速200公里火车的竞争威力，德国发达的工业、优美的环境以及德国人对工作的认真态度。德国铁路为增强竞争能力，不断提高列车速度，这也开拓了他的思路。他说，当时印象最深的是人家的列车像风一样呼啸而过，而我们的火车一路都是“咣当、咣当”的声音。德国之行让他眼界大开，同时也让傅志寰产生了一个想法：中国的铁路也应该达到这个速度。

主持人：一开始您是留苏的，在苏联学习到了很多先进技术。1981年到1982年期间，您又去德国进修了。这时候您还是在株洲工作的，这一次进修的感受跟当时去苏联又不太一样了吧？

傅志寰：因为经历了“文化大革命”，在这段时间我是“走资派”，挨批斗之后到车间劳动。平反后，我当了研究所的生产组组长，管科研。我认为自己当时还是很努力的，过去损失了很多时间，我要把时间赶回来，也搞了一些新产品，觉得自己还不错。然而到了德国以后才发现，世界原来是这个样子的，受到非常大的震动。

主持人：当时我们主要的差距在哪？

傅志寰：我们与世隔绝十几年，不知道外面的世界什么样，认为自己还不错，闭门造车。等我到了德国以后发现，当时客车最高时速已经到达了200公里。德国高速公路很发达，我有一次坐着火车从波温到法兰克福，旁边就是高速公路，等于是我坐的火车和高速公路上的汽车在竞赛，看谁跑得快。所以我感到非常震撼，这十年，世界上发生了很大的变化，我们落后了。

主持人：我们落后除了在速度上还有什么？

傅志寰：我们在技术上也落后了。我们还是用传统的技术，他们已经在用交流传动技术，技术上已经更新换代了。所以我回来之后组织了一个班子，研究交流传动技术。

主持人：刚才您也谈到了我们的电力机车是从无到有的，您从德国回来之后，再次开始了一种拼搏的状态。

傅志寰：我进株洲电力机车研究所是在 1961 年，到德国去是 1981 年，已经 20 年了，这 20 年已经发生了很大的变化。我去那工作的时候只有七十几个人，等我从德国学习回来，已经七八百人了，壮大得很快。特别是“文化大革命”以后，来了一批新的大学毕业生。另外在实验手段上，我们上了很多实验室、可以做实验的工厂，自己的研究成果可以在工厂里把它试制出来，特别是一些零部件。

主持人：可以看得出来，说起在株洲这 20 多年的工作，您还是感到非常自豪的。

傅志寰：我吃了很多苦，我们加了很多班，作了很大的牺牲，但是回报应该说是加倍的，不光是对个人成长的回报，更主要的是向祖国贡献了新型的、大功率的、成熟的电力机车。

主持人：我们的铁路事业这么几十年来的发展，其实是每一个人都可以确确实实地看到的，因为铁路在我们中国老百姓的生活中发挥着太大的作用了。1984 年您调到了铁道部工作，在整个任职期间，您总共主持了四次大提速。您觉得速度对于我们的铁路来说意味着什么？

傅志寰：这个想法还是在德国学习的时候形成的，当时对我冲击最大的一个就是速度，另一个就是它的技术已经在升级换代了。回来以后，如果提速的话，作为一个电力机车研究所的副所长，我顶多是提提建议。但是我到了铁道部以后，开始在科技局当总工，后来当了局长，这个时候我的平台很大，资源比以前要多得多。所以这时我做了一些调研，发现还是一定要提速。当时我们改革开放已经起步了，而公路率先走向市场，因此建设速度比较快，我们的汽车产业也跟着发展起来了，高速公路也已经开始修了。这个时候如果铁路再不提速，我们还是像老牛破车一样的，火车就没人坐了。即便在德国，铁路应该说已经很发达了，但在高速公路的冲击下，虽然速度比较高、技术也比较先进，竞争能力也大大下降了，更何况是我们。所以我带着这个想法，进行大量的调查研究，向铁道部党组提出建议，一定要提速。

客车大面积提速是傅志寰倾注心血的重点工作，20 世纪 90 年代初，我国铁路客车平均旅行时速只有 48 公里，最高时速徘徊在 80—100 公里，傅志寰认为，如果再不提速很多人会不再乘坐火车了。铁路提速是个系统工程，他参与领导了全路第一次大提速，此后又领导了三次大提速。除了提速，傅志寰还不懈地推动高速铁路建设，2002 年秦皇岛至沈阳的客运专线铺轨成为我国高速铁路实验线，在这条铁路上，创造了当时中国铁路第一速。

主持人：在您的领导下，开工建设了我国第一条时速 200—300 公里的秦皇岛到沈阳客运专线高速铁路，之后我们看到在这条铁路上创造出了 321.5 公里的当时中国铁路第一速。这样一个速度之前您有没有想过？

傅志寰：在铁道部工作期间，我搞了四次大提速，但是这个提速受到很大的限制，时速只能提高到 140—160 公里，少数区段能提高到 200 公里。因为在既有的线路上，运输非常忙，没有时间改造。虽然，解决中国铁路问题，不建新线是不可能的，不建新线我们也是没有收入的，但是没钱怎么办？只能是改造。新建一条高速铁路恐怕要一个亿到两个亿，但是提速改造花的钱比较少，只要 100 万—200 万元就解决了。当时只有这个条件。我在任期间搞了一条实验线，从秦皇岛到沈阳 420 公里左右，准备搞客运专线，酝酿时间相当长。1992 年我们就开始对北京到上海这条铁路进行前期工作，有时候搞些规划、搞些设计，但是因为各种原因，没有上报。后来有一个机会要建沈阳到秦皇岛的铁路，当时定的速度大概 250 公里，经过几年努力，基本建成了，同时研制了“中华之星”先锋号，几个动车组实验速度达到了 321 公里，应该说在当时这个速度是很高的。

世界屋脊上的铁路

主持人：“速度”是一个关键词，除了更快之外还有更高。我们看到，在2000年至2003年的时候，您组织了青藏铁路的筹划和早期的建设工作。在世界屋脊上来建铁路，我们说它现在是世界上海拔最高、距离最长的一条铁路，在建设过程中是特别艰苦的，从当时媒体的报道也可以看到，里面有特别感人、特别可歌可泣的故事。那么当时在建青藏铁路的时候遇到最大的难题在哪里？

傅志寰：这条铁路的建设很早就规划了。青藏铁路是从青海西宁到西藏的拉萨，前一段西宁到格尔木很早以前就建成了，这段海拔还不算高，格尔木也就是2800米。我们修这一段没有经验，很多铁道兵战士很勇敢，工作也非常积极，但是缺乏基本的知识，所以牺牲了不少人。如果再往上走，到4000米甚至5000米，最大的问题就是高原缺氧，后来又有新的问题，就是环境保护。还有一个是多年冻土。我在哈尔滨铁路局当过局长，在大兴安岭有一段铁路就是在冻土上面修的。夏天冻土融化，有很多水冒出来，铁路就下沉；到冬天它就胀起来了，鼓起一个包。如果不加整治的话，铁路是弯弯曲曲的，火车在上面没法跑。最好的解决办法就是不要使冻土融化。从60年代起，我们就有一批科研人员围绕这个问题开展攻关，我们在海拔4000多米有一个观测站，叫风火山观测站，他们一住就是30年，用他们辛勤的劳动攻克了这个难关。中国地图上到处都有铁路，唯独西藏没有，就是由于上面讲的几个难题没有解决。后来我们综合国力有所增强，也有钱了，而且西藏也有这个要求，要把铁路修到那里去。中央下了决心，就实现了开工建设。

主持人：这真的是一项非常伟大的工程。修铁路远远不是我们看到地面上铺一根铁轨这么简单的事情，这背后有无数的铁路人，从工程师到工人都为此付出了非常艰苦的努力，这才给了我们这么大的便捷。

傅志寰：青藏铁路凝结了很多人的心血。我认识一个人，他是青藏铁路中铁设计师，叫李金成。他身体不大好，有时候突然腿脚就不听使唤了，但是他的事业心非常强。因为青藏铁路要越过唐古拉山，这是整条铁路海拔最高的一点，在选线的时候有几种方案可以比较，要尽量从最低的地方越过唐古拉山。为了选择一条更好的方案，他便带人去选线。附近 30 公里开外是无人区，并且气候多变，虽然是四五月份却下着鹅毛大雪，稍微晚一点什么都看不见了，只能打着手电。结果那天他突然病情发作，走不动了，同时因为高原缺氧，每个人都没有力气，他让同伴先走，当然他的同伴是不干的。有时他只能靠自己慢慢爬，结果一天一夜才到了公路边，天亮的时候一辆汽车路过，把他送到了医院，如果再晚几个小时可能就有生命危险了。结果他就这样选了一条新线，给国家节省了几个亿。像这样的生动的事例还是很多的。

“立了军令状，扭亏不了就走人”

1998 年，傅志寰被任命为铁道部部长，那时铁路一方面运能紧张，另一方面运输经营多年亏损，管理体制僵化，市场竞争力不强，迫切需要确立新的发展思路。面对这样的困境，傅志寰立下了一张军令状，完成国务院的任务，三年扭亏，不然就下台。

主持人：因为您是工程师出身，做技术肯定没有问题，但任职铁道部长之后还要做很多决策上的工作，对您来说这其中最大的转变、最大的挑战是什么？

傅志寰：我当过七年副部长，管科技等，我的任务就是管好我这一摊。对于提速，我可以提建议、负责技术问题，至于有没有钱的话就不是我的事了。但是当了部长以后完全就不一样。用这样一句话来形容，“不当家不知柴米贵”。很多好的主意有的可以实现，有的就不能实现，部长就要搞好综合协调。在某种程度上，一把手和副手完全是两回事，压力非常大。我是 1998 年任部长的，一上任，我就碰到两个问题。第一个是亚洲金融危机，原来我们是“铁老大”，人家求我们买票呀、运货呀，到了 1998 年我得去求别人——没货可运了。过去，人家到我这来，那个时候我要派人到工厂去，求他们给我点货源，这是一个。

第二个是 1998 年长江流域的大水，东北松花江、嫩江也发大水，我们很多线路都冲没了，钢轨拧成麻花，以前从没有见过，那时候铁路是非常困难的。当时我有一个任务，总理给我下的任务是三年扭亏，结果一下子遇到这两个问题，所以我当时的压力是非常大。我就千方百计想办法，到第二年我们采取了很多措施，实行改革，实行资产经营责任制，调动大家积极性，把指标分解下去，不久形势好转，三年扭亏任务最终仅用两年完成。

主持人：您觉得让铁路扭亏是您在任部长期间遇到的最大的难题吗？

傅志寰：是难题之一，因为当时我们所有铁路局长、党委书记都来了，开大会，大家谈。扭亏指标层层分解，你得把它背回去。当时很多人认为不可能，但党组下决心了，一定要按照国务院领导要求办。中央电视台记者来采访我：如果说你实现不了诺言怎么办？我说，我带领党组成员集体辞职。如果铁路局完不成，我给它亮红牌。不行就走人，包括我自己在内，我扭亏不了，也要走人。

主持人：那您当时说这话的时候心里有底气吗？

傅志寰：这是个决心，只能如此了，因为对未来的形势我也不是那么清楚，但决心是必须下的，豁出去了。通过媒体，大家都知道傅志寰在那立了军令状，不行就下台。

“当一名称职的主任委员”

从 2003 年 3 月，傅志寰转到全国人大财经委员会工作。在任主任委员的五年期间，他组织审议和起草了多部法律，开展了经济监督工作。

主持人：在 2003 年的时候您转到全国人大财经委员会工作，任主任委员。五年任期中，您似乎并没有之前在铁道部任期那么受关注，但其实您也还是做了不少的事情。

傅志寰：当时我也没想到中央把我派到全国人大去工作，而且任财经委的主任委员，实际上我是不称职的。我是一个电力工程师，作为一个工程师我是合格的，但是我的知识面比较窄，对计划、对财政相当生疏。但既然把我放在这个岗位上，我还是要做好，于是开始拼命学习。

在我们那个委员会里有很多专家，有人当过财政部部长，有人当过国家计委副主任，有人当过外贸部部长。我是一把手，在业务上我不如人家，但是起码对有些问题，对形势、对下一步决策要发表自己的意见，要有自己的判断能力，所以要拼命学习。一是向书本学习，一是向我的副手学习，一是向年轻人学习。

主持人：我们看到在这五年的时间里，您组织审议和起草了30多部法律，开展了经济监督工作，虽然对您来说是一个全新的领域，但您还是非常地投入。

傅志寰：我在早上八九点以前肯定到，晚上6点才能离开办公室。

“当好一名老志愿者”

1957年11月17日，正在苏联访问的毛主席在莫斯科大学接见了中国留学生，傅志寰那时在莫斯科铁道学院学习，他依然记得毛主席的话，“希望寄托在你们身上”，这番话影响了傅志寰的一生，虽然已经退休，但他依然希望能够不断发挥余热，为党和国家的事业作出自己的努力。

主持人：刚才您特别谈到了，在不同的角色转换中一直都没有放弃学习，一直都在不断地自我完善、自我提高。在不同的时间、不同的阶段、不同的角色中，您的梦想都在发生着转变。您说到小时候的梦想是“父亲开火车我造火车”，要超过父亲；后来任职铁道部的时候您说是给了自己一个托梦的平台；到了人大财经委，您希望自己能够当一个称职的主任委员。那么现在您的梦想是什么？

傅志寰：我现在的想法很简单，当好一个老志愿者。我2008年就从全国人大财经委退下来了，彻底离开公职了，但总是闲不住。我在欧美同学会帮助做些工作，后来中国监理协会换届，要找一个新的理事长，因为我在人大财经委工作的时候组织修订过节能法，这样就认识很多朋友，他们认为我还可以，就叫我去了。

主持人：我看到您有一本著作叫做《交通运输节能问题研究》，一下子把您现在从事的行业跟您这几十年以来从事的行业结合到了一起。这也是您到了节能协会之后进行的思考吗？

傅志寰：是的，对交通运输来讲，这几年发展很快，特别是汽车，数量急速上升。而汽油、柴油等很多高级能源，我们国内生产量是不够用的，要靠大量进口。我很关心这个问题，如果汽车发展多了、发展快了，需要的汽油多了，有可能影响我们国家的能源安全问题。那么我想，把交通运输和节能两者结合起来，做些工作还是很有意思的，因此进行了一些比较深入的研究。把我们任重道远的节能工作搞得更好一点，也算是发挥余热，给国家作更多贡献吧。

（口述者曾任铁道部部长　杨子楠/整理　稿件来源：中国国际广播电台环球资讯广播环球名人坊栏目）

陈　婧　我的梦想和船有关

——开放圆了青岛大造船梦

每个人都有梦想，我的梦想和船有关。

1983 年，我怀揣着上海交通大学船舶工程专业的毕业证书和为祖国造大船的美好愿望，来到当时的青岛北海船厂（现改制为青岛北海船舶重工有限责任公司，简称北船重工）。我有幸亲身经历并参与了我国船舶制造行业的改革开放，见证了青岛大造船由梦想到现实的艰难历程。

世纪之梦

一百多年前，青岛船舶工业在青岛湾畔悄然诞生。公元 1898 年 10 月，一位德国造船技师在莱阳路段创建了一个小型修船所，以修造小船艇为主，兼修各种车辆，这就是今日北船重工最早的前身。

然而直到 20 世纪 80 年代，青岛还没有在世界造船行业中找到自己的位置，就是在国内造船行业中，青岛的造船能力也处于低端水平——只能建造 1 万吨以下、坞修 2 万吨左右的船舶。

作为青岛船舶工业的“龙头”，北船重工以修船而闻名国内外，曾创下国内修船多项纪录，但造船一直是“短板”，只能建造中小型船舶。自 20 世纪 70 年代初期在沙滩上建造了 5000 吨油轮“大庆 409”号后，于 1984 年 1 月设立了造船部，同年 12 月成立造船分厂。由于没有船台和下水设施，80 年代至 90 年代初的十几年间，仅制造过 1000—2000 吨货驳、400 匹拖轮和小型渔轮等。直到 1992 年 6 月研制出船舶横向翻转下水滑道，暂时解决了船舶下水难题，建造的最大船舶为 1 万吨级货驳。

梦启海西湾

进入 21 世纪，是属于海洋的世纪，也是属于船舶工业的世纪。造船业作为现代工业的集大成者，被称为“综合工业之冠”。随着世界造船“重心西移”和大型船舶成为主流，国际船舶市场迅猛发展，党和国家主要领导人先后做出重要批示，要求加快船舶工业建设。作为国内造船业巨头，我们北船重工的上级集团——中国船舶重工集团公司（中船重工）把战略目标锁定在青岛海西湾，这与山东省和青岛市加快建设海西湾造修船基地的构想正好吻合。

海西湾地处北纬 36° 线——“船舶工业带”上，是胶州湾内的一个小海湾，其东、南、西三面受海西半岛环抱，被国内权威专家公认为国内最好的大型造修船基地选址。这里水深港阔，加之周围优良的自然环境，恰好满足了青岛造船人“建大坞、造大船”的愿望。

2001 年 7 月 13 日晚，当北京申办 2008 年奥运会成功的喜讯传来时，青岛市民为成为协办城市承办奥帆赛而兴奋不已。而此时此刻，我除了具有和国人同样的振奋心情外，更感到了一份压力、一份责任。因为这也意味着早被国际帆联和青岛市一致看好作为奥帆赛场馆之地的北海船厂，将面临着整体搬迁、提前搬迁的双重困难。对此，我们从企业长远发展出发，变被动为主动，积极地与青岛市政府沟通，共同筹划，最终确定了“成功举办奥帆赛，船舶工业大发展”的“双赢”目标。正是有了这一共识，市政府给了公司合理的搬迁补偿；正是有了这一共识，海西湾这块得天独厚的宝地被规划为造修船基地，并给予了一系列政策支持和优惠待遇。我公司从 2003 年下半年至 2004 年上半年，仅用不到一年的时间就提前完成了企业的整体搬迁，满足了奥运场馆提前开工建设的需要。

自 2003 年起，“搬迁、建厂、经营生产”三条战线同步推进。专门成立了海西湾分部，从全厂各部门抽调得力人员，加快推进工程建设、设备配套及生活设施和各项生产准备工作。早期建厂条件异常艰苦，工地办公室就设在一辆报废的旧班车上，建厂人员吃住在临时搭起的板房里，没有节假日，潮涨潮落就是他们的作息表。他们指挥协调各施工单位，围堰填海，建码头、筑大坞、盖厂房，将昔日的荒山滩涂变成了今日现代化的造修船基地。

在搬迁过程中，我们努力缩短停产或局部停产的时间，以保持市场的连续和队伍的稳定。新厂修船工作在取得良好开局后，边适应、边改革、边提高。造船分厂则走出去寻找开辟新的生产场地，通过合作、联合等形式，“借窝下蛋”，维持分厂经营生产的运转，保住客户和市场。搬迁期间，整个企业经营生产没有停顿，实现了平稳过渡。2003 年完成工业总产值非但没降，还比上年略有增长，实现利润为年计划的 3.25 倍。2004 年又超额完成了集团公司下达的经济考核指标，利润比上年继续增长。

2005 年 7 月 5 日，时任全国人大常委会委员长吴邦国来公司视察时，在听取我的汇报和参观了即将投入试生产的 30 万吨修船大坞后，欣然为基地题名，书写了“海西湾造船基地”。7 月 26 日，国家发改委正式批准项目建议书，项目总投资 74 亿元，其中固定资产投资 61 亿元。主要建设 50 万吨、30 万吨造船坞各 1 座，建设 30 万吨、15 万吨修船坞各 1 座，原有 10 万吨浮船坞 1 座经搬迁改造投入使用。

凤凰涅槃

按照“总体规划，一次建成，分阶段投入生产”的原则，2003 年底，修船码头竣工。2005 年 6 月，两座修船坞基本竣工，修船厂房和游艇、船机新建厂房投入使用，水电道路等配套条件基本具备，修船区、游艇船机区基本建成投产。其中仅修船区面积就达 40 公顷，相当于原市区老厂整个面积。造船区建设于 2005 年底启动，2009 年 12 月主要生产设施基本建成投产。至此，整个新厂陆域面积 330 余公顷，码头岸线长度 5 公里，形成了年造船能力近期 204 万载重吨（远期扩大到 468 万载重吨），修船 212 艘，建造海洋石油开采平台 4 座、救生艇 500 艘的生产能力。

北船重工新厂区东西 4 公里、南北宽约 3 公里，面积是原老厂区的 6 倍还多。在呈“凸”字形的布局中，北部是拥有国内最大修船坞 30 万吨、15 万吨 10 万吨浮船坞的修船区；东部是配备国内一流造船生产流水线、厂房面积达数十万平方米的造船区和游艇船机区；西部昂然矗立的 4 台 600 吨门式起重机与气势恢宏的 50 万吨级、30 万吨级造船大坞交相辉映，蔚为壮观。

为尽快提高企业在造船市场的知名度和竞争力，抓住海洋工程和造船市场复苏机遇，造船坞尚在建设中，我们就借助修 15 万吨大坞，先后承接建造了山东省当年所建造的吨位最大、技术含量最高的“齐鲁第一船”——10 万吨级海上浮式生产储卸油轮、“亚洲第一驳”——3 万吨导管架下水专用驳和国内最大的座底式海洋钻井平台——“中油海 33”等 8 座平台，跻身我国海洋工程建造的先进行列。2007 年公司一举承接了 17 艘 18 万吨散货船建造定单，入选当年世界造船企业前 50 强。2008 年利用新建的 50 万吨造船大坞，同时开工建造两艘 18 万吨散货船，分别于 2009 年 12 月、2010 年 1 月交付，填补了山东省不能批量建造大型机动船舶的空白。2010 年批量完工交付 8 艘 18 万吨散货船，成为山东省首家年产量突破百万吨的造船企业，跻身当年中国造船企业十强。2011 年开工建造 18 艘散货船，呈现批量化、多船型建造局面。2013 年新承接船舶订单总量超过 400 万吨，位居全国造船企业新接订单前列，开工建造 2 艘 25 万载重吨矿砂船，再次改写山东省船舶建造最大吨位纪录。如今，北船重工生产的 18 万吨散货船被誉为“中国型散货船”，并在国际市场上小有名气。

修船方面，我们转方式，调结构，先后承接30万吨超大型油轮、世界最大的365万吨散货船和国内最大的3800吨浮吊以及滚装船、集装箱船、油船、化学品船等各种船舶的修理。涉足海工市场，完成了13万吨海上浮式生产储油轮和“渤海12”等多座钻井平台修理，2008年修船产值提前达到规划设计2亿美元生产纲领。近年来，连续完成了5艘超级油轮改装超大型矿砂船的改装项目和16艘马士基8000箱集装箱船改装10000箱的系列工程。先后完成了挪威汽车滚装船切断加长和英国冷藏船切断加长的系列改装工程，改装工程、海洋工程修理所占的修船产值比例已超过50%。修船市场遍及美、英、德、日、韩等20多个国家和地区，修船实力及产量稳居全国修船行业第一方阵。

船舶配套方面，公司作为亚洲救生艇生产研发规模最大、品种最多的龙头企业，一直稳居世界救生艇制造企业三甲之列。公司坚持“做强做精救生艇，争创世界知名品牌”的宗旨，每年都自主研发一批新产品，现已形成了四大系列、30多个品种型号的BH系列产品，年产量超过700艘，其中部分型号救生艇性能已达到世界先进水平。同时，在世界50多个国家和地区，建起了全球化服务网络。BH系列玻璃钢救生、救助艇被评为“青岛名牌”和“山东名牌”。

从一个名不见经传、以修为主的船厂，一跃成为国家大型骨干造修船企业，目送着一艘艘崭新的巨轮驶出船厂，我和青岛广大市民盼望已久的大造船梦终于提前实现！回首我们30年走过的历程，尤其是搬迁海西湾新厂后这十年发生的巨变，深刻体会到，改革开放是决定我们当代命运的关键抉择。

（作者时任青岛北海船舶重工有限责任公司董事长兼总经理　林建平/整理）

赵　平　与肿瘤生死交锋这些年

伴随现代科技飞跃式的进步，曾经威胁人类健康的疾病一个个被攻破。可是，还有一个疾病幽灵仍在全球各地四处徘徊，这就是癌症。国际权威数据显示，20世纪50年代，癌症的死亡率远低于心血管疾病；到20世纪末，由于心血管疾病诊治技术的提高，两者的死亡率已基本拉平。中国第三次全国死因回顾调查的数据表明，2003—2004年癌症已成为我国城市居民因疾病死亡的首位原因（占城市死亡总数的25.03%），癌症已经成为全社会高度关注的一类重大疾病。

林县经验：癌症可防、可治的一道曙光

河南林县，我国太行山区一个名不见经传的小县，20世纪50年代因“水不通、路不通和食管不通”而受到广泛关注。1957年，林县县委书记杨贵在全国山区生产座谈会上谈到，林县每三个男人或五个女人中就有一人死于食管癌，甚至发生同一村几户人家同日出殡的悲惨场景，真可谓“万户萧疏鬼唱歌”。更有甚者，林县蓄养的鸡、羊的食管也长癌。这一情况引起了在场的党和国家领导人的高度重视。

1958年，国务院总理周恩来批准成立新中国第一家肿瘤专科医院——中国医

学科学院日坛医院（后改称中国医学科学院肿瘤医院）。肿瘤医院刚刚挂牌，周总理就要求医院党委书记李冰同志（李克农之女）到林县蹲点，带领肿瘤医院阵容强大的防治专家长期在贫瘠、贫穷的太行山区驻扎。当年，医疗队员和群众一同喝苦井里的水，吃糠窝窝，住在四面透风的破庙中，他们怀着治病救人的赤诚之心在林县开展防癌普查，对可疑的食管癌患者进行拉网式排查和诊断治疗。终于，这批来自北京的医疗专家在十分艰苦的条件下，完成了林县 11 万人口 30 年间（1940—1970 年）的食管癌死亡调查回顾，查明了导致食管癌的部分诱发因素。

根据专家的意见，政府和医务工作者大力改善居民的饮水、厕所卫生，转变人们的不良饮食习惯……随着中国医学科学院肿瘤医院与河南省内的肿瘤专家协同作战，大力推行食管癌筛查和早诊早治，林县食管癌的发病率从 20 世纪 70 年代初的 180.89 人次 /10 万人下降到 2003 年的 82.80 人次 /10 万人，死亡率从 133.07 人次 /10 万人下降到 59.60 人次 /10 万人，创造了全世界防治癌症的奇迹，打破了当时癌症不能预防、不能治疗的定论。

林县癌症防治的综合治理模式，在中国乃至世界癌症防治史上都留下了宝贵的经验。在长达半个世纪的岁月中，中国医学科学院肿瘤医院的医务人员一批接一批坚守在太行山区开展防治，从未间断。不仅如此，几十年间，他们还努力帮助当地培训医务人员，协助组建“地方武装”，留下了一支“永远不走的医疗队”。林县有个不起眼的小村子——姚村，村里有个不大的卫生院，肿瘤医院的医生手把手地教会了这些乡村医生做食管癌手术。

几十年过去，今天的姚村卫生院已经发展成以食管癌诊治为主的中等规模医院。一位外国卫生部部长到此参观后感叹道：

“这是世界的奇迹，一个乡村医院居然每年可以完成上千例食管癌手术，真不可思议！”

确实，每年可以完成这么多例食管癌手术的三甲医院在中国也不多见。在医改不断深化的今天，重温“林县经验”带给我们的启发是：只有重心下沉，中国才能保证 13 亿人口的基本医疗得以平稳推进。

此后，“林县经验”这一癌症高发现场研究和综合防治的杰作，又相继在山西襄垣、江苏启东、云南个旧、河北磁县等许多肿瘤高发地区先后复制并获成功。实践证明，控制癌症采用预防为主，研究引路，防治并重这一策略是切实可行的。中国医科院肿瘤研究所和美国国立癌症研究院在林县合作了30多年，林县食管癌高发区的防治经验已获得国际上的认可：要了解食管癌的防控，请到中国的研究现场去！

三次全国肿瘤大调查：成果与思考

1969年，全国肿瘤防治研究办公室正式成立，李冰担任主任。

1973年，全国肿瘤防治研究办公室在全国范围内启动了第一次以恶性肿瘤为重点的居民死因调查回顾，覆盖8亿人口。当时，研究人员争取到各级党政部门的支持，发动了数十万基层卫生人员和“赤脚医生”参与调查。在这次调查的基础上，1979年中国第一本《中华人民共和国恶性肿瘤地图集》编辑出版，这是中国肿瘤史上的一项创举。该书还翻译成英文版并对外发行，在中国乃至世界医学史上都留下了浓墨重彩的一笔。

20世纪90年代初，又展开了第二次调查。通过这两次调查，基本摸清了肿瘤在国内的流行发病规律和分布特征，为肿瘤防治工作打下了科学基础，对制定我国的肿瘤防控规划起到重要的参考作用，带动中国肿瘤防控事业进入了发展的“黄金时期”。

令人遗憾的是，在接下来的一段时间里，这套业已建立起来的肿瘤防控体系因种种原因未能保持持续发展的态势。以肿瘤登记为例，继前两次大规模调查之后，很多地区在很长一段时间里没有再继续进行肿瘤登记工作，即使在少数保留了肿瘤登记工作的地区，登记资料的完整性和准确性也存在不少问题。那些被实践证明有效的科学宣教、危险因素研究、肿瘤筛查和早诊早治等综合措施也没能继续下来。其结果是，大多数患者就诊时已经是中晚期，这就意味着更为高昂的治疗费用、更加痛苦的治疗过程和难以令人满意的治疗效果。

令人欣慰的是，2006 年在时任卫生部副部长王陇德领导下，国家卫生部、科技部联合开展了全国第三次死因回顾抽样调查，我当时担任执行办公室主任。这次调查对于新时期中国的癌症防治意义深远。在第二次调查过去后的十多年间，随着经济的发展和居民生活方式的变化，人们的健康状况和疾病模式也发生了巨大改变，再次凸显癌症发病的增多和分布的差异。因此，启动新一次全国性调查是非常必要的。正如当年周总理所说："向癌症开战，首先要知道敌人在哪里，这样才能打赢！"

十年一剑：中国国家癌症中心的创立

2001 年 5 月，我从北京协和医院调任中国医学科学院肿瘤医院任院长、肿瘤研究所所长，同时出任卫生部肿瘤防治研究办公室（以下简称防治办）主任。

防治办在全国各省都有分支机构，但由于经费少、待遇低，人员纷纷流失，当时全国范围内的防治办工作人员也只剩下区区 100 名。我刚进肿瘤医院时，肿瘤研究所的预防研究人员已经寥寥无几了，预防经费更是捉襟见肘。时任卫生部疾病预防控制局副局长孔灵芝描述当时的情况时说，目前维持较好的只占全部的三分之一，处于半瘫痪的也占三分之一，还有三分之一根本无法维持。所以，当时出现了一种令我们十分尴尬又无奈的状况：一方面，肿瘤患者越来越多，医院应接不暇；另一方面，肿瘤防治的队伍溃不成军。

2002 年，卫生部曾一度考虑解散国家肿瘤防治研究办公室，卫生部疾控局局长齐小秋、副局长孔灵芝曾专门就此事到医院找我商议。我说：

"有没有防治办这个名号并不重要，重要的是需要有一个机构能够行使预防为主、早诊早治的功能。眼下的情况确实很糟，但肿瘤发病的形势要求我们必须振作起来，加强肿瘤预防功能的建设。"

为此我提出，可以考虑借鉴国际经验，筹建国家癌症中心，重新组织、整合中国肿瘤的预防、研究和医疗队伍。齐小秋局长、孔灵芝副局长当即表示赞同。从这时起，成立国家癌症中心成为了我们长达十年的奋斗目标。

我们首先认真研究了世界各国国家癌症中心的情况。美国在 1937 年成立了国立癌症研究所，领导美国癌症研究和组织工作；日本于 1962 年组建了国家癌症中心，韩国则在 2001 年成立了国家癌症中心。从国际经验来看，国家癌症中心对引领一国的癌症防控起着非常重要的作用。对于人口众多、幅员辽阔、地区发展很不平衡的中国而言，尤其需要国家癌症中心这样的专业机构来统筹全国的癌症预防与控制工作。

当时我刚到医科院肿瘤医院不久，还没有多少人相信这个“国家癌症中心梦”能够实现。肿瘤研究所有位教授半开玩笑地对我说：

“这件事几代人想过但都没有做，这次要是真成功了，我给你塑个像。”

此后不久，2003 年突如其来的“非典”席卷国内，我带领全院医务人员投入到“非典”一线，无暇旁顾，筹建国家癌症中心的事也就暂时搁置下来，但这个梦始终萦绕在我的脑海里。

2005 年，抗击“非典”的战斗结束后不久，我在肿瘤医院职代会上提出成立国家癌症中心的设想。经投票批准后，我们又将这一设想上报给主管单位中国医学科学院和国家卫生部。当时，医科院和卫生部负责审批的同志都劝我们不要办这件事，因为国家严格规定不许再建国字号的机构。我说：

“面对中国严峻的癌症形势，实事求是地说确实需要建立这样一个机构。不管最后结果如何，我们还是要不遗余力去争取。”

2006 年，我向吴仪副总理当面详细汇报筹建国家癌症中心的想法时，特别强调道：

“根据中国肿瘤防控的形势，目前的防控机构、功能和队伍已经不能适应严峻形势的需要。”

吴仪副总理沉思许久后说：“我支持你。”

随后，在国家卫生部上报“关于筹建国家癌症中心”的申请报告中，温家宝总理、吴仪副总理、华建敏秘书长都签署了明确的意见。接下来，因为筹办过程中的一些具体困难，我还向时任国务院常务副总理李克强写信“求助”。在李克强同志的指示督办下，中央机构编制委员会办公室最终于2009年正式批复同意组建国家癌症中心。

2011年8月，卫生部正式下发通知，成立国家癌症中心。十年一剑，想到中心的成立即将对中国癌症的防控事业产生重要积极的作用，我激动不已。有意思的是，获悉中心成立的喜讯后，当年那位教授没有食言，真的给我做了一座雕像。我把这个“小小的我”摆到了书柜里，也作为这条跋涉了十年之路的一个“见证人”吧。

医院改革：让机制发挥潜力

2001年5月，我被任命为中国医学科学院肿瘤医院院长。本来，我对当院长并不感兴趣，但是那位我十分敬重的中国医学科学院的老院长对我说：

“再好的大夫一生中能救多少病人？如果管好一个医院，能够救治更多的病人。”

常言道：新官上任三把火。尽管我对这种提法并不“感冒”，但这多少反映出人们对一个新上任干部的期待和评价。

我到任以后，做的第一件事是“环境治理”。当时，门诊楼看病十分拥挤，而这栋楼的四、五层却住着200名本院职工。窗口挂着背心、裤衩，如同“万国旗”，楼道里还有许多煤气罐用来煮饭，墙上贴的报纸满是油污，听说这已经成为困扰历届院领导的老大难问题。不久，我请他们统统搬了出去，有人说这是新院长烧的“第一把火”。其实，通过这件事，我感到医院的“环境治理”已是众望所归。

“第二把火”是改革分配机制。分配机制是医院运行的“变速箱”。2000年肿瘤医院总收入三亿元，人均年收入还不到三万元。怎么办？很简单——奖勤罚懒，奖金上不封顶。我曾在很多场合对大家说:“医生绝不能以赚钱为目标，但医院会努力让薪酬体现出你们的价值。”这样一来，员工的积极性被调动起来，医院软懒散的状态也明显得到改变：医护人员不再天天盯时间等着下班发班车，而是精神饱满、加班加点地为病人服务，医院的工作质量、效率，连同业务收入快速提升。病人满意、员工满意，医院的运行很快进入到良性循环状态。10 年间，肿瘤医院的年收入和员工收入都增长了七八倍。当医生护士们不用再天天为柴米油盐而算计时，就会把更多的时间留给病人。

“第三把火”是抗击“非典”。当年，肆虐大半个中国的“非典”对肿瘤医院也是一个巨大的考验。为了稳定军心，院领导和大家一同站在最前线迎战“非典”。整个抗击“非典”期间，肿瘤医院医护人员的感人事迹比比皆是，院里一位大夫，婚后第二天就进入“非典”病房投入抗击“非典”的战斗。我们还组建了两支专家团队为“非典”中心出谋划策，采用中药和升白血球的药物控制“非典”病人的症状，取得了意想不到的效果。在抗击“非典”的战役中，肿瘤医院取得了三个零的好成绩:“非典”病人零死亡、住院肿瘤病人零感染、全体员工零感染。

以制度之“药”对治腐败之“瘤”

现在回想起来，当年我从北京协和医院“空降”到肿瘤医院任院长时，算得上是临危受命。那时，肿瘤医院发生了建院以来医疗卫生系统的一桩“天字号”贪腐案：一个住院处的工作人员贪污了 1000 万元。从我上任伊始，卫生部监察局就密切关注着医院的一举一动。腐败也如同癌症，侵袭和转移无处不在。

要管理好这么重要的一家医院，光有足够的信心是不够的。为此我在赴任前对自己“约法三章”。例如，任院长期间不参与医院福利分房；不将自己的亲属转到肿瘤医院工作；不用院里的配车，仍然开自己的小奥拓上下班；只按看门人的标准拿奖金；进院头三个月内不进手术室；等等。上任前，组织部门曾建议我院长、书记一肩挑，我没有接受，因为担心这样一来党的监督保障作用会名存实亡。

上梁不正下梁歪，打铁还须自身硬；想反腐，领导班子首先要廉政。为了防止腐败再次上演，我在制度建设中首先向自己这个院长开刀，给自己戴上了防腐的“紧箍咒”。为此，我修改了以往一把手“一支笔”的做法，制定了“决策者不运作，运作者不能决策”的新机制，从制度设计上改变了以往一个人说了算的现象，有效遏制了商业贿赂的发生。

“审计风暴”时，审计署的同志曾问我：

“为什么你不管基建、不管药品、不管耗材、不管设备？”

我说：“上述每项具体工作都由两位院级领导具体分管，但是，他们都归我管，我要负法人责任。”

实践证明，这套机制对于防止医院内的腐败是行之有效的。例如，医院建筑竞标，我会安排各分管院领导参与，但自己不参加评标；医院基建工作则由分管后勤和医疗的副院长共同负责，我不会直接和对方谈价。但是，如果我发现报价太高，就会让总会计师去询价，一旦发现同等品质有价格更低的，我会责令执行人员给予解释。当年，肿瘤医院新外科大楼的建设采用的就是这一模式。事实证明，新外科大楼的建筑质量提升了档次，但造价仍控制在预算范围内，并得到国家发改委的表扬。这套经验后来也被全国许多医院效仿。

一般而言，群众总是敬畏领导，那么如何让有权力的领导不敢腐败？为此我提议：领导班子要接受职工代表面对面质询。开始，这项提议被院长办公会否定了，担心这样会给医院造成不必要的麻烦。对此我很坚持，因为只有心里有鬼，才会害怕面对群众。经过一年时间做工作，下决心力推，最后大家终于接受了，并且坚持至今。

为了进一步推进科学民主决策，我们还成立了医院行政事务管理委员会，包括院内中层干部、科室主任等 20 多位委员；另外我们还特别邀请了中组部、卫生部、医科院的七位领导担任院外委员。委员会每三个月召开一次会议，对于医院人财物等方面的“大事”进行科学论证和民主商议，最后再上院长办公会做决定。委员会采取自主轮换制，自主选择轮值主席，轮值主席列席院长办公会。医院所有重大事项必须经过委员会论证后提交院长办公会。按规定，医院行政事务管理委员会可以提出弹劾院长，但无权任命院长。事实证明，医院行政事务管理委员会的建立对于减少医院决策失误、预防腐败发挥了积极作用，新华社也曾为此做过专门报道。

医疗工作需要大胆创新

改变住院难问题是中国医改的重要命题。中国癌症发病上升的现状使越来越多的患者向大城市、大医院集聚。由此造成的结果是：患者一床难求，医院不堪重负。

2001 年 8 月，我刚进肿瘤医院百天，在《健康报》《北京晚报》和《北京日报》上作出公开承诺：要着力缓解肿瘤患者看病难、住院难和手术难的问题。

为此，在上级领导和有关各方的鼓励下，我大胆尝试与民营医院合作，互相取长补短，共同解决肿瘤病人的医疗问题。在这样的思路下办起来的民营三环肿瘤医院，不花政府一分钱，在中国医学科学院肿瘤医院的扶助下每年可以解决一万多名肿瘤患者的住院问题。我院负责保证这些患者的治疗不低于医科院肿瘤医院的水平，治疗费用不超过我院标准。2011 年 7 月 1 日的新华社大参考中，围绕我们的做法详细介绍了公立医院扶植民营医院的成功经验。目前，三环肿瘤医院已经成为全国民营医院的典范。

医改关乎千家万户的切身利益。2008 年，我刚担任全国政协委员后，组织上安排我就新一轮医改问题向习近平同志做汇报。我在汇报中说：前一轮医改并非像有人所言是完全失败的。在当时我国经济非常拮据的情况下，通过简政放权，提高效率，大大刺激了中国医疗卫生事业的发展。许多破旧不堪的医院焕然一新，医疗设施也紧跟国际先进水平。这是中国医院重要的发展高峰期，为今天的医改奠定了坚实的基础。

当然，与此同时我们也必须正视医疗领域存在的严重问题。例如：医院通过增加医疗收入寻求发展，政府又忽略了正向引导和有效监管，导致医院出现过度追求经济效益的倾向，增加了病人负担，老百姓感觉到看病难、看病贵。所以，医改不仅仅是医疗问题，也是重大的社会课题，是一个伴随国家发展和社会进步而不断完善的过程。

这些年来，作为一名政协委员，我在参加全国政协组织的数十次调研、认真了解全国各地发生的真实情况基础上，多次在全国政协常委会、双周座谈会、专题研讨会上发言，献计献策，提出了不少有针对性的建议。其中，关于中国医改要重心下沉，要注意夯实基层医疗机构的服务能力；要继续加强农村卫生队伍的建设，强化培养村来村去的农村医生教育体系等建议，都已经被陆续采纳并付诸实施。

医患之间要结为“生死之交”

我从医至今已经40多年了。有许多老“病友”已经成为老朋友。记得我还在做实习医生时，一个年轻的病人在我的面前离去，当时我的眼泪夺眶而出，哭得稀里哗啦。从那时起，我发誓要做一个好大夫，无论再难也一定要尽全力拯救病人生命。面对疾病，我的信念是医生要和病人结成生死之交，共同面对。从医生角度来说，不仅要在医术上精益求精去争取治愈，还要把决不放弃的信念自始至终传递给患者，让病人鼓起生存的勇气。

1996年，我在协和医院接待一位来自葫芦岛的胰腺肿瘤患者。她说当地医院讲治不了，把她给“撵”出来了。当时我的老师也认为手术很难做，但我还是收下这位患者并成功为她切除了肿瘤。13年后她肿瘤复发，又到肿瘤医院找到我。当时我已经是院长了，复发的胰腺肿瘤手术难度极大，许多人劝我不要冒这个险。有同事说：“这年头，手术失败会让你这个院长很难堪。”我在病人生命与个人得失之间反复权衡之后，最终还是鼓起勇气为病人开了刀。病人得救了，现在她每次到北京时总会想着来看看我。

20 多年前，某省省委书记被诊断为胰腺癌送到北京。我接诊后从细微环节中发现是误诊，在他出院前，我又在检查中发现他的肾脏上长了一个瘤子，通过及时治疗使他得到治愈。从此，我们结为忘年之交，他每次到北京都会去医院找我。我想，这种重获生命的心情只有当事者才能真正体会。

我亲历的例子还有很多，许多病友如同朋友联系不断。一个人的健康，除了身体的，还有心理的。从这个角度说，医生不仅开刀用药，还要做病人的知心朋友，爱护病人、尊重病人，给病人以希望。在肿瘤医院外科大楼的墙壁上，你能看到著名的“希波克拉底誓言”，这是我们医务人员对患者的庄严承诺。面对成千上万的患者，无论有钱没钱，无论有权没权，医生的原则必须是：一视同仁，治病救人。

万名医生肿瘤学培训项目

我从院长的位置上退下来后，本想松口气，但是中国癌症基金会（以下简称基金会）又让我扛起秘书长、理事长的担子。

2009 年我接任基金会秘书长后，注重改善基金会的运作模式，争取到慈善机构物资进出口免税资格，为争取国外的药品捐助创造了良好条件。短短几年，基金会接受的物资与资金就由人民币 2000 万元跃升至 43 亿元。这些年来，基金会已经将价值百亿元的药品捐赠给六万名癌症患者，为 300 万农村居民进行免费筛查和早诊早治，向上千名低收入患者提供了数百万元的救治资金。

与此同时，基金会还注重加强能力建设，吸收了多位医院院长、院士和高级专家教授加盟理事会，还引进了不少年富力强的青年才俊充实工作团队。去年，我们得到 2000 万元人民币的捐赠，设立了万名医生肿瘤学培训项目。分级诊疗是医改的战略措施，将大病留在县域医疗，必须紧抓县域医疗的能力建设。

癌症是当今诊断与治疗最困难的疾病，无论是诊断错误或者治疗有误，治疗不足或者过度，都将给肿瘤病人造成难以挽回的伤害。为此我们组织全国肿瘤临床专家，在全国20多个省市自治区为1000个县培训一万名县级医生，提高他们的肿瘤诊治能力，让更多的基层民众获益。目前我们已经完成了4000名医生的培训，收到良好效果。

现在，基金会承担的许多工作都是开拓性的，无论是肿瘤预防与控制，还是非公医疗机构的发展，都是崭新的挑战。正所谓：壮心无复在千里，老气尚能横九州。我以这两句诗作为自勉，愿穷尽毕生，行进在这条“抗癌”之路上。

（作者时任中国癌症基金会理事长　潘飞/采访整理）

第二章

砥砺奋进，铿锵前行

张彦仲　历经数十载，中国的大飞机终于梦圆苍穹

大型飞机（简称“大飞机”），被誉为“世界工业之花”，是一个国家科技工业总体水平与综合国力的重要标志。新中国成立伊始，中国人就开始了让自己的大飞机翱翔于蓝天之梦。此后历经数十载，在党和国家的英明决策下，在祖国几代航空人历尽艰辛、百折不挠的不懈努力和心血汇聚之中，中国的大飞机即将梦圆苍穹。作为大飞机这一“建设创新型国家的标志性工程”的重要亲历者和主要负责人之一，“国务院大型飞机重大专项”专家咨询委员会主任张彦仲院士见证了大飞机从论证立项到实施的整个历史过程。现在，就让我们跟随张院士，一同走进中国航空人数十年来致力于浇灌大飞机这朵“中国民族工业之花”的曲折而又振奋人心的创业史……

大飞机——“世界工业之花”

所谓大飞机，一般是指 120 个座位以上的大型飞机，120 座以下的被称为支线飞机。目前人们熟悉的大飞机包括波音 737、空客 A320 等，150 座级；波音 767、空客 A330 等，250 座级；波音 747、空客 A340 等，300 以上座级。空客 A380 是目前世界上已知最大的飞机，有 550 个座位，而未来的大飞机甚至还有

可能发展到 800 座。

大飞机是人类航空事业发展的必然结果。从 1903 年莱特兄弟发明世界上第一架飞机以来，距今不过 100 多年时间，但是航空业的发展之快令人咋舌。现在，飞机已经成为人类不可或缺的重要运输工具。总的来说，目前飞机正在向着更大、更快、更经济、更安全、更环保、更舒适六个方面来发展，而大飞机则是这六个方面高效结合的产物，因此有人形象地将大飞机比喻为“世界工业之花”。因为它集中体现出一个国家乃至全人类的综合科技、工业水平和整体实力。不仅如此，在大飞机的研发、生产和应用过程中，还随之带动了一大批相关科技及产业的发展。因此，无论从哪个意义上而言，大飞机及其产业都称得上是当之无愧的高科技产品和战略产业。

“航空救国”——第一架飞机命名为“宋庆龄”号

要说清中国大飞机所走过的历程，则必须谈到近代中国航空之路。应当说，在中国近代以来救亡图强的努力中，航空救国也是值得一书的。实际上，在莱特兄弟发明世界上第一架飞机后仅仅六年，广东人冯如就在美国制造了中国人的第一架飞机“冯如一号”，并一举首飞成功。虽然它的飞行速度只有每小时 60 公里，飞行距离不过近千米，但它毕竟实现了中国人千年以来遨游碧空的梦想，因此是一个历史性的进步。当时国内外华人都很振奋，这其中就包括孙中山先生。

孙中山很早就意识到航空在未来的军事、民用方面会有很大的前途，因此非常重视冯如，不仅资助他的飞行事业，并且亲笔题词“航空救国”勉励当时的中国航空人。1912 年，冯如在进行第二次飞行试验时发生意外遇难，年仅 29 岁。1923 年，由“中国空军之父”杨仙逸领衔设计生产的首架本土造飞机在广州首飞。孙中山亲临现场，孙夫人宋庆龄还登上飞机，作为试飞乘客在广州上空环绕两圈。孙中山非常赞扬她的勇敢，并应杨仙逸等人的请求将这架飞机命名为“乐士文”号（宋英文名 ROSAMONDE 的中文音译，亦称“宋庆龄”号），成为一时美谈。1932 年，国民政府决定成立航空委员会，由宋美龄担任首任秘书长，并负责组建空军，也为当时的中国航空事业做了不少工作。

遗憾的是，由于那时国家积贫积弱，加之战乱不断，中国的航空事业总的来说停滞不前，根本无法与世界先进水平相比，更不要说制造大飞机了。可以这么说，那时在中国的天空上飞来飞去的几乎都是外国造的飞机。

“四上四下”——新中国大飞机事业 40 年的坎坷

新中国成立后，中央下决心发展民族航空业。1958 年，毛泽东在上海西郊宾馆与陈丕显等人谈话时指出：“中国要造自己的大飞机！”表明了新中国第一代领导人发展中国航空事业的理想和眼光。1981 年 10 月，邓小平复出后曾在中央政治局扩大会议上指出：“国内航线飞机要考虑自己制造。”同年 12 月 30 日又提出：“今后国内民航飞机统统用国产飞机！”

不过，回首几十年间，中国发展大飞机走了不少弯路，遇到很多挫折。先后四次上马，又四次下马，四上四下，四起四落，最后都没有成功。

第一次是 1970 年，当时在周总理的亲自过问下，中国开始首次研制自己的国产大型客机“运十”，历经十年，于 1980 年 9 月 26 日在上海首飞成功。此后“运十”相继飞到过国内许多地方：1981 年 12 月 8 日转场北京进行飞行表演；1983 年 11 月 4 日转场乌鲁木齐，航程 3680 公里，商载 15 吨；1983 年 12 月 23 日转场广州，运载 13 吨出口商品……此外还先后转场哈尔滨、昆明等地。1984 年 1 月 31 日，在仅仅试飞过 500 多个小时的情况下，“运十”转场成都，穿越“死亡航线”，飞抵拉萨投递救援物资并一举成功，创造了一个奇迹——当时波音和空客等许多著名大飞机都不敢飞的地方，“运十”却做到了。此后“运十”曾先后七次进藏，紧急空运 44 吨物资，均告成功。但因种种原因，1985 年，“运十”遭遇下马。

第二次是 1985 年，与美国合作生产麦道 82/90 飞机。这是邓小平亲自过问的项目。后来又进一步合作生产的麦道 90 飞机，机体国产化率已经达到 70%。中美合作的麦道飞机先后一共生产了 34 架并交付使用。后来，麦道公司被波音兼并，该项目也随之终止。

此后，中国的大飞机事业又连续两次遭遇重挫。一次是 1989 年 10 月 30 日，国务院常务会议正式批准四轮干线飞机立项，并列为国家重大专项。同时成立七人领导小组，时任国务委员兼国家计划委员会主任的邹家华任组长。后来由于用户需求发生变化，1992 年，四轮干线飞机下马。

还有一次是 1993 年，国家决定上马研制 100 座客机，江泽民、李鹏等国家领导人都非常关心。此后几年中，中国航空工业总公司先后与韩国、新加坡、法国、意大利、英国等国进行了多次谈判，寻求合作。1996 年 4 月 11 日，时任中航工业总公司总经理的朱育理在法国爱丽舍宫与法宇航签订合作发展 AE-100 飞机备忘录。后来，因中外合作进展艰难，1998 年，AE-100 客机下马，全部经费上缴。

就这样，从 1970 年到 1998 年近 30 年里，大飞机项目中途折翼，四上四下，连续的挫折使得中国大飞机事业一蹶不振。为此，不少人觉得自己制造大飞机“屡战屡败”，竞争不过国外大公司，对再造大飞机缺乏信心。个别人甚至说：你们想造大飞机？波音公司只要吹一口气就垮了！在这种情况下，中国要不要造大飞机？中国有没有能力造大飞机？就成为一个颇具争议的问题，这样的争论又持续了近十年。

尘埃落定——中国人要造自己的大飞机

2006 年 1 月 9 日，全国科学技术大会在北京召开，我作为中国工程院的院士代表，有幸参加了这次大会。这是党中央、国务院继 1956 年知识分子会议、1978 年全国科学大会、1995 年全国科学技术大会之后，召开的又一次全国科学大会，也是改革开放 30 年中召开的第三次全国科学技术大会，这三次科技大会，我都荣幸地参加了。

大会郑重宣布：为了在2020年建设成为创新型国家，提高国家竞争能力，将大型飞机项目列为国家未来15年力争取得突破的16个重大科技专项之一。由国家重点支持，引领各领域的创新发展，并开始启动论证。这意味着大飞机项目正式列入《国家中长期科学和技术发展规划（2006—2020）》，部署上马了。这是我国继20世纪80年代首架自主研制的大飞机“运十”下马之后，第一次公开宣布要造大型飞机，是项具有国家战略意义的重大决策，也是中国航空工业发展历史上的一个重要里程碑。

听到这一宣布，我非常高兴和激动。我深知，这不只是上个重点工程问题，不只是圆了几代航空人的心愿，更是国家意志和人民意愿的体现，是要实现泱泱中华民族自己造大飞机的百年夙愿！中央作出这一高瞻远瞩的英明决策，是经过反复斟酌、多次论证的，可以说是对一个争论了近40年的老问题做出的果断结论。作为一名在航空制造业摸爬滚打了50多年，亲身参与了许多组织、研制工作的老航空人，我对此有着更深一层的认识和体会。

早在1986年9月，时任航空工业部部长莫文祥、副部长何文治和我（当时任部总工程师）三人向国家科委领导汇报航空科技发展规划时，宋健国务委员和国家科委吴明喻副主任等领导明确提出发展大飞机的意见。

2001年，中科院和工程院在香山召开了一个会议，研讨我国大飞机的发展问题。会议由王大珩、师昌绪等院士发起，提出了发展大飞机的建议。我也谈了个人意见：虽然40年来，大飞机的研制遇到多次挫折，有人说是“屡战屡败”，但是我们不能怕挫败，怕困难，还要迎难而上。

正如孙中山所说：“吾志所向，一往无前；愈挫愈奋，再接再厉。”同年，顾慰庆等委员在全国政协九届四次会议上提交了《关于安排研制“运十改进型飞机”的建议案》，建议国家在运十改进型飞机基础上研制拥有完全独立自主知识产权的大型飞机。

2003年3月，曾担任全国政协委员的著名科学家王大珩院士联合20多名院士专家，向国务院提交了《关于发展我国大型飞机的建议案》，建议大力发展大飞机。同年 11 月，国务院成立了一个中长期科技规划领导小组，组织全国 2000 名专家起草中长期发展规划以及若干个国家重大专项，我也是专家成员之一。中国要不要造大飞机？中国有没有能力造大飞机？仍是当时争论的焦点。绝大多数专家一致认为，大飞机非发展不可，必须列入国家重大专项，不然就会犯历史性的错误。现在我们天上飞的大型客机不是波音的，就是空客的。长期依靠进口，有重大风险。发展大飞机不仅是个技术经济问题，还涉及国家的战略安全问题。

接下来，众多专家学者对发展中国大飞机的热切之情始终不减，呼吁自己造大飞机的声音一直未断。

2004 年，黄因慧委员等在政协十届二次大会上提交了《关于发展我国大型飞机的建议案》。提出“将大型飞机列为像‘两弹一星’一样的国家级重大标志性专项工程，国家拨专款实施，并立即启动大型飞机研制工作”。

2005 年“两会”期间，关桥等政协委员提交了《关于尽快开展大型飞机研制的建议》，《建议》提出：一次立项，两个机型，分步实施；尽快启动具有自主知识产权的大型运输机的研制；在突破关键技术基础上，发展具有自主知识产权的大型客机。同年，李未等政协委员提交了《关于我国应尽快启动研制大型民用客机的提案》，提出在国家宏观指导下，采取市场运作的方式，充分调动中央和地方乃至民营企业多种积极性，放手让有条件、有意愿发展民机产业的地方和企业大胆尝试，立即启动大型民机的研制。

2006 年，政协十届四次大会上，王宗光等委员提交了《关于尽快启动大型飞机工程的提案》。

2007 年十届五次会议上，高正红等委员提交了《关于加快我国大型飞机工程步伐的提案》。我作为国产大飞机的极力赞成和推动者，也和几位委员共同提交了《制定法律来保证大飞机战略实施的提案》。

2008 年，政协十一届一次会议上，才让等委员在《关于建立协同机制推进大飞机工程的提案》中，建议有关部门以开放的心态和战略的高度，举国体制推进，打破部门行业界限，充分发挥材料、制造等民用配套部门的优势，集中力量进行大飞机研制；杜玉波等委员提交了《关于建立大型飞机高级人才培养基地的提案》，建议尽快建立以高水平研究型大学为依托的大型飞机高级人才培养基地，形成产学研相结合的大型飞机人才培养机制，尽快培养出一批大型飞机重大专项急需的技术骨干人才。

2007 年 3 月 18 日，国务院宣布：批准大型飞机重大专项正式立项，并同意组建大型客机股份公司。中国人要造自己的大飞机了！中国的大飞机经历了 40 年，争论了 40 年，终于作出一个战略性决策，这个决策来得太重要、太及时、太不容易了！如果没有党中央、国务院的高瞻远瞩、英明果断决策，没有专家们和各方各界的鼎力推动，发展大飞机专项是不可能的。

中央作出发展大型飞机的战略意义，不仅是要研制出几种民用客机，更主要的是要形成航空战略性新型产业，带动我国相关产业和学科的发展，培养一支年轻的科技和领军人才队伍，从总体上提升国家综合实力。我很幸运，参与了大飞机国家论证立项的整个过程。

一本万利——研制大飞机刻不容缓

2010 年 1 月 14 日，胡锦涛同志在上海考察中国商用飞机有限责任公司时指出：发展大型客机，是中央作出的一项具有战略意义的重大决策。同时勉励企业员工发扬科学求实精神，让中国人自主研制的大型客机早日飞上蓝天。2008 年 5 月 12 日，《人民日报》头版发表温家宝同志《让中国的大飞机翱翔蓝天》，文中指出，让中国的大飞机飞上蓝天，既是国家的意志，也是全国人民的意志。

国家、人民的意志和国家战略的需要，这就是中国为什么要造大飞机的根本原因。有些人可能会问，我们既然可以用美元买到国外的飞机，还有必要制造自己的大飞机吗？回答是肯定的。

首先，大飞机对国民经济和科学技术的发展起着重大带动作用。航空工业产业链长、辐射面宽、连带效应强。在航空发达国家，大型飞机工业作为重要支柱产业，在国民经济发展和科学技术进步中发挥着重要的带动作用。据国外测算，以大型客机为主的民用飞机工业销售额每增长1%，可推动GDP增长近0.8%。2000年美国民用飞机制造业总产值1400亿美元，拉动相关产业9000亿美元产值，占当年GDP的9%，并且创造了1100万个就业机会。据日本通产省研究，按产品单位重量创造的价值计，如果船舶为1，则轿车为9，彩电为50，电子计算机为300，喷气飞机为800，航空发动机达1400。据美国兰德公司统计，民用飞机工业可以为相关产业提供12倍于自身的就业人数。航空工业每投入1亿美元，10年后航空及相关产业可获产出80亿美元。我国实施大型飞机重大专项，可以有效推动国民经济的增长，促进产业结构调整和技术升级。

大型飞机还是高新技术成果的集合，在技术发展方面具有先导性。按所含零部件和技术参数的量级比较，汽车为104，火箭为105，民用飞机则达到107。波音747—400大型客机的零件数量达到600万件。据日本有关机构对500余项技术案例调查，汽车工业技术扩散率为9.8%，而航空工业技术扩散率可达60%。因此，发展大型飞机对技术进步具有很强的牵引作用。能够带动新材料、先进制造、电子信息、自动控制、计算机等领域关键技术的群体突破，拉动众多高技术产业发展。此外，发展大型飞机，还将带动流体力学、固体力学、计算数学、热物理、化学、信息科学、环境科学等相关基础学科的重大进展，促进我国科学技术水平的全面提高。

其次，大飞机作为国家的战略性产业和国家实力的重器之一，需要我们独立自主发展，决不能受制于人。大型飞机由于其重要战略地位，成为大国之间竞争的焦点。当前，世界上具有研制生产大型飞机能力的国家只有美国、欧盟和俄罗斯、乌克兰等。大型客机和飞机发动机的国际市场则主要由美、欧垄断，其大型客机年销售量达1000多架。

当前国际大型飞机的发展趋势，一是技术进步速度快，飞机的总体性能、安全可靠性和性价比不断提高；二是飞机研发和制造的国际合作发展迅速，发动机、机载设备的研发、生产、服务走向专业化、国际化；三是适航标准等技术标准愈益先进，执行更严格；四是国际大垄断集团之间竞争激烈，一方面围绕政府补贴和技术转移问题明争暗斗，另一方面加快研制更有竞争力的新机型。日前的竞争主要集中在远程宽体大型客机（空客 A380、A350，波音 787）领域。随着技术的提高和竞争的加剧，后来者进入门槛将不断抬高。

美欧各航空强国都将大型客机列入国家优先支持发展的战略高技术领域，不断投入巨资给予支持，努力保持自己的技术优势。波音指责欧洲几国政府在 25 年间给予空客 250 亿欧元补贴，空客则指责美国政府对波音的补贴达 300 亿美元，甚至诉诸世贸组织。美国政府投入巨资支持军用航空技术的研发，将技术成果向民用飞机领域大量转移，加大对航空基础科技的投入，2000 年以来，美国航空航天局（NASA）的航空技术预算年平均增长 8.85 亿美元。欧洲在各个"框架计划"中对民用飞机及相关技术领域研究提供资金支持，其"第六框架计划（2002—2006 年"投入 10.75 亿欧元支持航空航天基础科研，明确把增强民用飞机及其发动机方面的竞争力作为发展目标。

由于大型飞机潜在的军事价值，各航空强国都对其核心技术严格控制封锁，通过行政手段防止扩散，尤其将其作为对华遏制的重要内容。1989 年，外国公司拖延对我国大型客机备件供应，致使我部分航线无法正常营运。目前，国际大型飞机市场在波音、空客垄断下，飞机价格出现了加速上涨的趋势。我国购进的某型 150 座级飞机价格，由 2001 年的 3000 万美元左右，上升到现在的 5000 多万美元，涨幅超过 50%，飞机维修和航材价格也大幅度上涨。

因此，发展大型飞机是摆脱受制于人局面的战略选择，我们不能寄希望于外国转让核心技术，必须立志攻关，自主创新。

第三，我国民航运输正处于高速增长期，国内市场需求巨大，发展大飞机可以将中国从"民航购机大国"真正提升为"航空产业大国"。我国民用航空市场需求增长强劲，国内民航市场潜力巨大，对大型飞机产业的发展将提供有力的推动，这是我们发展大型客机的自身需要。

随着我国国民经济的快速发展，民航运输业持续高速增长。2005年我国民航运输总周转量、旅客运输总量均跃居世界第二。至2005年底，我国共有民航飞机863架，其中大型客机785架。“十五”期间我国民航飞机净增336架，“十一五”期间新购置飞机840架，年平均增长14%。据测，“十二五”期间我国大飞机机队将达到2400架左右。

未来20年是我国大型客机需求的高速增长期，但这个机遇期不会持续很长。根据1997年国际货币基金组织统计报告，人均GDP处于1000—5000美元区间，是航空运输需求高速增长时期。人均GDP超过10000美元、人均乘机达到1次后，航空运输增长将趋于平缓。我国1997年人均乘机0.02次，2010年人均乘机已达0.2次。我国民航市场正处在高速发展阶段，目前是发展大型飞机的重要历史机遇期，绝不能错过。

据中国民航总局发展研究所预测，2007—2026年，我国将新增大型客机4752架；据波音公司预测，2004—2023年，中国将新增2319架客货运输飞机；据空客公司预测，未来20年中国将新增1790架客货运输飞机。以这些预测的均值计，未来20年我国民航需要新购置的飞机总数为2953架，总价值1000亿美元以上，足以同时买下波音和空客这两大国际航空巨头（2005年底波音和空客净资产分别为600亿美元和208亿美元）。如不自主研发大型客机，我国民航市场高速发展带来的巨大经济利益将全部落入他人之手。

再者，造大飞机有利于带动民用航空事业，从而促进我国航空产业战略结构的调整发展和资源的优化合理配置。新中国航空工业的成就巨大，但长期以来，我国航空工业以军用为主，民用部分尚未形成适应市场竞争的良性循环发展机制，制约了自身的发展，对经济和技术进步也难以产生应有的拉动作用。

欧美等航空强国已形成以民机产业为主体的航空工业格局，其民用飞机产值约占70%，军用飞机约占30%。而我国航空工业中，民用航空产业占的比重很小，不符合军民机协调发展的方针，实际上也不利于战备。发展大型民机有利于调整航空工业的军民结构，有利于航空工业走入社会主义市场经济。我国实施大型飞机重大专项，通过研制大型客机建立有国际竞争力的民机产业，是推动航空工业战略结构调整和发展的重大举措。

发展大型客机还可以为航空工业建立新体制、新机制提供突破口和生长点，有利于广泛开展国际合作，有利于利用全国的技术资源，有利于吸收先进的管理文化和理念，有效提高我国航空工业的管理水平、制造能力和服务水平。因此，大飞机的立项实施是航空工业的战略转折：即由军机为主转向军民机结合；由型号研制转向产业化发展；由指令计划转向商品市场化；由国家单一拨款转向资本多元化。

此外，造大飞机也是增强国防实力的重要举措。大型运输机是现代战争中军队快速反应、远程机动、灵活部署和空降作战的主要运载装备，是保证各军兵种协同作战、兵力快速投送和战场持续支援保障的重要手段；也是发展特种飞机（预警、指挥、信息中继、电子对抗、空中加油、空射武器等）的重要平台，对提高我军现代化作战能力、优化国防力量结构具有重要意义。鉴于其特殊功能以及在军事上的重要作用，世界强国都把大型军用运输机作为军队现代化的重要装备，也是衡量国防实力和综合国力的重要标志之一。

简而言之，大飞机体现一个国家总体实力，是科技水平、工业制造水平和基础工业水平的综合体现，也是提升国家自主创新能力的战略重点，这也就是为什么大飞机被称为“世界工业之花”、我国把大型飞机作为“建设创新型国家的标志性工程”的原因。实施大型飞机重大专项，不仅关乎建立有国际竞争力的中国民族航空产业，更关系到国家经济社会发展和国防安全的全局。因此，这样坚定的认识，不是随便议论，而是来自几代国家领导集体的英明抉择，来自几代中国航空人在长期的工作实践与经验积累中深刻的体会、思考和分析。正如 2009 年 11 月，一位中央领导在中国商飞的讲话所指出的：中国一定要造大飞机，一定要造成功大飞机。一定要造世界先进的大飞机。

我们凭什么造大飞机？

大飞机已经列入国家重大专项，但仍有人怀疑中国人自己造大飞机的能力和决心。其实，他们忽视了我们发展大飞机事业的四大优势：国家意志的政治保障，国家实力的迅速增长，巨大的市场需求，中国航空工业日趋完善的技术、人才基础。

就国家实力而言，改革开放30多年来，我国已经跃升为世界第二大经济体，上百种重要产品的产量位居世界前列，国内配套能力进一步增强。经济发展既迫切要求产业结构升级，以提高经济增长的科技含量，也有能力支持包括大飞机在内的重大专项的实施。20多年来，我国全社会投资年递增19%以上，建成三峡工程、载人航天、西气东输、青藏铁路等一大批特大型复杂项目，充分显示了我国在这方面所具备的实力。

就我国航空工业的技术基础和人才队伍而言，首先，我国有长期研制军民飞机的经验。20世纪60—70年代，我国先后引进生产了最大起飞总重70吨的轰6飞机，测绘仿制了20吨级的运7飞机和60吨级的运8飞机，自行研制了45吨的水轰5飞机。1980年自行研制成功的运10喷气式客机，起飞总重达到110吨（189座），远程设计商载航程8300公里，最大巡航速度974公里/小时，最大巡航高度12000米。运10的成功研制为我国发展大飞机留下了许多宝贵成果和经验，在系统工程和全国协作的组织实施等方面达到了一个新的高度，标志着我国已经具备了自主设计制造大型飞机的能力。

改革开放以来，我国与麦道合作，先后组装生产了34架MD82/83飞机，而20世纪90年代合作生产的MD90飞机，不仅机体制造国产化率达到70%，且获得美国联邦航空局（FAA）颁发的“海外生产许可延伸”。该项目引进了先进的生产管理理念、现代化制造工艺、信息化系统管理和质量控制标准，成功运用了“主制造商—供应商”管理模式，标志着我国已经具备了大型飞机的总装和机体部件制造能力。

此外，中航商飞自主研发的70—90座ARJ21支线飞机、航空二集团与巴西合作生产的50座ERJ145支线飞机，也为大型飞机项目的实施奠定了基础。ARJ21项目可为大型客机按照运输类飞机25部适航标准进行适航符合性设计和适航符合性验证提供技术准备，同时也积累了自主设计整机并进行发动机、机载设备国际合作，以及市场开发、产品支援和客户服务的经验。在座级上，90座的ARJ21也可与大型飞机互相补充，形成较完整的产品线。

其次，我国已建立了较完善的航空技术体系，具备飞机研制的基本研究试验手段。“十五”以来，国家加大投入，使中国航空工业从能力到产品都实现了跨越式发展：在关键技术方面，开展了超临界机翼、结构耐久性和损伤容限设计与评定等预先研究；建立了飞机总体、气动、强度、结构、系统设计分析、仿真的数字化手段。目前我国基本具备承担大型飞机各类试验的能力和设施，有条件完成绝大部分试验项目。飞机试验包括风洞、结构强度、系统和飞行试验四大类。目前，我国已拥有6米×8米低速风洞、2.4米×2.4米跨音速风洞、3.5米×4.5米低速增压风洞等，具备了大型飞机初步设计的风洞试验能力；在结构试验方面，具备150座级客机的静力和疲劳试验能力、200吨级飞机的静力试验能力；在飞行试验方面，具备较先进的机载飞行测试和地面数据处理系统以及较完整的飞行保障系统和指挥调度系统。

还有，我国已基本具备150座级飞机的生产制造能力。我国拥有许多达到世界先进水平的加工设备、技术标准和工艺规范，基本掌握大型飞机相关的先进制造技术；具有成套的研制、生产管理程序和较完善的质量管理保障体系。基本可满足大型飞机的零部件加工要求。我国还转包生产了150座级大型客机的部分部件，如机身尾段、机翼组件和舱门、制造难度很大的空客A320机翼翼盒、波音737尾翼和麦道机头等，年销售额已超过5亿美元。目前，波音737飞机的垂直和水平尾翼的绝大部分由我国转包生产。这几年我国数字化设计制造技术正在继续推广，广泛实施了CAD/CAE/CAM以及计算机辅助管理等数字化工程，大大提高了研制效率。

同样重要的是，我们还有一支敢打硬仗的专业技术队伍。曾有一种观点认为：中国飞机设计人才不足，水平不高，缺乏研制大飞机的经验。甚至有人说：全国从事飞机设计的人不过 1500 多人，军机任务很重，哪有人力去研制大型客机？

实际上，50 多年来，经过多种实践，我国航空工业已形成一支飞机设计、试验、制造和管理的完整队伍，已培养出几千名从事大、中型飞机研发设计的专业技术人员。一批参加过运 10、运 8、运 7、麦道、ARJ21 等客机项目的技术人员，有着丰富的实践经验和献身祖国航空的热情，只要发挥好传、帮、带作用，做好老、中、青结合，集中全国优势，完全可以承担起大飞机的研制任务。同时，我们也只有通过大飞机的研制，才有机会培养锻炼年轻力量，真正解决人才断层问题。

目前，在我国一二十所高等院校中都有航空专业院系，通过大飞机专项的需求，可拉动航空科技人才的培养，通过大飞机的研制，可以加快人才的成长，在实践中锻炼和培养一支年轻的技术队伍，造就一批高技术和领军人才队伍。

当然，我国的航空技术经验和人才队伍方面同世界先进水平比，还有一定差距。如何缩短这些差距呢？只有在发展大飞机的过程中，才能逐步解决。正如邓小平同志所说：只有用发展的办法，才能解决我们前进中的困难和问题。如果因为存在差距，大飞机就不立项、不发展，这些差距不但不会自行缩短，还会越来越大。不仅如此，由于大飞机的研制是在改革开放的思路下，采用全新的体制机制，既举全国之力，又利用全球资源。因此，我们完全有理由相信中国的航空工业队伍一定可以在实践中锻炼成长，圆满完成大飞机的研制任务。

除此之外，我国还有在社会主义制度下集中力量办大事的独特优势。我国既有研制“两弹一星”的光荣传统，在新时期又积累了丰富的实施国家重大工程的经验。党中央、国务院把大飞机列入国家重大专项，决心很大，号召我们以钢铁般的意志和百折不挠的精神，让中国的大飞机翱翔蓝天，这充分体现了国家意志的力量。只要我们发挥汇集全国力量、集中动员资源、组织全国协作的优势，就完全能够进一步挖掘现有的潜力，成功实施大型飞机重大专项。就连外国人也说：只要是中国人下决心要干的事情，就没有干不成的！

我们要造什么样的大飞机？

中国要造自己的大飞机了。但是，要造一个什么样的大飞机？要采取什么样的总体技术方案和技术途径？要用多长时间？投入多少经费？在什么地方总装？用什么样的体制和机制来造？这些都是亟待解决的棘手问题。2006 年 7 月，国务院决定成立大飞机方案论证委员会，把这些问题交给 19 人专家组论证，由李未、顾诵芬院士和我共同任专家委员会主任，论证方案直接上报国务院审批。过去这种工作多交给政府部门，这次中央决定由专家组来组织完成，不啻为决策科学化和民主化进程上一次大胆的创新。

在大飞机正式立项前，关于大飞机方案的争论已经持续了几十年。争论的焦点，总结起来是四个：大小之争、军民之争、内外之争和东西之争。大小之争，指大型客机的座级，是先发展 150 座级还是先发展 250 座级？军民之争，指中国的大型飞机是造军机还是造民机？内外之争，指大飞机的技术途径，是走自主研制途径（如运 10）还是国际合作途径（如麦道 90）？东西之争，指大飞机总装地点，是放在上海还是放在陕西？这些争论了几十年的老问题，在各部门和各地区之间有不小的意见分歧，协调统一起来的难度可想而知。也正是这些老问题，成为导致这么多年来中国的大飞机事业一波三折，始终未能启动的重要原因，只有解决好这些争论，才能为大飞机铺平道路。

2006 年 7 月 17 日，专家委员会正式成立，开始了方案论证工作。既重任在肩，又面对重重矛盾，大家感到责任很大、压力很大。专家组不仅多次到国家发改委，财政部，国防科工委，总装备部，国家开发银行，民航局，中航工业一、二集团，三大航空公司等单位汇报情况、听取意见，还向西飞、三峡公司、奇瑞汽车等单位学习经验。然后，再将经过充分调查研究和民主论证的结果，及时向国务院领导小组汇报，听取指示。国务院领导小组的第一任组长是曾培炎副总理。后来是张德江副总理，温家宝总理虽然不担任组长，但重要的会都来参加，国家对大飞机项目的重视程度可见一斑。在大飞机项目论证过程中，国务院领导还特别指出，此次大飞机项目的操作，必须在体制创新的前提下进行，要坚持以我为主，积极开展国际合作；通过自主创新、集成创新和引进消化吸收再创新，突破关键技术。

大飞机的方案论证工作，从造什么样的大飞机开始。这就要先进行市场调研，听取军、民机用户的意见。从 2006 年 8 月 9 日起，专家委员会先后听取了国航、南航和东航三大航空公司关于机队现状及未来需求的报告，还听取了国家民航局规划司、适航司和飞管司等部门关于民航机队发展规划、适航及空管等问题的报告。经过反复慎重研究和全面磋商，专家委员会得出了如下意见：

首先，机型方面，从“小大之争”到“先小后大”。论证委员会通过对比分析 150 座级和 250 座级客机的市场需求、航线和机场适应性、国际竞争态势、研制难度等，经过广泛调研和深入讨论，最终认为，我国发展大型客机，从 150 座级起步是最佳选择。理由是：相对于 250 座级而言，150 座级客机市场容量更大，切入市场有更多的机遇，航线和机场适应性强，投资相对较少，且有新一代发动机可供选择，适合我国现有研制能力基础，总体条件较好。因此，发展大型飞机，应以 150 座级客机为切入点，争取先期投放市场并逐步实现系列化发展。然后，在 150 座级飞机的基础上发展 250 座级的飞机，这就是“先小后大”的总体方案。

其次，发展军机、民机方面，从“军民之争”到“军民统筹”。大型运输机是一种军民两用飞机，平时可用于抗震救灾、防洪灭火及人道主义救援，战时可作快速反应、远程机动、灵活部署和空降等的主要运载装备。既是保证协同、快速投送和持续支援保障的重要手段，也是发展特种飞机（预警、指挥、信息中继、电子对抗、空中加油等）的重要平台，对提高国防现代化、优化武装力量结构具有重要意义。鉴于其特殊功能以及在军民中的重要作用，世界强国都把大型运输机作为军民运输现代化的重要装备，也视之为衡量综合国力的重要标志之一。当前，世界上只有美国、欧盟和俄罗斯具有大型运输机的研制能力，其中，美、俄已形成了完整的空运体系。我国现役运输机中大部分是运载量有限的中、小型运输机，大型运输机很少，运力方面甚至比某些发展中国家还要小，容易受制于人，因此有发展具有自主知识产权的国产大型运输机，以增强远程投放能力的迫切需要。此外，大型运输机有明确的用户群，所以市场风险相对较小。

2006 年 9 月 12 日，专家委员会在听取了丛日刚、唐长红等同志关于大型运输机的报告后一致认为：大型客机和大型运输机应该军民分线，同时立项，实行军民统筹，这样“军民之争”就变成“军民统筹”。大型客机和大型运输机分属两个不同的平台，尽管二者有很大的技术共同性，但它们在使用性能要求、气动总体和结构布局等方面有明显差别。所以设计总装必须分别进行，在两条不同的生产线上制造，实行军民分线，同时立项。在此基础上，搞好统一规划，避免重复建设，统筹安排大型客机和大型运输机的研制，相辅相成，并行发展，可节约研究开发和基础建设投资，特别是有利于在发动机、机载设备和材料技术上的军民共用。有观点认为，军民统筹可节省经费投入约 100 亿元。大型运输机启动早，可先期验证技术，减少技术风险，并且它具备长期预研基础，立项后可很快开始初步设计。此外，军、民机共用的部分关键技术可望在大型运输机上先期实现。为共用技术的持续改进升级创造条件。军民分线后，大型客机独立发展，有利于国际合作、引进国外先进技术。同时，由于民机对安全性、经济性的要求高于军机，它的成功和长期广泛应用，有利于技术成熟和成本降低，科技成果也可以共享。

专家委员会还提出：希望在发展大型客机产业中，集中全国优势资源，充分发挥航空工业现有力量，加强协作，形成合力，建设有市场竞争力的航空产业；希望在发展大型运输机中，贯彻“军民结合、寓军于民”方针，落实“协调、激励、监督、评价”四个机制，大力协同，促进军民协调发展。在这方面，航空一、二集团作为发展我国航空产业的重要骨干力量，面临新的发展机遇和挑战，要继续深化体制改革，积极参与市场竞争，为振兴我国航空工业而共同努力。

我们怎么造大飞机？

“造什么样的大飞机”这个问题解决之后，马上面临的就是“怎么造大飞机”的问题。首先，关于大型飞机的定点问题，在军民统筹论证意见得出后，长期存在的“东西之争”就比较容易解决了。专家委员会一致认为，定点问题应在充分考虑全局利益的基础上，本着鼓励联合、多方共建、风险共担、利益共享的原则，综合分析自然条件、社会条件和规划方案而确定。论证委员会围绕地方政府的产业基础、创新环境、资金条件、土地支持等，提出了定点门槛条件。

2006 年 12 月 5 日至 6 日，论证委员会就发展大型飞机的定点等问题，先后听取了上海、黑龙江、四川、陕西、辽宁五省（市）人民政府的意见，并与上述有关政府领导认真进行了交流讨论。随后，该五省（市）人民政府向国务院办公厅正式递交了书面报告，对土地、资金、人才等支持政策作出了相应承诺。

在对五省（市）人民政府的报告进行认真研究的基础上，2007 年 1 月 4 日，论证委员会 19 位委员就大型客机和大型运输机的定点倾向性意见，分别进行了无记名投票，投票结果高度集中，认识高度一致。大型客机定点的倾向性意见是在上海市，大型运输机定点的倾向性意见是在陕西省。后来，又征求了上海和陕西的意见，也取得了统一。这样，“东西之争”圆满解决为“东西兼顾”。

接下来，大飞机发展的技术途径，则从“内外之争”转化为“内外结合”。大飞机是走自主研制还是国际合作的途径？这一点长期也有争论。1984 年，中国自行研制的运 10 飞机下马后，有人提出，中国自己研制大飞机的能力不足，必须与国外合作。与谁合作，也产生过极大的分歧。以何文治（时任航空部副部长）为代表的一方主张与麦道合作发展 MD-90 飞机，以管德（时任国家民航总局副局长）为代表的一方主张与波音合作生产波音 737-400 飞机，双方为此发生了激烈辩论，意见上报到邹家华副总理那里，最终与麦道公司合作的意见胜出。但后来因麦道被波音兼并而遭遇合作终止。此后，我们还曾与法国合作过 AE100 项目，也因故半途而废。专家委员会认真研究总结经验教训后认为，航空核心技术是花钱买不来的，用市场也换不来的，因此我国发展大型飞机的技术路线应当是：坚持自主创新。以我为主，部分开展国际合作，但不受制于人。具体而言：

飞机的研制以自主创新为主，主导飞机的总设计、总装制造和总销售服务；集成世界先进成熟的航空技术。整机先行，带动配套，研制具有自主品牌和市场竞争力的大型客机。机体部件方面，采用主制造商—供应商模式，进行专业化研制生产，面向国内外招标、采购，以确保质量，控制成本、保证进度，这也是波音、空客等世界级公司的通行做法。

发动机、机载设备和材料的技术途径，则采用国际合作与自主攻关相结合，因为我国在这些关键技术领域，与国际水平相比还有较大差距，在适航取证方面还有较大难度。因此在研制初期，需要部分实行国际采购。其中一些关键敏感技术，则不能长期依赖外国，必须立足自主研制，当然也不放弃开展国际合作。其中，发动机方面：要坚持自主研发，并积极开展国际合作。研制初期可根据用户需求选用国外先进发动机，待国内自主研制的发动机成功后再逐步替代，同时要在现有技术基础上，积极开展大型飞机发动机的验证机和型号的研制工作。机载设备方面：包括飞行控制、航空电子、航空机电三大类十几个系统、上百种设备在内，在大型客机研制初期，先进机载设备需全球择优采购，同时安排国内技术攻关，待自主研制的机载设备达到国际水平并取得适航认证后，即可采用。同时，鼓励国外供应商与国内联合研制，优先考虑在国内合资，联合有研制能力的系统供应商。材料方面：国内取得适航认证的部分材料可优先选用，国内难以解决的可以国际采购。要在已有的技术基础上，重点开展先进材料的应用技术研究，实现关键材料自主研制并完成适航认证。

这样，“大小之争、军民之争、东西之争和内外之争”四大问题都得到妥善解决，成为“小先大后、军民统筹、东西兼顾、内外结合”的四大协调。

大飞机成功的关键——体制、机制创新

体制机制创新，是组织实施大型飞机重大专项成败得失的关键。大型客机不仅要在技术上成功，还要在商业上成功，形成有市场竞争力的产业，这不是只靠列入专项、增加投资就可以完全解决的，还有一个体制机制的问题。

2006 年 10 月 24 日—12 月 6 日，专家委员会先后听取了上海、陕西、四川、黑龙江、辽宁五省，中航一、二集团以及三峡公司、华为公司、奇瑞公司、中航商飞公司等单位关于技术创新和体制机制创新的报告。大家一致认为，大飞机体制机制创新的核心内容是：组建多元化投资的大型客机股份公司，作为大型客机项目的责任主体，直接对国务院领导小组负责。

迈出这一步，对于发展具有市场竞争力的大型飞机产业至关重要，也是在现行体制环境下进行体制机制创新，充分利用航空工业和全国优势资源，综合国家、市场和企业积极作用的必然选择。因为落实重大专项的法人责任主体，有利于领导集中精力抓好专项，打破“条条块块”的封闭；有利于发挥航空工业及全国资源优势，调动各方积极性，实现“举全国之力”；有利于开展国际合作，“聚世界之智”，借鉴国际成功经验，采用专业化研产、营销、服务一体化的企业模式，这是形成具有市场竞争力的航空产业的基本要求。

项目公司直接承担的任务主要是总设计、总装生产和市场营销。同时，按市场化原则充分利用现有人力资源和科研设施，以有利于集成国内外优势资源和有利于国际合作的方式，带动航空技术研发。项目公司采用“主制造商—供应商”这一国际航空制造业通用方式，通过系统集成和商业合同关系，全面落实适航标准，确保安全性；通过国内外企业参与竞争，采用先进技术，保证质量，降低成本，突出经济性。由项目公司执行这一重大专项，可以使研制和产业化有机结合。完成研制任务后，直接进入商业运营阶段，无须技术的转移和组织的变动。

2006 年 12 月 18 日，曾培炎副总理和国务院张平、陈进玉副秘书长，听取

了顾诵芬院士代表专家委员会作的方案汇报，李未院士和我参加了这次会议。会后，我们根据国务院领导提出的意见对方案进行了修改。接下来的一个月里，我们三人又受领导委托，专程拜访了国家有关部门，向各部门领导汇报了大飞机的方案及体制情况，并认真听取了各方提出的积极建设性意见。当时会见我们的有：国家发改委副主任张晓强、总装备部副部长李安东和刘胜、总装备部科技委员会副主任丛日刚、国防科工委副主任金壮龙和秘书长黄强、科技部部长徐冠华和副部长曹健林、国家民航总局局长杨元元和副局长王昌顺、国开行行长陈元，还有财政部和国资委等部门的领导。

2007 年 1 月 18 日，曾培炎副总理主持召开大型飞机重大专项领导小组第二次会议，原则通过了李未院士代表专家委员会作的《大型飞机方案论证报告》，同意论证报告的主要结论。2007 年 1 月 19 日，专家委员会终于圆满完成了方案论证的全部修改工作，经全体委员签字同意后向国务院大飞机领导小组正式提交了《大型飞机重大专项方案论证报告》，圆满完成了大飞机方案的论证工作。整个论证过程共历时 6 个月零 2 天，其间多次向国务院领导汇报论证情况并听取指示，国家领导人也对专家组的工作进展和协调能力给予了高度评价。

2007 年 2 月 26 日，是一个里程碑的日子。温家宝总理主持召开国务院第 170 次常务会议。国务院全体成员出席会议。国务院各有关部委、总装等部门主要领导以及李未、顾诵芬院士和我等人列席会议。会议听取了大飞机重大专项领导小组副组长张平同志关于大型飞机方案论证工作的汇报，并原则批准大型飞机研制重大科技专项正式立项，同意组建大型客机股份公司。会议总结里提到：大型飞机重大专项已经立项了，中国人要用自己的双手和智慧制造有国际竞争力的大飞机。我们一定要把这件事情做成功，实现几代人的梦想。这不仅是航空工业的需要，更是建设创新型国家的需要。

2007 年 3 月 4 日，曾培炎副总理在中南海主持召开大型飞机重大专项立项通报会，由顾诵芬院士向大家通报了大型飞机重大专项立项和大客公司的体制方案。国务院有关部门，上海市，陕西省，中航一、二集团的主要领导以及李未院士和我等人出席了会议，并都在会上发言。2007 年 8 月 30 日，大型客机股份公司及航空工业重组筹备组获批成立，由国防科工委主任张庆伟任组长，国防科工委副主任金壮龙、中航一集团总经理林左鸣、中航二集团总经理张洪飚任副组长。筹备组在中航一集团大北窑办公大楼集中。下设五个小组，经过四个多月的积极筹备，提出了中国大型客机公司的体制方案及股权组成：由国资委，上海，中航一、二集团等按比例持股，其中国资委为第一大股东。筹备组在国务院批准的大飞机论证方案之外，还提出了中航一、二集团重组方案，一并上报国务院。

2008 年 2 月 29 日，国务院正式批准筹备组提出的这两个方案。会后，成立了两个筹备组：张庆伟为组长的中国商业飞机公司筹备组和林左鸣为组长的中航工业集团公司筹备组。2008 年 5 月 11 日，经过两个多月的紧张筹备，中国商用飞机公司在上海挂牌成立，国务院副总理张德江、上海市委书记俞正声出席揭牌。中国商飞的成立创造了一种股份化、市场化的新机制体制，有利于大型客机的研制及产业化。2008 年 11 月 6 日，经过中国航空工业筹备组的筹备，新组建的中国航空工业集团公司也在人民大会堂正式宣布成立。

中国大飞机将来什么样？——三大挑战与四项创新

在大飞机重大专项成功立项并顺利实施的兴奋之余，我们也意识到必须充分估计可能遇到的困难、风险和挑战。研制大型飞机投资大、周期长、不确定因素多，是一项极其复杂的系统工程，面临许多风险和困难，任务十分艰巨。要生产出安全可靠、具有市场竞争力的大型飞机，并实现产业化，需要做许多艰苦细致的工作。一方面，我们在研制大飞机的技术、经验和人才等方面，同世界先进水平相比，尚有一定的差距；另一方面，研发出大飞机后，还要通过不断试飞和完善，开发市场、满足用户需要，才能实现产业化。从某种意义上说，在大型客机的产业化阶段，由于面临国际竞争和国内用户的多样化需求，要建立完整的大型客机产业链，建立一流的售后服务体系，其市场经营的挑战不比研制阶段小，需要认真研究对待。

国家把大型飞机作为我国建设创新型国家的标志性工程。本身就是一个大胆的创新。每个时代都会有一些标志性工程，像“两弹一星”、三峡工程和载人航天等，现在大飞机又成为标志性工程。前者属于科研项目或基础设施建设，对经济效益和产业化没有过多要求；而大飞机不仅要在技术上成功，还要实现产业化，在市场上取得成功。为此，专家们提出：大型飞机是一项高投入、高风险、长周期、高收益的产业，是高度技术密集的复杂系统工程，对产品安全可靠性和经济性要求很高。对产品定位和进入市场的时机很敏感，需要全服务周期优质的产品支援和客户服务。因此，实施大型飞机重大专项和产业化，要充分重视我国大型客机可能面临的技术挑战、市场挑战和管理挑战。

首先是技术挑战，能否取得关键技术的突破，能否按照安全、经济、舒适、环保的目标要求造出有竞争力的飞机，是决定项目成败的首要因素。其次是市场挑战，关键在于能否有效地控制飞机的研制进度、成本和质量，能否及时投放市场，能否建立良好的客户服务和产品支援体系，同时还要准备应对不正当竞争等挑战。此外还有管理和决策的挑战，大型飞机研制周期长、涉及面广、不确定因素多，对于经营组织管理和战略决策的要求很高，尤其不能出现重大的决策失误。因此，能否切实完善适应大飞机产业发展的新型体制机制，能否选好领军人物和管理团队，能否得到整个航空工业的有力支持、切实按市场经济规律运作并形成合力，能否实施持续稳定的发展战略、法律和政策，等等，都关系到大飞机的成败。

总结我国民机发展的经验教训，参照国外特别是空中客车公司和巴西航空工业等的成功经验，专家委员会建议应对挑战总的思路是：一方面要加强基础研究，大力搞好人才的培养和引进；另一方面要坚持自主创新，创新体制机制，使项目公司充分发挥市场竞争主体和技术进步主体的功能；还有就是要建立国家决策和政策保障体系，运用国家影响力，体现国家的主导和支持作用。在最后一个问题上，我们需要尽快健全民机产业发展的法律法规，应当吸取过去我国大飞机发展的经验和教训。项目一旦上马，不要因为出现某些暂时的困难而发生决策的动摇和反复。同时，还要采用政治、外交、法律、经济等手段支持我国航空产业发展。通过国家层面统筹，用好市场筹码，把批量购机、国际合作引进技术、消化创新结合起来；发展与俄罗斯、欧美等国的多边合作，防止国际垄断企业的不正当竞争和非技术性障碍。

中国要造大客机了，但是中国自己造的大客机能否卖得出去，能否占领市场，实现商业上的成功，航空公司是否愿意买，乘客是否愿意乘坐，这都是需要重视的问题。专家委员会认为，大型客机要在市场上成功，包含良好的飞机性能和优质的营销服务等各种因素，因此从大型客机的研制起步就要思考这些问题，要有创新。就飞机技术性能而言，专家委员会按照“整体可比，突出亮点”的创新思路，提出大飞机要满足“四性”的要求，即确保安全性、突出经济性、改善舒适性、重视环保性。安全性是对飞机的根本要求，只有严格确保，乘客才敢坐；经济性则是形成商业竞争力的基础，只有在研制、生产、服务的全过程提高飞机的经济性，使飞机的性能价格比及直接使用成本可与国外同类机型竞争，航线公司才愿意买飞机。只有满足环保性标准，才能得到国际民航组织的运营许可。舒适性改善，才会得到更多乘客的欢迎，提高竞争力。“四性”的核心是安全性和经济性。

具体而言，安全性方面：飞机设计、生产要符合中国民航、美国 FAA 和欧洲 EASA 有关适航标准的全部适用要求。对飞机的设计、生产、营运、维修实施严格的适航管理。包括：投入市场的各类飞机在全服务期内，灾难性安全事故百万小时发生率低于 0.1%；低故障率达到世界先进水平，签派率达到 99.9% 以上。经济性方面：与目前 150 座级飞机相比，吨公里油耗、单机成本、直接使用成本（DOC）和全服务期成本均降低 10% 以上，提高可维护性。舒适性方面：要增大客舱空间和座椅宽度，增大乘客窗户，改善照明，舱内噪声降到国际标准要求以下；客舱内能上网，能打手机，便于商务活动；客舱灵活布置以适应多种布局。环保性方面：发动机排放污染物要比国际民航组织要求的排放标准低

50%；机场噪声满足国际民航组织 QC1、QC2 标准要求；舱内噪声满足 CCAR-36（FAR-36）要求。

为实现“四性”要求，大飞机在研制中必须做到：首先，要严格贯彻执行适航条例和国际民航组织的标准，实施法制化的严格的适航管理，将安全性和经济性要求贯穿于设计、试验、研制生产和产业化的全过程。其次，技术上要有创新。要采用高巡航效率、低噪声气动布局设计技术、多专业总体优化设计技术，使气动阻力比现行机种降低 5% 左右；采用先进结构完整性设计和验证技术，先进材料技术（特别是铝锂合金、先进复合材料等）的结构设计、验证、制造技术，使结构重量降低 2% 左右；采用低油耗、低噪声、低排污、高可靠性、长寿命发动机，使排放降低 50% 以上；采用先进降噪隔振技术，使噪声水平降到国际标准以下；采用先进机载设备系统技术（如飞行包线主动控制技术、灾难性气候的探测和规避技术等），飞机和发动机健康监控告警技术，进一步提高安全性和舒适性。还有，采用高效低成本飞机维修技术，建立飞机全寿命客户服务体系，改善售后服务工作。

专家们认为，从理论知识和学科水平来讲，中国有一定的基础，我们缺乏的是大飞机研制及产业化的经验积累。这没有别的办法，只有通过自己的实践去掌握。只要做好这些工作，克服这些困难，就能造出先进的大飞机，就一定会取得技术上和商业上的成功。

中国大飞机——梦圆蓝天应有时

2008 年 10 月 30 日，经国务院批准，成立大型飞机重大专项专家咨询委员会，我被任命为专家咨询委员会主任。专家咨询委员会的主要责任是为国务院大型飞机重大专项领导小组提供决策咨询服务，包括：大型飞机设计方案的论证，详细设计的技术评审，安全性与经济性的实现，发动机、机载设备和关键材料的国际合作与自主研究的咨询，关键技术攻关的评审，项目风险分析与规避研究，法律法规的讨论，军民结合与经费的调整等。

大型飞机重大专项专家咨询委员会成立后，项目进展不断催涨着国人的激情。自中国商飞公司成立起，关于大飞机进展的好消息不断传出：

2009 年 5 月，中国商飞与沈飞、哈飞、成飞等在内 9 家国内供应商签署了大飞机机体理解备忘录。2009 年 7 月，大飞机总体技术方案通过评审，可行性研究评审验收进入收尾阶段，关键技术攻关、系统联合概念定义基本完成，2009 年 7 月 10 日，中国商飞签发了 C919 大型客机项目动力装置邀标书，在全球范围内招募顶尖的飞机发动机和机载系统制造商，目前国内外供应商已基本招标完成。2009 年 9 月 1 日，C919 机头工程样机在成飞开工，目前已经完成三大样机七大部段的制造，十几个机载设备合资企业也正在建立。

在 2010 年珠海航展上，中国商飞与中国国航、南方航空、东方航空、海南航空等国内四大航空公司及美国通用电气飞机租赁公司（GECAS）等五家用户，签订了 100 架 C919 飞机先锋用户协议。2010 年 12 月，中国民航已经正式受理适航证的申请。

2011 年 9 月，中国商飞组织 C919 飞机通过由初步设计转入详细设计阶段的评审。2011 年 12 月 9 日，工信部组织通过了 C919 大型客机的初步设计评审，宣布 C919 大型客机由预发展阶段全面进入工程发展阶段。开始发图制造。国内共有 12 个省市，几百个单位直接参与了大飞机的研制工作，带动了许多地区和行业的发展。

2012 年 11 月 13 日，在第九届珠海航展上又传来好消息，中国商飞与美国东方航空公司、美国通用电气租赁公司（GECAS）等四家国内外航空公司又签订了 50 架 C919 飞机采购协议，使 C919 大型客机的总订单数达到 380 架，超过了盈利平衡点，进一步增强了国内外用户的信心，为市场的成功奠定了基础。

随着大飞机项目的不断推进，我与专家委员会的委员们每年在北京、上海和西安之间至少来回几十次，确实很忙碌辛苦，但想到能为中国的大飞机事业作出一些贡献，早日看到自己的大飞机上天，就觉得这些都是值得的。胡锦涛同志曾说过，要“发扬科学求实精神，坚持自主创新、攻坚克难，坚持安全第一、一丝不苟，让中国人自主创新研制的大型客机早日飞上蓝天”。这种精神和意志，是中国航空人屡败屡战，愈挫愈奋，从无数次失败走向最后成功的真实写照。2013 年 1 月 26 日，中国大型运输机首飞成功。我们相信，在党中央、国务院的英明领导下，通过中国航空人的集体智慧与努力，依靠全国人民的众志成城，我们中国人自己的大飞机一定会不负众望，翱翔于祖国的万米蓝天！

（作者为航空系统工程及信号处理专家　潘飞 / 整理）

陈清泰　汽车工业的亲历和思考

说起中国的制造业，我一直很关注。我从小喜欢动手，中学写作文《我的志愿是什么》。当时就是希望做一名工程师。我对汽车非常喜欢，20 世纪 40 年代，北平城里很少看到轿车，抗战胜利后国民党进来了才逐渐见多，大都是美国汽车。我上学的路上一看见，就目不转睛地盯住它开过去。

大学我进入了清华的汽车专业。毕业的时候，我希望能到一汽做一名“红色工程师”，学校没同意，我就服从分配留校了。后来“文革”开始了，学校的状况让我更想离开。那时，国家要建设二汽，1970 年 2 月我调到了二汽，先后历任技术员、产品设计处处长、总工程师、总厂厂长，一直到 1992 年 9 月离开。

改革开放下的锤炼

1978 年迎来了改革开放。经历“文化大革命”十年的折腾，国家经济状况已经到了谷底。二汽是国家项目，计划的是三个车型——2.5 吨的军用越野车、5 吨卡车，还有一个 3.5 吨的军用越野车，总规模年产 10 万辆，计划总投资 16.7 亿元，当时投下了 14.6 亿元。3.5 吨车军队有需求，开发工作正在进行，但国家已经没有力量投资了。这个“半拉子”放在那儿可怎么办？已有的两个车型肯定支撑不了二汽这么大个摊子。当时十堰聚集了二汽 36 个专业生产厂，8 万名职工，加上家属 14 万名，还有五六万人的施工队伍，一旦停工，这么多人怎么办？所以，当时二汽处在给把劲可能上去、搞不好就会垮掉的境地。另外，还有一个严峻的问题，那就是：中国汽车工业的路下一步到底怎么走？

老厂长饶斌 1979 年调回北京，由黄正夏同志接任厂长。经历十多年建厂的锻炼，二汽的干部大都是创业型的，对新事物敏感、有事业心、敢于担当。面对当时的困境，领导班子十分明白，单靠国家不行，要想办法自己找出路。民用车出来了，二汽是有希望的。民用车的需求很大，市场上又买不到，对我们来说这就是机会。但是那个时候还是计划经济，对于大型国有企业可以概括为四句话，“生产计划国家统一下达、生产资料国家统一调拨、生产的产品国家统购包销、企业财务国家统收统支”。所以没有国家计划企业什么也干不成；即便按国家计划生产的车也要以计划价由国家调拨，企业的利润十分有限，没有施展空间，只能维持简单再生产。

二汽领导班子相信，只要不向国家要钱，事情就相对好办。我们乘改革开放的东风提出了学首钢搞承包的方案，请求国家在给二汽下达指令性计划的同时，也给部分“指导性计划”。前者完全按计划走，指导性计划按指导性价格购买材料，生产出的产品由企业自销。我们提出的方案是以 1982 年上缴的利润为基数，每年递增 7%，利润留成作为自有资金完成二汽续建任务。我们把这叫做“自筹资金，量入为出，续建二汽”。1982 年万里同志到二汽考察，他对我们的想法很赞成。1983 年中央主要领导到二汽时我们再次提出，这年 11 月中央就定下来了，批准二汽搞承包。

就这么一点“自权力”，可就解决了大问题。我们有底气承包是当时卡车不愁销路，我们保证首先完成国家调拨计划、完成利润递增上缴，政府就放了心；再支持二汽一部分自产自销，完成建设任务，国家也减轻了负担。这个方案保障了国家的收入，二汽也获得了自主发展的余地，两者都欣然接受。二汽之所以能“活”下来，这是非常关键的一条。

接下来就是怎么发展的问题。1982 年底，我担任二汽总工程师。二汽中长期发展的问题成了我关注的重点。当时看到曾与二汽相似的很多三线企业衰落的景象，使我明白：国家没有能力救二汽，二汽必须靠自己的力量站起来。我考虑，一方面，国家已经开始改革开放，又讲了要放开搞活国有企业；另一方面，对处在山沟里的二汽来说，如果不发展，将来就可能困死在这里。于是我写了一篇文章“改变汽车工业的几十年一贯制”。一汽 1956 年出了“解放”牌，几十年没有换型升级，还是那个“解放”牌，企业活力日减，大家就把这个叫做“几十年一贯制”。二汽必须吸取教训，及早考虑后续发展。这篇文章得到饶斌等人赞赏，他对我的想法很赞同。

我到了总工程师的位置，开始接触工厂的顶层，也发现了很多矛盾。企业的自有资金是很有限的，到底如何分配？搞生产的包括专业广的干部要求改善技术装备、改善工艺，提高生产保障能力。我主管技术工作和未来发展，就希望加大技术投入，保障企业的后劲。双方都有道理，问题是如何平衡？

孟厂长是资深专家，对问题看得比较深远；黄正夏厂长是一个改革精神比较强，具有前瞻性的领导。经他们的反复协调，1983 年在资金还很困难的时候厂里决定建立三大中心——教育培训中心、技术开发中心、技术装备中心。教育培训中心：当时二汽完全没有城市依托，为加强教育培训能力，二汽设立的教育处统筹和管理教育培训工作，除建立 38 所中小学外，以自有资金建了湖北汽车工业学院，从全国聘请教师，培养本科生，相当部分毕业生可留厂充实一线岗位，保障上岗人员的基本素质。与德国弗兰霍夫学会合作在全国建立了第一所双元制的技工培训学校，德国人很严谨，他们带来了老师、教材及全新的教学方式，我们也派了很强的力量学习、配合。效果非常好，毕业进厂就可达到四级工水平，很受欢迎。当时每年的教育投入达到 4000 多万元。技术开发中心：专门建了一个园区，有 2000 多名工程师，从产品设计、工艺到材料、油料、油漆、热处理和计算中心等，配备了比较齐全的实验设备；还建设了试制车间，在襄樊建设了一个具有相当规模和水平的汽车道路试验场。可以说是当时国内汽车厂家研发力量数一数二的。技术装备中心：集聚了五个专业装备制造厂和工厂设计研究院，形成了包括专用机床、模具、非标设备在内的研发、制造能力和工厂设计能力。这些二汽技术改造和发展必需的保障能力很多是当时外面买不到的，不得不自己做。我坚信这三大中心的实力可以保证二汽的后劲。

二汽总的生产规模是年产 10 万辆，其中 2.5 吨、3.5 吨军车 4.5 万辆，5 吨卡车 5.5 万辆，这是国家定的。实际军车没有那么多订货，多余的能力可以用于 5 吨车。当然，如果挖潜，10 万辆产量产能还有较大的增产空间。但作为汽车人都明白：在汽车从无到有的时候，需求量最大的是 4 吨、5 吨之类的中吨位卡车；随着汽车保有量的增加，需求的结构会发生变化。从卡车来看，一个是向大，一个是向小。也就是大型车和小型车占比增长，中吨位车占的比例会逐渐变小，这是已经被市场验证了的规律。另外，汽车保有量再增加，卡车的比例会下降，轿车的比例会上升，最后轿车稳定在 80% 左右。直到 20 世纪 80 年代初，国内几乎都是中吨位卡车，后来南汽搞了一个小一点的“跃进”牌。而轿车几乎为零，1958 年一汽出了“红旗”牌，但那是高级公务车，数量极少，上海有个“上海牌”，后来也不太灵光了。因此二汽必须尽快布局未来的卡车产品结构，之后考虑轿车。

当时我们就向国家提出二汽的卡车要向两头发展，搞重卡和轻卡。那时一汽也在向国家争取，几经周折，后来国家定了，叫做“一汽向下，二汽向上”，即一汽生产轻型卡车，我们向重型卡车发展。我们对此有想法，因为轻型卡车的批量大，重型卡车批量小。尽管如此，终究是开了一条路，可以开始了。这样二汽就开始开发重型车。首先是 8 吨车，后来又往上走，重型车站稳了。

这种局面我们还不甘心，厂里几经研究决定，轻型车还得干。于是我们在襄樊搞了一小摊子，专门研发轻型车。这就在卡车产品上形成了较好的布局。

另外是生产布局。二汽按三线建设的要求，建在了十堰。但汽车生产的特点是“大进大出”，那个地方从哪个方面看也不适合汽车产业发展。后来我们开始了“三级跳”。十堰是第一个基地，1984 年“跳”一下到了襄樊，开始布局武汉；再一跳，超越湖北，走到全国。当时没提“走向世界”，因为对我们来说太遥远了。这样就开始了襄樊的工作，规划占地约 10 平方公里，首先建了一个占地 3000 多亩的汽车道路实验场，又建起了电厂、动力厂和道路、上下管网等基础设施。这就为后来的生产工厂建设创造了条件，接着建了铸造厂、柴油机、试制工厂，后来又建了一个轻型车的厂。再后来与雪铁龙合资的发动机、变速箱工厂也建在了这里，形成了一个新的生产基地。

二汽轿车这样起步

1984 年，我接替黄正夏担任二汽厂长。1986 年，二汽三个车型 10 万辆建设任务完成并通过了国家验收。下一步怎么发展？从卡车的布局上，我们已经有了“向上”“向下”的占位，但 8 吨车还在开发中。当时卡车的销路很好，比较赚钱，所以厂里有一种意见，就是年产 10 万辆翻番，扩大产能到 20 万辆。另外一种意见认为，在 10 万辆的基础上，通过挖潜、填平补齐，充分利用既有产能，把较多的资金用在 8 吨车。我的主张是后者。我想，当务之急是赶快把 8 吨车搞上去，完成卡车产品布局，再抽出力量上轿车。这样才能在国内汽车业站住脚，因为这时桑塔纳已经开始生产了，对我们影响很大。经过反复讨论，得到了领导班子多数人的赞同。接着我们调整了二汽的七五计划，砍掉总计约需 10 亿元投资的 64 个项目，以有限的资金保证七五期间年递增 1 万辆生产能力，保证老产品不断改进，同时集中力量开发出具有国内先进水平的 8 吨平头柴油车，使二汽的汽车产品由长头扩展到平头、由汽油机扩展到柴油机、由中型车扩展到重型和轻型车。调整后，七五期间二汽保持了同行业较好的经济效益，完成了卡车的布局，也为轿车发展创造了条件。

筹备轿车的难度是很大的。首先就是国家这一关怎么过。计划经济下，国家对二汽这类大厂管得很死，因为它是国家财政收入重要来源，二汽的产品发展、重要项目、重大投资国家不仅要管，而且管得很具体。另外，当时很多人还停留在轿车是资产阶级高消费观念之中。

二汽与一汽和上汽不同，从来没有搞过轿车，要让国家批准上轿车非常困难。1986 年，大约在 10 月，我们向国家计委上报了二汽要求“开展普通型轿车前期工作”的报告，12 月 18 日又通过“二汽动态”向国家计委反映——“汽车企业横向联合的积极性很高，但中吨位卡车已经没有发展空间，那么联合起来干什么？”12 月 27 日，国家计委主任宋平在这份简报上批示，“二汽多次提出发展小轿车，国家似乎没有必要去限制”，并要求有关司局进行研究。看到这个批示，我非常兴奋，感到有机会。于是马上赶往北京，找到国务院经济技术社会发展研究中心（后来改称国务院发展研究中心），与副主任张盘以及鲁志强等人一起讨论、策划。最后做了一个方案：请当时国家经委的技术经济研究所组织国内调研，由其邀请外国专家介绍国外轿车发展状况；在调研的基础上开一次高层研讨会，梳理会上的主要意见，最后向国务院汇报。这是 1986 年底 1987 年年初商定的事。

国务院经济技术社会发展研究中心当时的地位很高，由他们协调和邀请有关领导和部门，我们二汽做好会务筹备工作。“中国汽车工业发展战略研讨会”于 1987 年 5 月在二汽召开，段君毅、周子健、马洪、饶斌等老领导，有关政府部门人员、经济学家、汽车企业的领导 100 多人悉数到场。

会议分为两个阶段，第一阶段由经委技术经济研究所何世耕所长发布调研报告，日产和丰田的专家分别就国际轿车工业情况及对中国轿车发展的建议作了发言。第二阶段是等外国专家离场，闭门讨论。到会领导都讲了话，政府有关部门发言，企业也发了言。大家对汽车业的战略地位、发展目标、未来产品结构、发展模式等进行了讨论，都赞成应及早部署轿车生产，防止中国市场一启动就被国外企业占领。孟厂长的发言讲到汽车产业发展规律，他说卡车最多是“中学水平”，轿车才能达到“大学水平”，中国的汽车工业中学毕业了就应当、也有条件“上大学”。还指出，从国际经验来看，“大厂造小车、小厂造大车”，像一汽、二汽这样的大企业，进一步发展还是要转向搞轿车。一汽厂长耿昭杰发了言，我的发言主题是“轿车工业的战略抉择”，提出当前国家必须在五个方面作出决策。

会后，发展中心汇总会议情况形成了一个政策报告，由马洪主任签报给当时的中央领导。领导有一个批示，意思是“北戴河办公期间议一次，请计委、机械委准备意见”。知道这个消息，我意识到，接下来就要抓紧落实二汽的项目。我很快就找了中汽，与陈祖涛、李荫环等人商量，争取在中央到北戴河办公期间进行汇报，看能不能把项目拿到。

我做了一些准备，8 月赶到了北戴河。在那里我给常务副总理姚依林写了一个报告，讲到中国发展轿车的必要性和二汽下一步发展的形势、为什么要上轿车、上轿车的思路、资金来源，等等。因为之前有宋平的批示和中央领导对发展中心报告的批示，所以姚依林同志很快决定在北戴河召开国务院会议，专门讨论二汽项目。会议邀请张劲夫、李鹏副总理以及计委、经委、机械委、中汽总公司等部委参加。开会前，随着参会领导陆续到北戴河，我逐个进行了拜访，包括李鹏副总理、计委黄毅诚、经委林宗棠、机械委何光远，向他们介绍二汽发展情况和发展轿车的方案，回答他们提出的问题。一个一个谈完，我心里有了底，认为问题应该不大。8 月 12 日开会，我先汇报，然后陈祖涛讲中汽的意见、各个部委发言，接着两位副总理发表意见，姚依林同志做总结，最后，他归纳了几点，形成会议纪要。核心就是“同意二汽发展普通型轿车，按经济规模规划，分期建设”，可以“按建设程序办理立项手续”。

拿到“路条”了，接下来就要开展一系列工作，办理立项手续。二汽轿车项目就这样开始搞起来了。

在轿车车型的选择上，我比较“书生”。因为我是学汽车的，对一些问题有我自己的想法。轿车生产的入门有两种思路。一种是完全靠自己的力量搞进入家庭的小型车，就是所谓的“国民车”，排量很小，像日本开始的时候就是 350 毫升，后来提高到 600 毫升、650 毫升。1980 年我国居民收入还很低，电视机、电冰箱、洗衣机这三大件才刚刚兴起，轿车进入家庭的时机还没有到来。这种思路难以行通。另外一种思路就是以工厂机关等社会公务用车为主、兼顾少数私人用车，从 1.5 升左右的“大路货”切入。在欧洲，绝大部分都是这个级别的车。社会需求量大可以把规模搞上去，把产业带起来，给以后再发展创造条件。中国只能走这条路。

在车型上，我们选择的是紧凑型的两厢车。当时很多人反对，有广东人说，“兔子尾巴长不了”，“轿”车嘛，要像个“轿子”，有前有后。这个级别的车讲求的是实用，不是气派。两厢车紧凑、空间利用率最高、最实用，可以兼顾多种用途。在我们跟雪铁龙快签字前，邹家华副总理到法国作了一次访问。他在街上数两厢型占多大比例，数的结果大约是占到 70%，他的疑惑打消了。

选择合作对象时，我们先后与通用、富士重工、欧宝等谈过，也与丰田、日产有过接触，但最后选定了雪铁龙。这里有两个原因。一个是它给我们的是一种“未来车型”，也就是它自己当时还没生产的车型。我们 1988 年跟他们谈，它提供的是 1992 年投放市场的车型。这使我们投产时仍可以保持产品的先进性。另外一个是法国政府承诺合资企业“零外汇”起步，所有外汇由法国政府提供贷款，其中一半是援助性的“软贷款”，年利率 2%，7 年宽限期，还款期 12 年。这就使我们大大减轻了筹集外汇和还款的压力。在合作方式上，双方各投资 50%；技术方面，他们是主要提供方，在中国的改进车型双方在武汉联合开发。

自主创新：通往光明的崎岖路

改革开放之后，我国汽车产业实行“以市场换技术”政策，引进外资。这是改革开放的重要战略决策。但是，对外放开与对内放开是不同步的，轿车产业在对内还没有放开的情况下对外放开了。这就出现一个问题：类似上海大众的合作模式一旦出现，自主开发模式就告终结了。桑塔纳第一年引进，第二年 SKD，然后不断地国产化，自制率不断上升。这样初始投资很少，接下来一边赚钱，一边发展。自主开发则完全是另一种情景。按照当时通用汽车公司的水平，从市场调研到产品面市，最快也要 92 个月。这期间企业要投资、投资、再投资，之后市场接受程度如何还是个问号。而桑塔纳引进的是成熟产品，目标客户是谁、市场接受程度怎样，在国外的市场上早就一清二楚。在同一个市场上竞争，自主开发方式肯定抗不过引进合资的方式。客观上就把自主研发这条路堵死了。

而相比之下，卡车就是另一样情景。现在国外的卡车几乎进不来，就是因为我们自己的力量起来了。“五十铃”曾经进来过，后来退出了，因为我们的性价比更好，它竞争不过。回头看，国内汽车企业不是不努力，而是两类汽车技术上有“中学水平”“大学水平”的差别，发展的历史过程也不尽相同，造成了两样的结果。

现在，轿车自主品牌异军突起最耀眼的是民营企业。他们当初不正规、没有资质，没有对外合资、引进技术的资格，这就逼着他们全力以赴“自主开发”。比如，比亚迪 2003 年进入汽车行业之初就把电动车作为公司的长远战略，那时没有多少人相信电动车能与几乎完美无缺的燃油车抗衡。

王传福作为一个企业家既有前瞻的眼光，也有魄力去推动，为电动车发展做出了很大的贡献，在这过程中自主开发能力日益壮大、自主品牌享誉度日益提升。

另外如吉利也做得很好，李书福要向汽车转型的时候找我谈过，我说，向汽车转型有很大的难度，会冒很大的风险，事前一定要把问题考虑清楚，特别是在初始阶段，凭你的实力，要想找一个国外合作对象是很难的，主要得靠自己。吉利在走过初创的艰难之后，在自主品牌、研发投入，在国际化、发展新能源汽车等几个重要的节点都把握得很好，已经成为一家具有较强竞争力的国际化新型汽车公司。李书福是一位有理想的企业家，他把目光放得很远。并购沃尔沃 6 年后效果显现，吉利变成了一个全新的吉利，沃尔沃也有了很大发展，真正实现了双赢。目前它的技术来源已经多元化，技术创新不是关门创新，而是把吉利作为一个平台，以我为主汇聚世界技术力量，组织跨国团队搞研发，已经初见成效。这样的国际化程度是国内很多企业难以相比的。

再举一个例子：要实现到 2020 年乘用车油耗 5 升的目标，混合动力是一条重要的途径。但最难突破的瓶颈是油电混合的传动部件和控制系统，国内企业做不出来，外国企业也不愿意卖。吉利七八年之前组织了一个团队投资研发，近年已经成功。吉利本可以用它作为撒手锏独享市场，但它没有。它认为这个技术成果应该让中国企业共享，吉利找了另外一个投资人科力远公司，由科力远占大股，淡化吉利的色彩，合资生产混合动力系统总成，哪家公司需要都可以用。我感到这样的民营企业很了不起，是很多国有企业也难以做到的。

电动车的机遇与挑战

我很早就关注电动车的发展。国家较早在 863 计划中就设立了电动车研发项目，2008 年北京奥运会后又实施“十城千辆示范工程”，推动电动车产业化，这就使我国的电动车发展基本做到了与发达国家同步。各国政府支持电动车，并不是因为公路上没有汽车可用，也不是化石能源已经枯竭，而是因为它自身可以做到零排放，可以与未来信息经济和信息社会很好地对接。但这都是社会效益或未来的事。对消费者而言，与燃油车相比，它却是不经济、不方便、不放心。不经济就是车价高，不方便就是充电难，不放心就是“里程焦虑”。在产业化初期，没有一定的销售规模，成本就降不下来；成本降低不下来，市场规模怎么扩大？没有大量应用的考验，技术就不成熟，技术不成熟怎能有更多的消费者应用？没有足够多的充电桩用户就不敢买，没有那么多电动车谁愿意到处建充电桩？这就是先有鸡还是先有蛋的困境，就是导入期的“产业化困境”。在这个时候，仅靠市场是推不动的，包括中国在内，几乎各个国家的政府都成了第一推动力。我们的政府非常英明，2009 年搞了“十城千辆”规模化示范，接下来又是两轮补贴政策，另外还有一些非补贴性支持政策，都起了很好的作用。这就使我们在百年来汽车技术最重要的变革中赢得了主动，使我们历史上第一次跟上了世界汽车产业发展的主流。

那么，我们能不能最终在电动车上取得竞争优势？我认为有希望，但也还存在着不确定性。从短期来看，就“车”的功能，我们做得还算不错，和国际先进水平比差距并不是很大。但是，这是在国外的企业还没有发力的情况下。一旦他们真正发力，我们就会受到很大威胁。现在有的国家已经开始考虑，到 2030 年新增车辆中不准传统燃油汽车注册。大众已经提出，2025 年起停止内燃机研发投入。种种信号表明很多国家把电动车放到了更高的地位、各大汽车公司都在酝酿发力，2020 年我国补贴政策退出之日，可能就是他们大举进入中国市场之时。留给我们培育竞争力的时间不多了。

从当前看，这个威胁既有技术上的，也有产品的综合品质。比如用户对汽车的要求并不是开起来能走就行，其中还有很多“体验”、文化的内涵。如造型、人体工程的设计是很微妙的学问，这方面我们的积累还跟不上别人。再有就是品牌，同样是车，开起来可能感觉差不多，但不同品牌的价格就有成倍差别。利润的差别，必然造成再开发能力的差别。

因此，我认为现在我们的电动车企业不要过度地追求生产规模，因为决定销售数量的不是你的生产能力，而是你产品的竞争力。当前还是要把更多资源放在掌握核心技术、提高质量、降低成本、提高品牌的价值上。这才是企业未来的竞争力之所在。生产规模的增长相对容易，而竞争力的积累却难得多。

从未来发展看，电动车就“车”的功能与燃油车相比优势是有限的。而它更不可替代的优势在于自身的零排放，在于与分布式能源的结合、与智能电网的结合、与智能交通和智慧城市的结合。这是未来十年、二十年发展的大趋势，在这几个方面燃油车是无法相比的。有鉴于此，把“三电”的基础打牢是当务之急，但我们不能把目光局限于此。后续的更高级别的竞争在网联化、智能化、辅助驾驶、无人驾驶。目前，全世界每年因汽车导致的交通事故死亡约 110 万人，中国约 10 万。挽救生命、解决路面交通拥堵、提高交通和物流效率的根本出路要靠电动车的网联化、智能化，要靠智能交通和分享经济。

因此我想，对于电动车的发展，政府的眼光应该超前一点，未来电动车和分布式能源的结合，以及和智能电网、智能交通、智慧城市结合的问题必须及早统筹考虑。这不是企业和行业协会所能做到的，需要政府做工作。如果能有一个早期的顶层设计，就能够指引行业和企业的发展。现在国际上展示电动车技术的更重要场合不是在车展，而是在电子信息展。因为电动车已经被看做是功能强大的移动智能终端，跟传统“车”的定义已经发生了很大的变化。这也说明，电动车未来真正的竞争绝不局限于作为一个车的行路功能。

现在这一轮科技革命带来的变化，会把技术的边界进一步打破。过去人类为了把技术做得精而又精，把本来是相互关联的事物分割成一个个学科，但是分割逐渐成了壁垒。到现在这个阶段，很多创新发生在多学科交叉、交汇之处。原来的燃油车形成了一套完整的系统，电动车出现后，其中不少已经用不上了，而一些跨界的新需求出现了。比如电动车和电化学、新材料、信息化、智能化、电力电子之间的关系变得更加密切，也给分时租赁、分享经济等商业模式带来了机会。电动车与这些领域的结合存在巨大的创新创业空间和商业机会，这种对接主要地通过市场可以实现，但其中有些涉及政府管制、基础设施和标准规制等则需要政府的协调。

从现实看，壁垒不仅表现在学科之间，也表现在部门之间、行业协会之间。所谓壁垒就是缺乏相互了解、相互沟通，影响了相互融合。壁垒一旦打破很多问题就可迎刃而解。我们电动汽车百人会的一个任务就是想办法在学科、行业之间促进沟通、促进交流。现在这些方面的工作正在进行。

汽车的生产组织方式是随技术进步不断变化的。最早是小批量、单件式的生产，是作坊式的。后来是单一品种的垂直化大批量生产，如早期福特 T 型车、后来的一汽“解放”牌。在这过程中自制率逐步下降，生产组织逐渐扁平化。现在汽车厂自制部分占成本的 30% 左右，有的还要低，这就形成了系列化、多品种混流生产。目前，电动车的产业化出现了两个情况，一个是互联网使得信息沟通的效率大大提高，为生产组织进一步扁平化创造了条件；另一个是随着电动车作为“智能终端”的性质凸显，厂商通过软件等系统不断为用户提供多样化服务，使其成了一个“长尾产品”。买卖双方由燃油车的一次性交易转变为长期的伙伴关系，厂商不断提供增值服务，满足用户新的需求，类似于智能手机。现在，互联网企业进入电动车时他们希望自己把主要精力用在搞研发、搞品牌和维护客户关系上，硬件委托专业公司生产，自己做好监督。这样的好处是自己不再是重资产的企业，没有资产存量的拖累，可以甩开膀子搞创新。这种生产组织方式在电子产品领域已经十分成熟。实践证明，它极大地促进了专业零部件制造企业和装配企业各自把业务做得更精、更专。由此大大提高了效率、降低了成本、提高了制造业的灵活性和适应性、加快了产品和技术更新，是可以与“工业 4.0”和“中国制造 2025”对接的一种生产组织模式。我认为电动车方面政府可以“放几条鱼”，鼓励探索。

面对新兴产业的发展，政府管理方式、管理理念需要不断地进步。比如关于电动车的生产问题，现在很多地方政府制定雄心勃勃的发展计划，以特殊政策吸引企业大干快上；另一方面不少企业和投资者也有进入电动车的强烈意愿。这就致使中央政府十分担心“一哄而上”，采取了很多措施、设计了不少门槛，用行政工具降温。当前国家这样做是必要的，但政策如何把握需要进一步研究。在投资驱动的时候，一哄而上是灾难，但是在创新驱动的时候，情况却有很大的不同。这个时候，技术路线还有多种选择、相关技术尚未定型、商业模式有待开发，这里有巨大的创新空间，那些不确定的问题只能通过试错由市场做出结论。试错有两种方式：一种是政府主导，认定“依托企业”，以特殊政策支持。这种做法不仅周期长，而且可能由于选错企业或试错不充分而失败；另一种就是利用市场机制。当技术临近突破、产业化前景开始显现时，大量投资者看到了机会。他们为获取成功后的超额利润，有勇气、有意愿拿着自己的真金白银冒险参与试错。最终可能 90% 甚至 95% 会失败或退出，但不应限制他们的参与。这个发展过程大致是三部曲：开始，面对机会多多是“蜂拥而入”；接下来进入者多了，那些试错失败、或创新无果的逐渐被淘汰，形成了“大浪淘沙”；随着产业趋于成熟，竞争更加激烈，产业集中度提高，最后优强者“脱颖而出”。客观地讲，那些失败退出的企业，都参与了试错过程、分担了试错成本，为加速产业成熟作出了不可磨灭的贡献。从发达国家新兴产业发展过程过看，就是如此。如 20 世纪初美国有 2000 多家汽车公司，加拿大人口那么少，但也是 2000 多家。到了 50 年代，美国剩下了四大家，进入新世纪仅留下了通用、福特两家。加拿大更惨，本土资本的汽车企业一个都没了。再如 21 世纪初我国互联网企业也是“一哄而上”，经过几轮淘汰，“BAT”雄踞领军地位。因此，在发展新兴产业中我们不能不要过程，只要结果。

（作者时任中国电动汽车百人会理事长　高芳 / 采访整理）

宋文骢等　**我转过脸一看，他满眼泪花**

——“歼 -10”之路

“歼 -9”下马，中国新型战机路在何方?

1970 年，由于大三线战略布局需要，某研究所从东北搬迁到西南地区，它就是后来“歼 -10”的设计单位。搬迁之前，研究所的科研人员都在全力以赴研制“歼 -8”战斗机。“歼 -8”是一款主要承担制空与拦截任务的二代战机，曾是中国空军的主战装备之一，号称“空中美男子”。搬迁途中人们得知，“歼 -8”首飞成功；而此时，世界战斗机的发展已经进入了又一个全新的时代。

20 世纪五六十年代，美苏两国在分析朝鲜战争、越南战争后发现，高空高速的二代战机在实战中存在较大局限，特别是超音速机动性能比较差，对地面目标也没有攻击能力。随即，美苏两个超级大国在这一领域展开了新一轮军事竞赛，分别研制了“F-15”和“苏 -27”战机，这就是世界上比较早的两款三代战机。三代战机的性能特别是机动性是二代战机所无法比拟的。

实际上，早在 1964 年，中国已经意识到了二代战斗机的局限并开始着手研制新一代战机，型号“歼 -9”。这项任务也由负责研制“歼 -8”的研究所承担，主要负责人是宋文骢。但是，1978年，宋文骢和他的同事们接到上级通知，由于种种原因，已经研发了14年的“歼-9”项目停止。

就在这一年，中国进入了改革开放的新时代。打开国门后，人们发现，我国空军的装备水平与世界之间的差距非常之大，特别是战斗机，已经相差了不止一代。20世纪70年代末，美国甚至已经开始着手研制第四代战斗机，这就是后来为全球所熟知的“F-22”。

空中力量日益成为现代战争的主力，中国如果再不自行研制新型战斗机，在未来的战争中将失去主动权。

“鸭式布局”登场，“歼-10”终于上马

1982年冬天，52岁的宋文骢突然接到一个电话，告诉他中央已经下令重新研制新一代战机，要在北京召开方案论证会，请他担任评委。宋文骢心里一动，觉得机会来了。

宋文骢（中国工程院院士，“歼-10”总设计师）：我把资料、飞机模型什么的都给带上了。第二天开会的时候，航空工业部飞机局局长对我说：“也谈谈你们的方案吧。”本来就给了我15分钟，没想到讲完以后效果挺好。最后，我把飞机模型往投影仪上一放，图像“啪”地一下就投射到宽荧幕上，我说：“你们看，多有时代感！”全场一下子鼓起掌来。

宋文骢的飞机模型之所以让人眼前一亮，跟它独特的气动布局有关，这就是“鸭式布局”。三代战机获得高机动性的关键主要在于依靠优化气动布局，当时世界上的三代战机主要有两种设计方案：最早出现的被称为“常规布局”，后来又出现了“鸭式布局”。二者相比各有千秋，都是第三代战斗机的特点。

张继高（时任中航工业成都所设计员）：我们现在看到比较多的是“常规布局”，它的水平尾翼在机翼后面；鸭式布局则将水平尾翼置于机翼前面，因此飞机起飞的时候就好像鸭子的一对小翅膀在扑腾，这就是它得名的由来。那么“鸭式

布局”如何能够增强战机的机动性呢？当气流经过鸭翼的时候会产生一个稳定的强气流涡，就像龙卷风，从而形成更大的升力。

尽管宋文骢他们在研制“歼-9”时曾对“鸭式布局”做过一些研究，但毕竟处于初级阶段。为此上级部门指示宋文骢：尽快把设计方案细化，接受进一步评审。

宋文骢： 要拿出一个真正的一代飞机方案，是需要再做很多工作的。当时我预计需要一年半，航空工业部副部长何文治对我说：

“一年半？黄花菜都凉了！一年必须拿出来。”

我说：“一年就一年！”

气动布局要细化，必须做大量的风洞试验，模拟飞机在空中的状态，这是研制航空器必不可少的步骤。

张继高： 由于风洞里的速度和压力都很高，进行高速风洞试验的模型必须使用金属材质，同时完全按照飞机的真实外形进行制造。

在当时，风洞是高端设备，一般研究所都没有，只能到几百公里之外大山深处的专业风洞群去做试验。

宋文骢： 当时没有机器，也没有什么数字化设备，所以风洞里出来的数据就得靠人一个点、一个点地去记、去算。所以一做风洞试验，不管你是技术人员、描图员还是领导，大家全上阵，那一年搞得真是艰苦得很。

谢品（时任“歼-10”副总设计师）：我印象中没有说哪次试验能一下子就成功的。只要看到试验曲线不正常，马上就停止、检查。所以我们经常带着工人师傅一起去做试验，能当场改就当场改。

一年之内，宋文骢团队做了上万次风洞试验，终于拿出了“歼-10”的总体方案，在评审会上获得专家的高度认可。1986年，在又经过多轮论证和修改之后，“歼-10”项目终于正式上马。

设计创新：偏向虎山行

鸭式布局的大方向虽然已经定下，但是一进入细化阶段人们就发现，“歼 -10”需要新研制的设备和项目远远超出常规和想象。

刘高倬（原中国航空工业总公司副总经理，时任“歼 -10”行政总指挥）：按照研制一个新型的飞机的规律，通常它的新东西不能超过 30%，70% 得要继承，而“歼 -10”实际上所用的新产品、新系统和新技术却超过了 60%。

在上百项全新的关键技术当中，最具挑战性的是数字技术。三代战机和二代战机最大的不同在于不再使用模拟操作方式，而改由计算机控制。这是一次革命性的跃升，也是三代机性能提升的技术关键。然而在 20 世纪 80 年代，计算机技术刚刚进入中国。对这些资深设计师来说，就好像从六七十年代一直跳到八九十年代，别说经验，连基本概念都要和年轻人一样，从头学起。

谢经涛（时任中航工业成都所室主任）：我们跟年轻人就在同一个起跑线上，以前那些经验在新系统上可借鉴的不是太多。怎么办？硬着头皮上，边学边干！

“歼 -10”创新之“电传飞控”

飞行控制系统是设计人员要闯过的第一座“难关”，这是控制飞机飞行姿态的一项核心技术。如果飞控系统出了问题，飞机就会直接从高空坠落，连迫降都没有希望。因此，对飞控系统来说，安全稳定是第一位的；然而，三代机的核心性能又要求飞机具备高机动性和良好的操纵性。安全和性能，两者之间存在巨大矛盾。

杨朝旭（时任中航工业某研究所飞控专业组长）：好比一辆自行车，如果龙头过灵，你一动它就会甩；如果龙头过死，那么你可能怎么也掰不动。操纵性和稳定性，就是这样一对矛盾体。

没有机动性，就谈不上三代机。所以，为了提高飞机的机动性和操纵性，必须牺牲一定的稳定性；但是，飞机的安全又是首要指标。“矛”与“盾”该如何协调？这是一个问题。这时，负责总体方案的科研人员提出了一个大胆的想法，不再采用过去的机械操作模式，而改由计算机操作，这叫电传飞控。

张继高：以前，我们飞机的各个舵面是飞行员通过驾驶杆、脚蹬这些机械连接传动过去。电传操纵则不需要这样做，把驾驶杆的位移变成电信号，通过电缆传动过去。可以说，电传操纵和机载计算机的出现，给飞机控制带来了一场革命。

飞机的动作不再由飞行员直接操控，而是通过计算机的复杂演算实现，在这方面中国之前没有丝毫经验，选择这一方案，意味着巨大的不确定性和风险，所以一开始，研究所领导不同意采用电传飞控的方案。

谢品：后来我就找宋总，我知道他很愿意接受新的东西。果然，当我向他汇报以后，他说：“行，我们改！”

宋文骢：不能对别人的路亦步亦趋，做出来一定要比他先进比他好。创新，我觉得就是要有这个决心，有这个梦。

简单说，电传飞控系统就是要提前围绕所有可能出现的飞行状态进行分析整理，并给出解决方案，由计算机来完成复杂情况下的判断和应急处理。但是，战斗机在空中的飞行姿态十分复杂，而可能遇到的各种状况更是数不胜数。要确保飞机的安全无恙，就必须把所有情况都尽可能考虑到。

根据设计要求，只有飞行一小时出现 10^{-7} 概率的故障才可以忽略，其他的只要能想到，就都要设计出应急方案，储备在计算机内。显而易见，这是一项无比复杂而繁重的工作，要求人们细致入微、不厌其烦。就在“歼 -10”研制的过程中，国外不断传来消息：电传飞控的战斗机出了严重事故，甚至机毁人亡。这让“歼 -10”飞控系统的设计团队更加紧张。初步的软件设计完成后，为了排除安全隐患，研究所让试飞员提前在模拟器上体验和评判。

杨朝旭：至少需要两个飞行员飞相同的科目，只要有一位飞行员提出不同意见，就要找第三个甚至第四个飞行员再飞。但是，即便他们和前面那位飞行员的意见不一致，我们还是要对他的意见进行充分分析。实际上，我觉得做得再多都不为过，因为始终会觉得可能欠了一点什么。

雷强（“歼 -10”首席试飞员）：咱们中国设计师有一个好传统，他们对来自飞行员和各方的意见充分尊重与重视，一旦发现问题马上就改，不放过任何一个疑点。

“歼 -10”创新之“神经系统”

航电系统号称飞机的神经系统，通过它来控制飞机执行各种战斗任务。和电传飞控系统一样，航电系统也遇到了计算机技术的“拦路虎”。二代战机的航电系统相对比较简单，各个设备自成体系。但是三代机的任务非常复杂，之前的技术完全不适用。

曾庆林（时任“歼 -10”副总设计师）：战机上要挂几十种武器，对空对地、远程近程，各种运动非运动的目标都要去瞄准攻击，因此要建立一个网络系统。这是以往战机所难以企及的。

从编制一套全新的计算机语言起步，航电系统的设计人员一点点地往前挪步。从导航到通信，再到几十种武器的操作，都要编成软件。前后十几年，这才完成航电系统的升级换代。

曾庆林：我们每一个文件都是几百页，工作量非常之大。基本上就是加班加点，成天泡在这里。

“歼 -10”创新之破解“过载”难题

当年，参与结构强度设计的张立新刚从大学毕业来到设计所，第一次接触三代机。他发现三代机的机动性使飞机本身要承受的过载很大，远远超出二代机。

张立新（时任中航工业成都所疲劳强度专业副组长）：什么叫过载呢？打个比

方，我们坐过山车的时候，会感觉到有自身重量的几倍压在椅子上面，当飞行员在天上做机动的时候，这个重量又超过过山车好几倍。在这么高的过载下面，飞机受力极大。

三代机的受力不仅大，而且不均匀，如果飞机的结构强度设计不合理，就很容易导致部件损伤撕裂，轻则返厂修理，重则发生事故。一般来说，增加重量就能提高强度，但是这对战斗机来说是不适用的。

张立新：战机强调轻，轻才能出性能，减轻重量和增加强度之间就是一对矛盾。实际上，飞机设计中到处都是矛盾的权衡折中。

为了计算飞机各个部位的应力状况，研究人员首次在国内飞机设计中使用计算机辅助分析系统。他们自己开发软件，把飞机划分切割成很多个毫米级的小框，一点点计算、权衡。

张立新：那个时候条件所限，只能单机运算。为了方便，我们把电脑机箱外壳扔到一边，什么时候内存不够了，就插一个内存条；CPU 不够了，再加一个 CPU 板。搞到最后每台机器都不堪重负被“整死”。

液压系统通过改变压强增大各种机构的作用力，是所有飞机都必不可少的系统。三代机的液压系统比二代机要复杂很多，有上千个测试点，而当时计算机仿真技术还不发达，因此只能先建一个模拟台，对全机的液压系统进行测试。

黄佑（时任中航工业成都所液压专业副组长）：对于“歼 -10”飞机的液压全模拟试验台，我们是完全按照飞机的几何布局一比一模拟的。只要有一个地方漏油，整个系统就会失效，一点马虎大意都不能有。

在设计领域有一个专业名词叫迭代，意思是循环和反复。“歼 -10”每个系统的设计都经过了无数次的迭代。不断修改，不断接近，没有一个部件的设计是一次性完成的。

曾庆林：每一步都会遇到拦路虎。过不去这个坑，整个工程就可能要垮台。经常是今天干完还没来得及高兴，又开始为明天“发愁”了。

黄佑：但是当时大家都有一股很高的心气，不觉得累。因为人真正兴奋的时候是感觉不到疲劳的，那的确是一种激情燃烧的状态。

样机制造：宝剑锋从磨砺出

到 20 世纪 90 年代，“歼 -10”的设计工作终于告一段落，各种机载设备也陆续完成攻关，这下该轮到飞机制造厂忙碌了。“歼 -10”飞机的总体试制任务交给成都飞机制造厂后，薛炽寿被任命为现场副总指挥。当时，整个工厂就像战场一样。

薛炽寿（时任“歼 -10”总工程师）：那时候整个人基本就在车间里围着飞机转，基本上到半夜一两点钟才回去休息；有时候 5 点钟刚回去，8 点钟又赶来了。

所有部门的人都动员起来了，因为他们面对的是一种前所未有的飞机，之前制造二代战斗机的经验可借鉴的不多，有些甚至是颠覆性的差异。“歼 -10”的设计中出现了大量的整体结构件，形态复杂，精度要求又高到毫米级，靠以前的机床铣床根本加工不出来，必须使用数字加工技术。负责这项技术攻关的是钱应璋。这时在国家 863 计划中有一个计算机集成制造的课题，钱应璋任联合课题组的专家，从最基础的程序设计开始，违背常规，边设计边试验边制造。在“歼 -10”的结构件中，有一个整体框特别复杂，后来被誉为“亚洲第一框”。为了这个结构件，光编制程序就花了好几个月时间。

杨伟（时任中航工业成飞型号工程室主任）：到正式加工的时候，刀都对好了，我们的工长却吓得不敢按机床上那个开关了，因为太昂贵了！一旦报废、耽误周期，压力真是非常大。

最后，“亚洲第一框”一次性加工成功，开辟了中国航空史上的一次先河。但是，对于这一违反常规的项目研制过程，事后钱应璋也感到有些后怕。

钱应璋（时任中航工业成飞某室主任）：记得一位老专家对我说：“钱应璋，你胆子真大，你一边开发，一边应用，就不怕失败啊！哪有软件是这样子搞的？”没办法，横下一条心，背水一战，不然那么多大杠大梁，哪年哪月才能啃出来啊！

“歼 -10”的设计是跨越时代的，因此也给工艺带来了很多意想不到的困难。二代机的机身和机翼是分别生产然后组装在一起的，但是“歼 -10”的设计方案却是翼身一体，机翼和机身是一个整体，这就使得飞机的蒙皮不是规整的，而带有一定的弯曲度，叫 S 型蒙皮。

要制作这种 S 型蒙皮，必须要有超过 100 吨拉力的专业设备。但是当时成飞没有这样的设备，而老设备的拉力根本达不到要求。

何冲之（时任中航工业成飞钣金厂工人）：条件简陋，我们就用土办法：在机床上面做了一个上压装置，用了很多小千斤顶。

为了制作 S 型蒙皮，何冲之和他的同事们前后花了两年多时间。这样的工艺难关，几乎涵盖了“歼 -10”制造的整个过程，连看起来不起眼的连接件和管路，都可能要成立攻关组去专门研制，更不用说飞机的重要部件了。

一个个难关终于都通过，就要进入整机组装的环节了，一个关键的部位——起落架却还没有着落。起落架承担着飞机降落时的巨大冲击力，瞬间最高压力会达到飞机自重的几十倍。“歼 -10”的起落架要求和飞机同寿命，要经受住几千次起降的考验。根据设计，“歼 -10”的起落架属于整体结构，传统的焊接工艺根本无法实现。

由于工艺难度太大，人们曾经考虑跟国外的公司合作，但是几经谈判，合作没能达成。这时，总装任务已经非常紧迫，只剩下不到半年时间了。而传统起落架光生产周期一般都要半年以上，更何况新的起落架还有十多个攻关项目要从头做起。紧急时刻，液压车间的张林和他的团队主动提出由他们承接这个任务，并且立下军令状。张林班组的所有人员全都泡在车间里，一个一个零件琢磨，一张一张图纸描画，老机床不好用，就动手改机床，这个办法行不通，就再想另一条路子。最后，张林班组按时交付了起落架。“歼 -10”的起落架因此在业内成为了一个传奇。

1997 年，第一架“歼 -10”飞机终于在成飞厂组装完成。时任中央军委副主席刘华清亲自来到现场，出席“歼 -10”首架飞机的出库仪式。

朱育理（原中国航空工业总公司总经理）：老爷子（刘华清）一个劲儿地说：“太好了，太好了！”我转过脸一看，他满眼泪花。

“极限”试飞

首飞的时间定在 1998 年 3 月 12 日。首飞前一天下午，按规定要对飞机做一次例行检查，然后报告给“歼 -10”型号总指挥刘高倬，签字放飞。晚上 8 点多，现场总指挥向刘高倬报告，机械师在检查发动机时，发现漏了三滴油。这时，所有的准备工作都已经做完，还有相关人员和领导第二天要从北京赶来。飞还是不飞呢？

刘高倬：当时我想，什么叫质量第一？不怕一万就怕万一，不允许万一，这才叫质量第一。于是通知北京：取消明天的专机航班，改日再飞。

最后，拆了四次发动机，开了六次车，终于找到了三滴油的原因，是发动机上的几个工艺孔没有堵住，导致油液滴漏，对飞行并没有大的影响。故障排除后，“歼 -10”首飞的日期再次确定，所有准备工作都就绪了，担任首飞任务的试飞员是雷强。

雷强：宋总当时说，你放心，飞机保证肯定不会出问题。我说，您也放心，如果真的碰到问题，只要飞机不是马上爆炸，就是摔我也想办法给你摔到跑道上！

1998 年 3 月 23 日，“歼 -10”首飞成功。这是一次改写中国航空史的首飞，不仅决定着“歼 -10”这个型号的命运，而且也是中国航空工业能不能跨越一个时代的象征。

但是，首飞成功实际上只是又一次艰难征程的开始。航空器的研制，试飞是必不可少的阶段。地面试验再详尽，也只能部分模拟空中状态，因此试飞就是一个不断去发现问题的过程。按照国际惯例，一般试飞要占整个研制过程的一半时间，但“歼 -10”的试飞周期没有这么长，而这中间的差距是靠人们延长工作时间来弥补的。

对试飞工程师来说，最揪心的是试飞过程中的安全。由于三代机的机动性好、稳定性稍差，过去发达国家试飞中的事故比比皆是，几乎没有哪个国家的三代机没有经历过摔飞机的惨剧。

周自全（时任“歼 -10”副总设计师、试飞总师）：在试飞过程当中，真正没有摔飞机的例子并不多。瑞典的 JAS-39 曾经摔过两架，“F-22”“苏 -27”也摔过不止一架，有的是一等事故，有的是二等事故。

实际上，在“歼 -10”试飞的过程中，之前其他三代机遭遇的险情都曾经出现过。在一次试飞中，飞机着陆瞬间突然遇到侧风，飞机发生剧烈的左右摇摆。这种状况曾在国外多次导致摔飞机的惨剧。危急时刻，试飞员钱学林冷静应对，在落地之前再次把飞机拉起复飞，最后安全降落，避免了一次重大事故。前后不过短短五秒多时间，称得上命悬一线。

除了不期而遇的险情外，试飞员还要为战斗机飞出各种操作边界，包括飞行高度、速度、过载、攻角、迎角等，很多项目几乎就是极限运动。试飞员李中华曾经飞出了从 10000 米高空俯冲至不到 1000 米的惊险动作，飞机每秒速度超过 100 米。

周自全：这绝对是过去想都不敢想的动作，2009 年，“F-22”做同样的动作，俯冲的起始高度比我们低，俯冲的速度比我们低，最后飞机没拉起来，飞行员跳伞，结果伞没张开，一等事故！

雷强：以前我不止一次亲眼目睹试飞战友牺牲。但没有谁惧怕，越危险越上。试飞的目的就是要把这块余地试出来，把余地留给部队。

在试飞的过程中，地面机务人员也许是最不起眼的一群人，他们每天为飞机擦拭检查，试飞前做准备，试飞后做检测，没有飞翔的快乐，也没有攻克科技难关的成就感。但他们是飞机的一道重要保障，很多隐患都因为机务人员及时发现而避免了事故。特别是遇到飞行故障时，机务人员无论寒暑、不分昼夜，都要尽快排除。在几年的试飞过程中，发现了大大小小 1000 多处需要改进的细节，但是没有发生过一次严重事故。

周自全：我们不要说一等、二等事故，连三等事故都没出现过。所谓三等事故，就是说飞机受损后返厂，修了还可以用，这种情况都没有发生过。

这可以说是世界航空史上的奇迹，而这个奇迹是由成千上万人共同创造的。

18 岁，“歼 -10”“参军”到部队

2003 年，“歼 -10”提前交付部队。从立项算起，已经过去整整 18 年了。时任“歼 -10”型号项目办主任晏翔说，18 岁的“儿子”，今天终于要参军了。2004 年，“歼 -10”战斗机成功定型。2007 年，“歼 -10”飞机工程获国家科学技术进步特等奖。

“歼 -10”给人们留下的财富远不止一个跨时代的机型、一座中国航空工业的里程碑。对很多参与过这个项目的人来说，“歼 -10”是他们人生中最深刻的记忆，也是最为真挚和热烈的情感所在。

何冲之：那时候想的就是：排除万难，忘我工作，一心一意把飞机干好。

文友谊（时任中航工业成飞复合材料加工中心副主任）：“航空报国”的梦想落实到行动上，就一个字：“拼！”

袁慧馨（时任“歼 -10”试飞副总师）：有机会做自己想做的事情，就很满足，我喜欢这工作。

钱应璋：“歼 -10”就像自己的孩子一样，哪个地方我都可以如数家珍给你说出来。

黄佑：有了“歼 -10”的基础，再干别的型号，就会觉得心里有底。

从 1984 年开始论证到 2004 年最后定型，20 年岁月荏苒，他们的青春和激情都留给了“歼 -10”，留给了航空报国的梦想。不少曾经立下汗马功劳的科研人员已经离开人世，他们中的有些人甚至没能等到首飞的那一天。

刘高倬：绝大多数人都是无名英雄，默默无闻地在工作。20 年的历程，其中有相当一批人没能亲眼见到最后的成功。这就好像一场接力赛，跑完最后一棒的人可以看见鲜花，但是前面的人呢？我认为同样伟大。

（口述者宋文骢，时任“歼 –10”总设计师，中国工程院院士；张继高，时任中航工业成都所设计师；谢品，时任“歼 –10”副总设计师；刘高倬，时任“歼 –10”行政总指挥，原中国航空工业总公司副总经理；谢经涛，时任中航工业成都所室主任；杨朝旭，时任中航工业某研究所飞控专业组长；雷强，“歼 –10”首席试飞员；曾庆林，时任“歼 –10”副总设计师；张立新，时任中航工业成都所疲劳强度专业副组长；黄佑，时任中航工业成都所液压专业副组长；薛炽寿，时任“歼 –10”总工程师；杨伟，时任中航工业成飞型号工程室主任；钱应璋，时任中航工业成飞某室主任；何冲之，时任中航工业成飞钣金厂工人；朱育理（原中国航空工业总公司总经理；周自全，时任“歼 –10”副总设计师、试飞总师；袁慧馨，时任“歼 –10”试飞副总师　根据国防科工局《军工记忆》系列纪录片整理）

赵　鹏等　**累计安全试飞 2942 架次、5258 飞行小时**

——ARJ21-700 的试飞取证之路

对于不断发展壮大的中国民机产业而言，只有飞上蓝天才是硬道理。

截至 2014 年 2 月，ARJ21 完成取证前全部 300 项试验任务，全部 508 个验证试飞科目，累计安全试飞 2942 架次、5258 飞行小时，成功登上试飞取证的“珠穆朗玛”之巅。它也超越波音 787，成为目前世界上试飞时间最长的一款民机。

启动 ARJ21 项目

发展中国民机产业，让老百姓坐上中国人自己制造的喷气式飞机，是几代航空人的夙愿，多少人为此付出了长期艰苦的努力和探索，为的就是找出一条适合中国民机产业发展的成功之路。然而，30 多年间，研制项目几上几下，这条路还是没有走通。是先发展干线飞机还是支线飞机？以我为主还是走国际合作之路？如何组织研制队伍……这些问题长期困扰着中国民机产业的发展。

2000 年 2 月 15 日，国务院总理朱镕基召集会议专门听取民用飞机发展思路汇报，研究民机发展问题。在会上，朱镕基要求大家很好地总结民机发展的经验并指出：最大的教训就是用计划经济、用搞军机的一套办法来搞民机；应当从市场出发，按市场机制办事发展民机。他同时指出，发展支线航空已迫在眉睫，要集中力量攻支线，发展具有世界水平的涡扇发动机的支线飞机。同年 3 月 6 日，在九届全国人大三次会议上，国家发展计划委员会在《关于 1999 年国民经济和社会发展计划执行情况与 2000 年国民经济和社会发展计划草案的报告》中，把发展民用飞机列入国家新兴产业计划。

随后，中航一集团于 7 月 17 日在向国防科工委呈报的“新支线飞机项目建议书”中提出：要根据市场需求和现有技术水平，抓住我国支线飞机未来将出现批量更新换代的机遇，尽早启动符合国际适航标准的新型支线客机研制及系列化发展。2000 年 11 月 17 日，中航一集团在上海飞机设计研究所宣布：新支线飞机项目公司筹备组正式成立并启动运行。筹备组提出，以 ARJ21（Advanced Regional Jet for the 21st Century）作为我国新型涡扇支线飞机系列的科研代号，意为“面向 21 世纪的先进涡扇支线飞机”。2001 年 3 月 15 日，九届全国人大四次会议批准《国民经济和社会发展第十个五年计划纲要》，其中将新型涡扇喷气支线客机列为国家 12 项高新技术工程之一。自此，ARJ21-700（以下简称 ARJ21）新支线飞机项目正式启动，中国民机产业走上了一条市场机制下的自主创新之路。

经国务院批准，2008 年 5 月 11 日，由国务院国有资产监督管理委员会等六方共同出资组建、由国家控股的中国商用飞机有限责任公司（简称“中国商飞公司”）在上海揭牌成立。中国商飞公司被赋予的历史使命是：作为主体实施国家大型飞机重大专项中大型客机项目，作为主要载体统筹干线飞机和支线飞机发展，实现我国民用飞机产业化。

完美首飞

大场镇位于上海市区北部，中国商飞公司所属上海飞机制造有限公司即坐落于此。2008 年 11 月 28 日中午 12 时 20 分，一架蓝白相间的飞机正静静停在机场跑道的尽头，等待起飞的命令，这就是首架由中国自行研制的 ARJ21 飞机 101

架机。

12 时 23 分，随着时任中国商飞公司董事长张庆伟下达放飞命令，101 架机开始滑行、加速。滑至 600 米左右时，飞机猛地抬头，腾空而起，在天空翱翔了 61 分钟后安全返航。

赵鹏（ARJ21 首飞试飞员）：首次试飞相当完美。ARJ21 操控中的自动化集成度相当高，操作界面简洁，目标实现容易。我们这个飞行机组和中国的民机事业几乎是同时出现的，可以说同龄。ARJ21 首次试飞成功上天，对中国的民机事业来说是向前迈出了一大步，因此这一刻令我们感到非常激动、光荣和自豪。

杨利伟（神舟五号宇航员）：我到驾驶舱感受了一下，ARJ21 的驾驶界面集成度很高，飞机操控性能很好，体现了我国改革开放 30 年以来的科技成果和国家的工业化水平。

刘大响（中国工程院院士）：ARJ21 首飞成功，迈出了我国自主研制大型客机的第一步。ARJ21 成功首飞，说明我们已经解决了很多飞机制造中的关键性技术问题和质量问题。

同年 12 月，工信部正式批准 ARJ21 项目进入试飞取证阶段。但此时或许所有人都未曾想到，最初计划两年完成的试飞取证，最终却花费了六年多时间。因此，ARJ21 的这次完美首飞，仅仅是它接下来漫漫试飞路上的第一步，是前后五架试飞机总共 2942 个试飞架次中的第一个回合，是总计 5258 个试飞飞行小时中的第一个钟头。

取证第一关，漫漫寻 TIA 路

ARJ21 的试飞取证分为两步走。第一步叫研制试飞，由申请人（中国商飞公司）进行；第二步叫审定试飞，由局方（中国民用航空局）进行，目的是审查飞机的适航符合性。当申请人顺利完成研制试飞后，方可向局方申请型号检查核准书（TIA）。TIA 里明确了飞行试验审查的各项具体要求，由局方审查确定飞机具备安全性与可靠性后向申请人发放。申请人取得 TIA 后，局方的试飞人员会进驻试飞现场开始进行审定试飞，审定通过后颁发飞机型号合格证（TC）。只有取得了 TC，ARJ21 才算是一款“上了户口”的合法机型，才算拿到了开展民用航空运输活动的“入场券”，也才能真正进入国内、国际的民机市场参与竞争与合作。因此，取得 TIA 是取得 TC 之路上的第一关。如果没有 TIA，审定试飞就不能进行，取得 TC 的目标也就无从谈起。

谢灿军（上海飞机设计研究院副院长、ARJ21 项目行政指挥）：ARJ21 要想拿到国际市场的通行证，那么它的设计、试验、生产和使用维护等，都要严格按照中国民用航空适航条例有关标准实施，同时还要参照美国联邦航空管理局（FAA）相关适航标准的对应条款。只有达到了这些标准，ARJ21 才能获得中国民用航空局（CAAC）颁发的型号合格证。而在拿到型号合格证之前的重要环节，就是必须首先取得 TIA，进入局方审定试飞阶段，通过审定试飞来检查飞机的各项性能是否符合适航条款要求。

2009 年 7 月 15 日，ARJ21 飞机 101 架机顺利转场西安阎良。后续 102、103、104 架机也陆续在上海实现首飞，截至 2010 年 9 月 17 日，四架架机全部转场阎良，正式转入 TIA 前试验试飞工作，试航取证任务全面展开。

资料显示，国外有经验的民机制造商从飞机首飞开始到取得 TIA，一般只需三到六个月时间。例如：庞巴迪公司的 CRJ-700 飞机于 1999 年 5 月 29 日实现首飞后，2000 年 1 月 26 日即交付首家用户；空客公司的 A320-100 飞机于 1987 年 2 月 22 日首飞后，1988 年 2 月即获型号合格证并交付使用。然而为了这个 TIA，ARJ21 却走过了三年多的时间。

为什么这条路走得如此艰难？从 101 架机“全机稳定俯仰 2.5g 极限载荷静力”的试验经历中或许可以略窥端倪。这项试验在地面完成，其意义在：飞机在实际飞行时，当遭遇紊流、阵风或者紧急情况下的大幅度机动时，飞机机翼将因此承受载荷几倍于飞机的重量（简称过载），一般设计值为 2.5 倍的飞机重量，因此需要验证飞机的机体结构是否足以承受如此大的载荷而不发生结构损伤、破坏等影响飞行安全的情况。2009 年 12 月 1 日，101 架机在进行该试验过程中，当被施加到极限载荷时，由于飞机龙骨结构破坏，结构无法继续承载，试验被迫中止。

试验失败后，各参研单位组织了长达七个月的艰苦攻关。

罗荣怀（中国商飞公司副总经理、ARJ21 项目总指挥）：取得 TIA 的时间延迟，一方面说明最初我们对民用大型商用飞机的研制规律认识不足。在 ARJ21 的验证工作中，我们第一次严格按照和国际适航标准等同的《中国民用航空规章》第 25 部《运输类飞机适航标准》（CCAR25-R3，也叫“适航 25 部”）取证，局方和我们都在共同探索和提高，时有因为验证具体方法不能和局方达成共识、验证结果不能完全满足要求，从而影响研制进程的情况出现。反观国外，波音公司对运输类适航标准的实践已有 60 多年历史，空客也有 50 多年，而我们仅有 10 年。他们在研制中严格贯彻适航要求，在验证中“检查”设计的预期；而我们在一开始的研制中却并没有完全贯彻相关要求，而是在设计基本完成后用试验来“验证”对条款的符合性，从而造成很多计划不能按预期完成，需要修改设计和试验方法才能符合适航要求。

另一方面则说明我们经验上的缺乏。回顾中国航空工业 60 年的历史，之前还没有一款喷气式大型商用飞机完整、自主地完成过“适航 25 部”的取证，因此缺乏经验，这种情况是客观存在。尽管“运十”飞机在 20 多年前已完成首飞，也试飞了 100 多个架次，但仅仅走到工程发展阶段，并没有进入型号取证阶段。至于“新舟 60”和“新舟 600”飞机，虽然取得了适航证，也投入了航线运营，但它在结构上实际沿用了苏联安 -24 飞机的机体结构。因此，也不能算完整地走完了“适航 25 部”的全过程。

郭博智则将 TIA 的姗姗来迟形象地比喻为“小河里翻船”。

郭博智（上海飞机设计研究院院长、ARJ21 项目副总指挥）：之所以花费了数倍的时间才进入 TIA，我认为首要的问题就是对 TIA 的认识不足。我们一开始就缺乏对 TIA 的正确和统一认识，同时与局方、美国联邦航空管理局（FAA）在理解上也存在偏差，走了很多弯路。认识过程其实并没有多大难度，但要认识准确、到位，确实不易，就像一层窗户纸，捅破了就全明白了，但在没有捅破之前，就是看不到里面的东西。认识过程中主要是沟通与理解的问题。2011 年，FAA 组织申请方与审查方进行了两次沟通与培训。第一次培训后，我们虽然也认识到了一些不足，但还是认为自己的思路正确；只有通过第二次培训进行认真沟通与交流后，才彻底明白了取得 TIA 要完成的工作。

除了上述因素之外，对国外系统供应商进行管理的能力不足也是项目推迟的重要原因。“自主创新，国际合作”是中国商飞公司发展民机产业的方向，而“主制造商—供应商”管理模式是公司飞机项目科研生产的主管理模式。在这一模式下，主制造商所具备的研发能力、市场开发能力、管理标准、管理水平一般要高于供应商。也就是说主制造商应当处于产业链高端，而供应商则处于产业链条之中。而在 ARJ21 项目的合作中，我方虽然身为主制造商却缺乏技术上的高标准和管理上的高水平，从而难以为供应商提供技术规范和管理标准；反过来这些系统供应商却大都来自全球范围内技术能力很强的企业，从而造成本末倒置，我方难以形成有效管理；再加上地域、文化差异等诸多方面的因素，从而造成技术支持的效果不理想，项目效率降低。

2011 年 3 月，在适航审查现场办公会议期间，中国商飞公司对于取得必须完成的工作进行了重新梳理，各专业重新确认了需完成的试飞清单并与局方达成一致，同时提交研制试飞报告并与美国联邦航空管理局沟通一致。4 月、7 月，中国民用航空局 ARJ21 飞机型号合格审定审查组与项目申请人两次远赴西雅图，就 TIA 相关事宜与美国联邦航空管理局进行了深入沟通与探讨。其间，美国联邦航空局 ARJ21“影子审查”组就 TIA 签发前的准备工作对审查组和申请人进行了两次专题培训。所谓“影子审查”，是指中国民用航空局在对 ARJ21 的适航审定过程中，根据中美双边技术合作协议邀请美国联邦航空管理局对自身的适航审定能力等进行全面深入的评估。之所以邀请美方来进行“影子审查”，是因为美国联邦航空管理局是国际公认的适航认证机构，它作出的适航认证是国际通行的。如果这项工作顺利，将为包括 ARJ21 和 C919 等在内的国产飞机取得国际适航资格、进入国际市场节省大量的时间和流程。通过培训与沟通，申请人与局方对 TIA 都有了全新的认识并确认了工作要求。

王飞（中国商飞公司适航工程中心副主任）：这次交流就像是考试，在与美方进行了充分沟通后，感觉豁然开朗。现在回头看，我们之前的确存在认识不到位的问题。走了一些弯路，花时间去做了一些本可以不在 TIA 前完成的项目，占用了项目资源，而有些应该先完成的项目却被安排到进入 TIA 之后才去做。经过认真研究，我们在同局方和美方多次沟通讨论后明确了 TIA 路线图，确定了在 TIA 之前应该做什么，不应该做什么，哪些试飞内容在审定试飞之前必须完成，哪些可以在审定试飞阶段完成，每项工作应该做到什么程度才能满足进入 TIA 的要求……

在工作路线图逐步清晰、工作思路逐步理清、工作要求最终确定的条件下，ARJ21 项目的 TIA 前攻坚战全线打响。2011 年 11 月 10 日，中国商飞公司在阎良外场试验队召开 ARJ21 新支线飞机项目 TIA 工作动员大会，会议宣布成立以罗荣怀为组长的 TIA 工作攻关组，设领导小组及九个分组，明确了相关职责任务。

罗荣怀：根据公司指示，由我就 TIA 前的各项工作下达总指挥令，并从项目管理、技术保障、试飞组织、质量安全管理等方面对 TIA 前的各项工作进行全面部署，要求项目全体参研人员明确任务目标、强化责任落实、不在本单位晚点，不放过一个可飞天气、不绕过一个试飞程序、不放过一个影响安全的问题，全力以赴推进 ARJ21 试飞工作。同时要按照遵循适航规律、遵守适航要求、尊重局方意见的“三遵（尊）”原则，严格按照适航要求打好取证攻坚战。

失速试飞：取 TIA 路上的 I 类风险科目

召开 TIA 工作动员大会后，ARJ21 项目全面进入高强度试飞攻坚阶段。

在 2011 年里，失速试飞一直是 ARJ21 的头等大事。飞机失速是一种反常的飞行现象，指的是飞机超过临界攻角后，由于机翼气流强烈分离而引起飞机随意、非周期性地非正常运动，使飞机升力明显降低、阻力急剧增大、性能和操稳品质急剧恶化。很多航空事故都是由于飞机临近失速引起的。作为试验试飞科目，失速试飞因其飞行难度大、风险高而著称，是当之无愧的Ⅰ类风险科目。

赵鹏：失速试飞是 ARJ21 适航取证试飞最重要的科目之一。失速试飞技术要求高、难度大、风险高。试飞中稍有不慎就有可能造成“双发停车”或进入被试飞界称为“死亡陷阱”的螺旋状态。根据适航合格审定试飞要求，ARJ21 失速试飞要完成失速速度、失速特性和失速警告共 40 余架次试飞。

最终，这项任务的技术支持工作交给了赵克良和他率领的上飞院总体气动部团队。

赵克良（ARJ21 副总设计师）：ARJ21 的失速试飞之所以很难、很危险、很重要，主要体现在“五个一”上：第一款新一代喷气式支线客机，第一次采用国际流行的“主制造商—供应商”管理模式，第一次严格按照“适航 25 部”中有关失速条款的要求进行，申请人第一次经历民机失速试飞，供应商美国柯林斯公司也是第一次为 ARJ21 研制“失速安全保护系统”。而这“五个一”叠加到一起，为本来已经是高风险的失速试飞增加了更高的风险和更大的难度。虽然极具风险，但失速试飞意义极其重大。失速试飞确定的失速速度作为飞机的基准速度，既决定着飞机安全飞行的速度范围，又决定着飞机的使用性能和飞行品质，是飞机设计中首先需要确定的基准数据。从设计角度讲，我们希望失速速度越低越好，因为这样证明我们的飞机越安全。

由于受到天气原因等客观因素影响，失速试飞正式开始时间被推迟到 2011 年 11 月 8 日。根据现场指挥部的要求，作为进入 TIA 前一定要完成的科目，失速试飞必须在 2011 年 12 月 20 日之前完成。时间如此之短，以至于失速试飞团队一开始都认为这是一项几乎不可能完成的任务，千钧重担考验着这支平均年龄不过 30 岁的年轻技术队伍。

赵克良：以前一起工作的时候老同志居多，关键时刻有人能帮你出个主意，而现在都是年轻人，35 岁就可以称老同志了。我作为他们的头，常常得自己拿主意，的确感觉压力很大。

2011 年 11 月 8 日，ARJ21 飞机 104 架机 TIA 前失速适航试飞开始。为了确保在节点之前完成试飞内容，现场指挥部采取主二备二（一天两个架次，备用两个架次）方式组织试飞工作，从早上 8 点钟开始飞，一直飞到下午 5 点钟。在失速试飞团队中，操稳专业负责每天的试飞监控、试飞数据分析、提出试飞问题解决方案。白天，操稳专业的成员们轮番在监控大厅监控飞行，随时回答指挥员提出的问题，时刻关注飞机飞行状态；晚饭后，为确保在第二天的任务下达会上提交分析结果，他们还要对白天的飞行情况进行讨论并整理监控时飞行数据的状态点，以备晚上快速处理使用。夜里 10 点钟，当操稳团队取到当天的试飞数据后，真正紧张、高强度的工作才正式拉开帷幕。四位团队成员分工合作，处理数据并结合飞行员提出的现象分析、讨论、总结……不知不觉，天色已微亮。

李栋成（ARJ21 副主任设计师）：每天平均两个架次飞下来，数据非常多，我们的处理压力也很大。记得第一天拿到导出的数据时，我当时就傻眼了，密密麻麻的，简直不知从何下手。冷静下来后，我和三位同事从晚上 9 点钟一直看到第二天早上 6 点钟。后来处理得多了，也就明白了，只要你能耐得住性子，肯钻研、肯总结规律，很快就能熟悉。当然困难还不止这些。试飞测得的数据真真假假、虚虚实实，对于数据真伪的争论是常有的事。每当出现分歧时，大家都会争论得很激烈，常常争得面红耳赤、口干舌燥，然后才能形成统一意见。

第二天一大早，试飞院会议室内早已座无虚席，伴随着试飞员的讲评声和笔尖记录的沙沙声，操稳团队的成员们一方面认真听取、记录试飞员的讲评，另一方面向飞行员讲解连夜分析得到的结果并细致解答试飞员提出的问题。试飞员们说，操稳团队的快速响应和及时分析得出的数据，使他们对试飞成功充满信心。

赵鹏：为了确保试飞安全，我们和课题组人员进行了充分的沟通协同，认真讨论研究了各项试飞准备。TIA 的失速试飞仅仅是个开始，在后面的试飞中，我们机组有信心、有决心完成好试飞任务。

2011年12月17日，随着ARJ21飞机104架机完成最后两次失速试飞，ARJ21飞机TIA前失速试飞科目终告全部完成。至此，经过一年艰苦的研制试飞，ARJ21共完成31个架次的失速试飞，累计进入失速达1600余次，终于获得了适合它的失速保护设置以及性能参数。ARJ21试飞结果表明，ARJ21飞机在各失速试验点响应正常，飞机操稳性能良好，基本符合适航规章要求，圆满完成了TIA前失速适航试飞任务。

赵鹏：执行了这么多次ARJ21失速试飞科目，这些步骤已经像电脑程序一样刻在了机组成员的大脑里：飞机爬升到指定高度后，仔细检查各个系统工作参数，确认一切正常后调整飞机状态，按照计划柔和拉杆，此时飞机的速度开始一点点降低……飞机出现飘摆、抖动。随着速度不断降低，抖动不断加剧，机头迅速下沉，飞机带着急剧的右滚转和加速度向地面坠去……此时迅速稳杆、加油门改出失速状态，飞机又恢复到平飞状态，试飞成功。

赵克良：我们的队伍是年轻的，我们的飞机是年轻的，我们面对的局方也是年轻的。年轻的团队面对一个全新的行业，磨炼必不可少，年轻人必须经过锻炼才能成长起来。作为一名技术人员，就是要以科学求实的态度认真做好每一项工作，要敢于担当，只有这样，我们心里才踏实，我们的乘客也才会踏实。

拥抱吧，TIA！

截至2011年12月底，ARJ21四架验证飞机共完成26项静力试验、鸟撞试验，全机疲劳试验进展顺利；还先后完成了颤振、失速、空速校准、最小离地速度等一系列高难度关键科目的研制试飞任务，累计安全飞行共1000多个起落、近2200小时飞行时间。

2011年12月28日，在上海召开的ARJ21-700飞机型号合格审定TIA准备工作阶段总结会宣布：ARJ21-700飞机项目基本具备了进入TIA的条件。2012年2月13—14日，ARJ21-700飞机型号合格审定委员会第七次会议在上海召开，会议为型号申请方颁发了令人期待已久的第一份型号检查核准书（TIA）。

郭博智：TIA 的获得，是 ARJ21 飞机项目适航取证过程中一个重大的、具有里程碑意义的事件，标志着中国首架拥有完全自主知识产权的涡扇喷气式支线客机研制进入了局方审定试飞阶段。就像学生考试一样，TIA 前工作就是复习备考阶段，按照考试大纲的要求复习到位；TIA 后工作就是进行由考官监考的考试，考试成绩如何就要看复习准备得如何。

自 2008 年 11 月 28 日 ARJ21 实现首飞到 2012 年 2 月 13 日，中国的新支线飞机项目已经走过了十年研制、试飞三年两个半月的历程。这是中国民机产业发展的一次艰难探索，是一场没有硝烟的战役。

罗荣怀：新支线飞机从立项到今天，已经走过近十年的研制历程。它为探索我国大型民机的研制体系锻炼了队伍、增强了信心、提高了能力，为后续项目的开发累积了经验，蹚出了一条路。它所走的每一步几乎都填补了国内管理和技术空白，每一步都具有开拓性、创新性，因此每一步都很艰辛。它的研制成功为 C919 等更大型飞机的研制奠定了坚实基础，具有深远意义。

陈勇（ARJ21 飞机总设计师）：ARJ21 技术先进、系统复杂，对试验试飞人员而言是一个前所未有的挑战。在整个试验试飞过程中，ARJ21 共突破了 100 多项技术难关，解决制约适航取证的技术难题 130 多个，同时也为 C919 飞机的适航取证积累了经验。

谁无暴风劲雨时，守得云开见月明。随着 TIA 的取得，ARJ21 项目的“开路先锋”们已经完成了翱翔蓝天的历史使命。那么，后继者们能否在全新的审定试飞征程上成功取证，实现中国民机腾飞世界、与强者比翼的梦想呢？世界正拭目以待。

审定首飞：问鼎蓝天新征程

2012 年 2 月 14 日，随着 ARJ21 获颁飞机型号检查核准书（TIA），项目正式进入中国民用航空局（局方）审定试飞阶段。在法律上，审定试飞意味着履行对公众安全负责的政府监管制度。在这一阶段，将由局方试飞人员完成高寒、自然结冰等一系列试飞科目来检查和判断飞机的安全性设计符合适航标准规定的“最低安全性要求”。作为向 ARJ21 颁发飞机型号合格证（TC）的重要依据。

罗荣怀：根据目前项目进展情况，在审定试飞工作中，一要制定切实有效的攻关计划；二要开展国际合作，建立一支强有力的国内外技术支持专家队伍。

2 月 29 日，ARJ21 首次局方审定试飞在西安举行。下午 3 时 06 分，申请方中国商飞公司方面的试飞员与局方试飞员共同驾驶 ARJ21 飞机 102 架机从西安阎良中国飞行试验研究院机场飞上蓝天，开始第一个局方审定试飞科目——空速校准的审定试飞。这标志着局方审定飞行试验正式开始，也预示 ARJ21 的适航取证工作进入一个全新的阶段。经过近两个小时的飞行，ARJ21 安全降落，首次审定飞行成功。

试飞海拉尔：捕捉 -38℃的深寒

海拉尔位于内蒙古自治区东北部呼伦贝尔草原之上，年平均气温只有 -2℃，人称“冰城”。2013 年 12 月 29 日上午 9 点 30 分，ARJ21 飞机 103 架机从阎良向海拉尔飞去，下午 3 点多安全降落在海拉尔机场。坐在飞机里俯瞰这颗“草原明珠”，往日一望无际的翠绿此时已被深埋于皑皑白雪中，连绵巍峨的雪山化作苍穹下掀起的巨浪。到达海拉尔后，气温从起飞时的 2℃一下子降到 -20℃。突如其来的剧烈温差变化既对人的身体是个考验，对于飞机机体结构、各个系统、机载设备也是一个严峻考验。然而，如果 ARJ21 未来想要在高寒地区的市场有所作为，就必须经受住这样的考验。

103 架机刚一飞抵海拉尔，试验队即召开计划例会，对下一步相关试验试飞工作进行了安排部署。接下来，103 架机将在海拉尔进行总计 16 个科目、43 个试验点的高寒地面试验和试飞，涉及 12 项适航条款。

时间极其金贵。海拉尔适合 ARJ21 飞机做高寒试验的时段，仅仅是每年的

12 月底至次年 1 月 20 日前，不到一个月。而就在这仅有的试验时间里，还要看天气是否符合试验要求。高寒试飞对温度有严格的要求，普遍要求环境气温达到 -30℃，最苛刻的要求达到 -38℃，其中主要科目均要求在低于 -38℃的环境中进行。极端气温稍纵即逝，要获得 -38℃的试验数据难度极大。

2014 年 1 月 6 日，高寒试飞正式拉开帷幕。在海拉尔，一天中的最低气温一般出现在清晨 4 点至早晨 7 点之间，要完成高寒试飞，就必须在此期间进行。于是，试验队员们凌晨 3 点起床，3 点 30 分集合进场开始工作。

-38℃到底有多冷？当试验人员脚踩积雪在现场前行时，帽檐、眉毛和胡子上早已凝结上厚厚的冰霜，手脚也渐渐失去知觉；呼吸时口中喷出的热气在眼镜片上迅速形成一层雾气，雾气又在短短几秒间凝结成冰，挡住视线；在室外打电话，两分钟不到手机就失灵了。只得把手机贴在胸口先捂暖和后再打……

要保证高寒试验试飞顺利进行，对气象的准确预报成为左右试验成败的关键一环。气象预报工作不像想象中那么简单，预报员要及时采集天气的变化数据，然后通过对数据的统计和计算推断出下一波冷空气的出现时间，从而决定下一次该在何时进行何种类型的试验。近几年，温室效应所导致的全球变暖使得每天的气温变化波动很大，难以捉摸。为确保试验试飞正常有效开展，气象团队在 12 月 4 日就提早进驻海拉尔，跟踪机场实时气温及其变化趋势，对气象变化情况进行 24 小时不间断滚动更新。除此之外，机务与保障、设备支持等专业也加紧通力协作，确保试飞顺利进行。

1 月 11 日至 17 日，草原冰城海拉尔的气温低至 -38℃，12 日甚至达到近些年少有的 -43.2℃的酷寒。队员们决心抓住这难得的可飞天气尽快把高寒试验做完。

海拉尔外场试验队机务人员：那些天飞机的尾锥上都结着长长的冰溜子，我们就得坐着升降机给飞机除冰。本来这种天干活必须戴手套，因为手一旦和金属接触马上就粘上，一撕一层皮。但干细活讲究个手感，为了把活干好，我们就不戴手套，先用暖风机把金属表面吹一吹，等热了再抓紧时间干。海拉尔天黑得早，下午5点多天就黑了，干活得打手电筒，有时一干到深夜。尽管气候严寒，但我们干活不能马虎，每项试验都做得很认真。

1月17日深夜12点，ARJ21最后一次高寒试验的最后一项客舱空调地面快速加温试验得出满意结果，至此，ARJ21高寒试验结果理想，满足大纲规定要求，任务圆满完成。

万里寻冰

2014年3月19日，在哈尔滨太平国际机场的跑道上，ARJ21飞机104架机将从这里出发远赴万里之外的加拿大，以完成其四年来始终未能终结的自然结冰试验。清晨5点，黎明破晓。驾驶舱内，飞行员赵鹏和赵生正在对照飞行员检查单进行起飞前的最后准备。上午8点，塔台下达放飞指令，ARJ21起飞升空，很快就将飞出国门。

这项试验究竟又有多重要？为何要舍近求远，中国960万平方公里的国土上难道就无冰可寻吗？事实上，结冰问题一直是飞机制造商和适航当局最为关注的安全问题之一。据美国联邦航空管理局（FAA）统计资料显示：每年全球约发生30起因结冰引发的事故。1991年12月，瑞典一架麦道81飞机在刚起飞后不久，两台发动机因吸入了从机翼上脱落的冰块而停车，紧急迫降后机体断为三截；1994年10月，美国一架从印第安纳波里斯飞往芝加哥的客机，在利于积冰的气象条件下飞行了30分钟后，突然失速并从约10000英尺的高空坠落，机上68人全部罹难；2002年12月，台湾复兴航空一架客机由于机翼严重结冰而失速坠海。

为尽最大可能避免此类事故发生，中国民用航空局明确规定：民用运输机必须在极其苛刻的特殊气象条件下进行自然结冰的试验试飞，以确保飞机关键部位的防冰与除冰功能在恶劣条件下仍能正常工作。

2010年，ARJ21开始了自然结冰试验的征程。根据国家气象局等给出的结论，综合气候、机场条件、空域管理等多个因素，中国境内除了新疆之外，再也找不到更适合做自然结冰试验的地方了。于是，ARJ21 项目团队曾四次赶赴乌鲁木齐等地开展自然结冰试飞，但由于结冰气象条件苛刻，飞机很难捕捉到能够满足适航审定要求的自然结冰云层，仅在 2012 年 3 月 19 日抓住了一次符合规定的气候要求，完成了部分试飞内容。

在国内捕捉天气无望的情况下，经过对国外民机试飞情况的深入调研，项目团队下决心走出国门做试验。

罗荣怀：事实上这个想法早在两年前就已经有了雏形，利用全球资源进行飞行试验在民航业并不是一件新鲜事。空客 A320 的高寒试验即在俄罗斯完成，大侧风试验则在冰岛实现。2012 年，ARJ21 总设计师陈勇和首席试飞员赵鹏等先后赴北美和欧洲进行考察，并最终将北美五大湖区确定为 ARJ21 自然结冰的试飞地点。选定北美地区的一个很重要原因是，ARJ21 的研制标准中对于自然结冰气候条件的判据是根据北美五大湖区的气候条件制定的。

寻冰目标已经确定，接下来的难点在于中国商飞公司如何能像波音公司、空客公司等行业巨头那样动用全国乃至全球资源完成这次试验。幸运的是，中国商飞公司这个在中国民航史上前所未有的大胆设想得到了国务院，以及外交部、工信部、中国民航局的大力支持。在接下来的三个月里，中国商飞公司和此次试飞任务承担单位的中航工业试飞院以最快速度完成了飞机调机、试飞组织、应急排故、备件保障、当地入库等数百项技术准备方案。

然而，尽管各方已经为 ARJ21 的首度走出国门做足了功课，也了解到这个季节俄罗斯境内的恶劣气候条件，但飞机在白令海峡西侧所遭遇的暴风雪天气依然出乎所有人的意料。出于安全考虑，飞机不得不在原地待命七天，待天气稍微转好之后再度出发。在俄罗斯远东的阿纳德尔附近，ARJ21 经受了大风、低温、暴风雪、越洋等多种考验。

赵鹏：飞机在阿纳德尔机场着陆和起飞的时候，跑道宽度的三分之一、长度的四分之一完全被积雪覆盖，飞机几乎是在雪堆上滑行着去加油的。当飞机完成加油起飞时，暴风雪再次袭来。强风将地面的雪卷起来，空中能见度很低，并伴有风切变。然而即便在如此复杂、恶劣的气象条件下，飞机依然经受住考验，并表现出良好的性能。

穿越白令海峡进入美国阿拉斯加之后，北美的空中管制员对飞机表现出了极大的兴趣。从安克雷奇到乔治皇子城，从克利夫兰管区到芝加哥管区，几乎每改换一个频率，每换一个扇区，空中管制员都会问同一个问题："你们的飞机是什么型号？"我们的飞行员会骄傲地回答："这是中国自主研发的国产支线喷气客机ARJ21。"

对方又说："你们的 ARJ21 与波音 737-800 的飞行精度、巡航速度与高度几乎相同。"

友好的空中对话反映出国际社会对于中国民机产业的关注。在一些拐点相对较多的航线上，友善的空中管制员还会让 ARJ21 优先直飞，这在一定程度上加快了飞机转场的速度。

在经历了九天（含停飞等待七天）的长途飞行后，ARJ21 于加拿大时间 3 月 28 日上午 10 时 02 分平稳降落在加拿大温莎国际机场。温莎机场位于加拿大南部的安大略省，其东面不远处的魁北克省就是世界知名飞机制造商庞巴迪公司的总部所在地。经过短暂的调整和适应性飞行后，104 架机于 4 月 1 日正式开始了北美自然结冰局方审定试飞。为了确保试验顺利展开，中国商飞公司选择了曾经为庞巴迪公司等飞机进行北美试飞提供气象支持的 NTI 公司作为此次试验的合作伙伴。在第一天的航前准备会上，NTI 公司气象专家的专业化服务给局方试飞员赵志强留下了深刻的印象。

赵志强（ARJ21 局方试飞员）：由于我国民机事业起步较晚，在国内进行试验时可供自然结冰试飞参考使用的，对试验成败起关键作用的数据气象资料几乎没有。而此次 NTI 公司的气象专家不仅能够详细地预报结冰气象出现的时间、位置和高度，而且还能给出水汽含量、结冰云移动轨迹等关键参数，甚至还能详细指导飞行员具体的飞行路径并提前准备遇上恶劣天气时的逃离路径。这为机组有的放矢地进行追云飞行提供了有力保障。

借助五大湖地区得天独厚的气候条件，ARJ21 的自然结冰试飞进展顺利，几乎每天都有捷报传来。4 月 5 日，ARJ21 通过七个架次飞行完成了所有 11 项试飞科目。看起来一切似乎都很顺利，可是项目团队还没来得及庆祝，就从局方获得了一个令人沮丧的消息。由于在进行操稳试验时冰型未达到要求，所有操稳试验点都要全部重飞。操稳试验的关键在于如何让飞机尽可能久地保持冰型，因为其目的在于验证飞机一旦结冰后是否仍能够安全运营。因此，"适航 25 部"规定飞机要在机翼表面的结冰厚度达到 2—3 英寸的前提下完成一系列相关试飞动作。为了达到这个要求，局方试飞员不断在云端进行各种尝试，但效果却不尽如人意。往往是好不容易结到 3 英寸，可是刚刚脱离云层准备做动作时冰就脱落了。直到 4 月 8 日上午，脱冰现象依旧存在，试飞没有实质性的进展。

赵志强： 4 月 8 日早晨 6 点在航前准备会上，NTI 的气象专家表示当天的气候条件不太理想，飞机完成试验的概率不超过 30%。但即便只有 1% 的希望，大家也不愿意放弃。8 点，试飞团队准备登机开始新一轮的追云逐冰。

9 时 40 分，ARJ21 从温莎机场起飞，沿既定路线进入结冰云层，然而与之前的预测一样，在经历 2 小时 33 分的飞行后依旧寻冰无果，机组只能降落在圣休伯特机场。飞机落地后，机组在与气象专家沟通后了解到，下午该机场附近可能会出现满足试验条件的气候，于是在经过短暂休整后，飞机于 14 时 27 分再次起飞。可是到了结冰云区后，气象条件依然不是十分理想，结冰的厚度最大不超过 1.8 英寸，始终达不到要求的 2 英寸。此时，机组已在空中又飞行了近两个半小时，与温莎本场的距离也已达到 600 海里，机上油量已经不太充裕，这次似乎又要无果而返了。

赵志强： 我计算了飞机剩余的油量后预计，在满足安全返回本场的前提下，只有约两分钟的油量可以再做一次尝试。

作出决定后，机组旋即进入云区。这时，奇迹出现了。刚进云区后不久，飞行员就发现在风挡的未保护区域迅速出现了冰点。赵志强立刻让随机的试飞工程师对云区的气候参数进行监测，不到一分钟，试飞工程师回复：

“气候条件非常好，完全符合规章要求！”

赵志强：当确定冰型满足条件后，我一气呵成完成了所有规定的自然结冰条件下的操稳试飞。但这时候我根本顾不上高兴，因为飞机剩余的油量已经十分有限了。

18 时 28 分，ARJ21 终于安全降落在温莎机场，困扰了项目团队四年的自然结冰试验所有局方审定试飞项目，在这一刻圆满完成。

ARJ21，信你就和你一起飞

2014 年 6 月 18 日 12 时 20 分，起点处红白相间的 105 架机开始缓缓驶入跑道，信号灯光芒四射。

12 时 30 分，听到右座副驾驶刘克复述塔台准许放飞的指令“可以起飞，商飞 105”后，机长陈志远刹住车，将发动机转速慢慢推到最大，随着两台发动机全速运转，爆发出震耳欲聋的轰鸣声。

“发动机正常，起落架正常，指示灯正常……”刘克报告飞机发动机状态。

陈志远扫了一眼左右发动机仪表显示状况后下达口令：“起飞！”

同时松开刹车，105 架机开始在跑道上加速滑行：60 节、80 节、100 节、123 节、决断速度！105 架机各系统状态良好，抬轮！飞机前轮首先离地，数秒后两个后轮也离开地面，飞向天空。在高度 100 多英尺时，飞机收起落架，转入爬升阶段；速度 150 节，加速，收襟翼；速度 250 节，高度 10000 英尺，改平，飞往指定试飞空域……

14 时 38 分，历经 128 分钟的平稳飞行，完成了一系列预定试飞任务后，105 架机安全降落在大场机场。105 架机是 ARJ21 首架交付机，经过此次试飞和一系列测试后将交付首家用户成都航空公司。自 2008 年 11 月 28 日 ARJ21 首飞成功的五年多来，从 101 架机到 105 架机，ARJ21 经历各项取证试验，为的就是终有一天让它真正成为一个产品进入市场。

伴随着 105 架机首飞，试飞中心也开始了独立承担试飞工作的“首秀”。在这背后，是试飞中心对 280 多个非正常程序、应急程序及正常程序进行充分演练的结果。对于试飞中心的飞行能力到底抱有多大信心，钱进是最有发言权的人之一。这位中国民航的功勋飞行员和民航安全金质奖牌获得者，曾执飞过目前在航线上运行的大部分机型。这一次，他主动请缨担任 105 架机的机上观察员。

钱进（中国商飞公司的总飞行师、试飞中心主任）：对于试飞飞机的安全性、可靠性，业内有一个说法，就是看你自己敢不敢乘坐这架飞机。因此，随机飞行既是一种责任，也是一种信心。

进入审定试飞这些年来，随 ARJ21 一起飞翔过的人还有很多。2012 年 4 月 13 日，中国民用航空局总工程师张红鹰乘坐 ARJ21 飞机 104 架机进行体验飞行；2014 年 12 月 30 日，张红鹰再次乘坐 ARJ21 从上海飞往北京。

张红鹰：ARJ21 飞行非常平稳，状态良好。我作为曾经的民航局适航司负责人亲自上机体验飞行，这种对飞机的信心无须再用语言表达。

辛旭东，2005 年起参与项目研制，2014 年全程参与 104 架机北美自然结冰环球试飞任务。

辛旭东（ARJ21-700 飞机副总设计师）：北美自然结冰试飞结束随飞机回国，快要到冰岛时，听飞行员讲，那天降落时风速有 30 多节，他们开玩笑说：“可以申请把大侧风能力扩展。”看来我们的飞机还是有很多潜力可挖的。

2014 年 6 月下旬至 7 月中旬，隋明光带领的成都航空公司团队取得了驾驶 ARJ21 进行最小机组试飞的资质。

隋明光（成都航空公司总经理）：首次驾驶的感觉非常好。ARJ21 的表现正如我们期待的，操控性、安全性、舒适性都非常好，系统功能很强大，显示冗余度也很高。这款国产飞机很好飞，我感觉和波音 737 差不多。

向最后48米冲刺

2014年10月29日，一个普通的工作日，全国流量第四大的成都双流机场。天刚拂晓，ARJ21飞机105架机和其他飞机一起在停机坪上排队等候指令，准备开始它的第一次正式航线模拟飞行。此时，它有了一个临时航班号："B-938L"。相比以前针对一个个专题的试飞考试，接下来一个月的模拟航线飞行更像是"综合大考"。飞机状态也有很大区别，以前试飞时机舱里没几个座椅，布满管线、设备，如今一切和正常民航飞机没有差别：全机总共78座，包括8个头等舱座位及70个经济舱座位，蓝色座椅、白色舱壁，洗手间、行李架、小桌板、阅读灯一应俱全，3+2的座位布局使其经济舱座位比同类机型更显宽敞……更重要的是，机组、勤务、航务、机务等工作都完全配套。B-938L首个航班的机组成员共11名，包括三名飞行员、两名试飞工程师、三名制造商及试飞项目代表，还有三名记者组成的乘客队伍。试飞员在驾驶时第一次穿上了民航飞行员制服，试飞工程师则当起了兼职空乘。

张大伟、王虎城（ARJ21试飞工程师）：除了认真记录下飞机飞行时各个方面的数据，履行好试飞工程师的职责外，我们还要承担起空乘的职责，安全讲解、送餐送水、清扫客舱一样都不能少。为了做到百分之百"真实模拟"，我们还专门参加了空乘服务专业培训，力求为乘客们提供机上优质服务。

为了这次模拟飞行，主制造商中国商飞公司、飞行试验单位中国飞行试验研究院及首家用户成都航空公司提前一年半开始着手准备，并成立了与真实航空公司的组织架构、运行机制等完全一致的模拟航空公司，开展飞机运行及保障工作。

赵鹏（ARJ21首次模拟飞行机组机长）：每天飞机起飞前，成都航空的相关工作人员都会按照航空公司的正常流程将当天的飞行资料交给飞行员，并结合航路特点讲解气象信息、目的地机场信息及备降机场信息，还会在飞机降落前精确地告知飞机应该降落在目的地机场的几号停机位上。这体现出模拟航空公司的各项工作十分到位。

为了让模拟航线运行试飞与普通航线飞行完全一致，工作人员还为首批登机乘客准备了限量版登机牌，以留住这珍贵回忆。

6 点 56 分，各项准备工作完毕，关舱门、滑行、加速……随着一阵响亮的轰鸣声，B-938L 起飞并平稳地向云层爬升，直至消失在旭日东升的晨光中。7 点 53 分，经过近一个小时的飞行，飞机在贵阳机场安全着陆，在场地勤、机务人员迅速完成相关保障工作后，8 点 47 分，B-938L 再次从贵阳机场起飞，于 9 点 40 分顺利降落在双流机场。

赵鹏：到了贵阳机场，当地机场的管理者专门上飞机看了我们的飞机后很满意，认为飞机从客舱到驾驶舱都很先进。我问他们：“是不是比预想的要好？”他们说：“好多了！”

将近 3 个小时航程、1400 公里飞行距离，全程无误点、无故障，ARJ21 完成了它在正式航线上的第一次模拟飞行，也进入了取证交付前的最后一个试飞科目——功能和可靠性专项试飞。

功能和可靠性试飞是指飞机模拟航线运行的飞行试验，以确保飞机以及零件、设备在交付后的运行中功能正常且安全可靠。如果将 ARJ21 的试飞取证工作看作是攀登海拔 8848 米的珠穆朗玛峰，那么在经历了 6 年、5000 多个小时、3000 多架次的试飞后，最后 48 米的冲刺就是功能和可靠性专项试飞。根据适航审定要求，ARJ21 需要进行 300 飞行小时的功能和可靠性试飞验证。本次专项试飞以成都双流机场为主基地，往返于成都、西安、银川、贵阳、桂林、海口、福州、舟山、石家庄、天津 10 个城市的机场之间，分别模拟长、中、短航线共计百余架次的飞行，单日最长飞行时间达 10 小时。高强度的飞行计划、多种类型的航线设计及各种环境下的飞行是为了向社会公众证明：ARJ21 安全可靠。

截至 2014 年 12 月，随着功能和可靠性试飞验证的顺利结束，ARJ21 完成取证前全部 300 项试验任务、528 个验证试飞科目，累计安全试飞 2942 架次、5258 飞行小时，成功登上试飞取证的“珠穆朗玛”之巅。ARJ21 也超越波音 787

飞机 4800 小时的试飞时间，成为目前世界上试飞时间最长的一款民机。

2014 年 12 月 30 日，中国民用航空局在北京向中国商飞公司颁发 ARJ21 型号合格证（TC）。这标志着我国首款按照国际标准自主研制的喷气支线客机通过中国民航局适航审定，具备可接受安全水平，可以参与民用航空运输活动，同时也向世界宣告中国已经具备喷气式民用运输类飞机的研制能力和适航审定能力，中国民用飞机产业由此实现重大历史性突破。

（口述者赵鹏，ARJ21 首飞试飞员；杨利伟，神舟五号宇航员；刘大响，中国工程院院士；谢灿军，上海飞机设计研究院副院长、ARJ21 项目行政指挥；罗荣怀，中国商飞公司副总经理、ARJ21 项目总指挥；郭博智，上海飞机设计研究院院长、ARJ21 项目副总指挥；王飞，中国商飞公司适航工程中心副主任；赵克良，ARJ21 副总设计师；李栋成，ARJ21 副主任设计师；陈勇，ARJ21 飞机总设计师；赵志强，ARJ21 局方试飞员；钱进，中国商飞公司的总飞行师、试飞中心主任；隋明光，成都航空公司总经理；赵鹏，ARJ21 首次模拟飞行机组机长　潘飞 / 整理　本文素材由中国商飞公司提供）

王森浩　与煤炭负重前行，回忆我在山西当省长

我 1983 年开始担任山西省省长，1992 年离任。这期间的山西省，同全国各地一样，在改革开放大潮的推动下，发生了巨大的变化。这十年是新中国成立以来山西省经济建设发展最快的时期之一，也是人民生活得到实惠最多的时期之一。十年的实践是丰富多彩的，同时路上也充满着荆棘和坎坷，经历了风雨和艰难。我和当年一起奋战在山西省的同志们一路走来，并尽了一些微薄的努力。现对这十年与煤炭有关的一点情况作些简单的回顾，以借鉴于既往，开拓于未来。

我调任前山西煤炭情况

1956 年，我从北京矿业学院（现中国矿业大学）毕业，后分配到大同矿务局，工作了 15 年。1970 年到潞安，在那儿待了 12 年。1982 年，我被调到煤炭工业部任总工程师，第二年赴任山西省省长。我一共下了 27 年的矿，卸任省长后还是在煤矿。而在山西这样的煤炭大省当省长，跟煤炭打交道自然也是各项工作的重中之重。

党的十一届三中全会之后，中央就开始酝酿把山西建设成为全国的能源基地。1979 年 8 月，薄一波同志来山西调研后，向国务院提出了“尽快把山西建设成为

一个强大的能源基地”的建议。山西省委、省人民政府也向党中央、国务院提出了“关于把山西建设成为全国煤炭能源基地的报告”，得到党中央和国务院领导的支持。1980年5月，《人民日报》发表《尽快把山西建成强大的能源基地》的社论，指出，“大规模地开发山西煤炭，这是全国实现四个现代化的一项紧迫的战略任务”。同年7月，省人民政府向国务院报送了《山西能源基地建设规划纲要（草案）》。在国务院技术经济研究中心的具体帮助下，在各方面专家研究、论证的基础上，编制了《山西能源重化工基地综合规划》。此后，中央领导同志多次来山西调查研究。1982年，国家作出了建设山西省能源重化工基地的战略决策。

我就是在这之后被调往山西的。

1983年正是我国“六五”计划期间，经济发展很快，年增速高于10%，所以急需能源。而煤炭占到了我国能源结构的70%，石油占20%，其他的还有如煤层气等。石油少，所以主要就靠煤。较之需求，当时煤炭生产严重不足，国家煤炭能源相当紧张。山西煤多，有2000亿吨储量，全国70%的煤靠山西，可以说，山西煤炭上不去，全国煤炭就上不去，国家的经济发展就会受影响。

我提出“大中小并举”

我上任后的第一件事是作调研。带着省政府厅局长下基层，了解各地的基本情况：班子情况、工人生产情况……以及一些存在的问题，这样走了一个多月。当时的山西，经济水平在全国处于中下游。从农村来说，由于地处黄土高原，十年九旱，农业基础设施薄弱，抗旱能力低，基本上是靠天吃饭，老百姓就是种点粮食，没有什么别的收入。时间长一点我也感受到，山西主要靠煤，想还是在煤上做文章，多出煤吧。

1983年，山西省煤炭产量已达到1.59亿吨，但远远不能满足国家经济建设的要求。山西确定建设能源重化工基地之后，按照初步规划，国家要求山西原煤产量1990年达到2.3亿吨至2.5亿吨；到2000年，产量要达到3.6亿吨至4亿吨，外调2.7亿吨至3亿吨。所以，我遇到的第一个问题就是如何进行建设，走什么路子。我下去走了一个月，调查了一个月，一直思考煤炭产量怎么能上去。

当时，由于受单一所有制结构思想的束缚，我国几十年来发展煤炭工业主要靠建设国营大中型煤矿。“六五”计划期间，国家安排在山西开工兴建的40项大中型项目中，煤炭建设项目有10项，其中包括扩建改建八大矿区（大同煤矿、轩岗煤矿、西山煤矿、汾西煤矿、阳泉煤矿、霍州煤矿、潞安煤矿、晋城煤矿）和新建古交、平朔两大矿区。

山西是国家能源重化工基地，有条件、也应该建设一批大型骨干煤矿，一个国家没有一批决定着国计民生的大型骨干企业是不行的。但是，单靠发展大中型煤矿无法适应国家建设对煤炭的需要。当时面临的实际情况是：一方面，国家建设急需煤炭，但建设大中型煤矿周期长，少则三五年，多则七八年，远水不解近渴，且改建、扩建的投资大，国家经济比较困难，没有那么多钱，另外，到2000年，这些统配矿的产量尽最大努力也只能达到2亿吨，缺口还很大；另一方面，山西煤炭资源分布广，全省80%的县（区）地下有煤，老百姓有挖煤的传统和经验，实行联产承包后，农村也有剩余劳力，可以从事煤炭开发。

依据对客观实际情况的调查研究，1984年上半年，我提出“大中小并举”，即在搞好国营煤矿的技术改造和重点矿井建设的同时，由地方和社队办一批中小型煤矿，作为统配煤矿的补充，这既可以加快能源基地的建设，也可以使山西农民很快富起来。

那么，怎样发展地方和社队煤矿？我当时提出了十条措施：

（一）大中小一起上，原则上国家办大矿，地方、社队办中小型矿。

（二）统一规划煤炭资源，有计划地给地方和社队小矿足够的煤炭储量，不仅仅是边角煤、风化煤。小矿的资源要有保证。

（三）多方面开辟办矿的资金渠道：一是群众集资办矿，个人、集体办可以，联营也行，山西农民存款有13亿元，拿出一部分就很可观；二是国家、地方借给社队发展基金，免收利息；三是国家投资，包干给地方建矿。

（四）社队借款办矿，在还清贷款前免交税利。还清后所得利润交够国家的，留够集体的，剩余全部是自己的。

（五）煤炭运输允许国家、集体、专业户、联营户一起上。允许社队矿自产自销，价格不受限制，国家不干预，由双方自行商定；也可以和国家签订合同交售给国家。

（六）在有条件的地方，可以实行“小煤矿、大电站”，即大电站用小煤矿的煤，煤价和补贴均按国家统配煤的规定办。

（七）一部分机械工业要转向为中小型煤矿服务，生产风机、水泵、溜子、绞车、煤电钻、矿灯等专用设备。改造中小矿，保证安全生产。

（八）建立地方矿的地质勘探和设计队伍，使地方和农民办矿不再为这些事犯难。

（九）采取各种形式、多种渠道为地方矿培训技术和管理人才，从老矿抽调一部分技术工人到小矿工作。

（十）制定地方和社队矿的管理条例，保证安全生产，防止乱采乱掘，逐步实行正规生产。

省政府讨论方案时也有不同意见，但是后来还是定了下来，否则产量上不去，满足不了国家需要。省委通过后上报国务院，得到批准。

煤炭带动了相关产业共同发展

实践证明，这是一条投资省、见效快、效益好的路子。

乡镇办矿很简单，由于山西煤炭资源赋存条件好，有的地区浅层煤离地面只有几十米，挖个洞就出煤。很快就能采上来。在这些地方建设矿井投资省，一般小型煤矿当时吨煤投资 20 元左右，生产成本低，只要有政策，农民积极性很高。很快，老百姓富了，国家煤炭满足了。到 1989 年，全省乡镇煤矿由 1980 年的 3000 多个发展到 6000 多个，煤炭产量由 3000 万吨增加到 1.13 亿吨，超过了国家在山西的统配煤矿的产量。1990 年乡镇煤矿已占到全省煤炭产量的 41%，成为山西煤炭工业中一支举足轻重的力量。山西乡镇煤矿生产能力由 3000 万吨扩展到 1.13 亿吨，只用了国家几亿元贷款，主要是依靠农民自己的力量和煤矿自身的积累。

随着煤炭生产的发展，交通运输能力不足的矛盾越来越突出，全省煤炭一度大量积压。运不出去就在当地卖，可即便价格很低也难卖掉，农民要求修路的呼声强烈。

所以，当时除了搞煤矿以外，第一就是发展交通，搞铁路、公路。在积极配合国家建设大秦线，改造南北同蒲线、石太线、太焦线等六条铁路干线的同时，山西兴建了五条地方铁路。公路也修了不少。那个时候还没有高速公路，最好的叫二级公路，各地市间都修通了，从地市到县、县与县间也都通了公路，农村到城市很方便。现在山西交通很不错这也是煤矿发展有了钱才可以办，没钱办不了。

在产业结构方面，能源基地建设初期，由于当时全国能源供应紧张，急需山西多生产煤炭，所以山西在基地建设中把主要精力放在增产煤炭上。那几年煤炭产量上得很快，但交通运输能力不足、农业基础薄弱、轻纺工业落后、日用消费品供应不足等矛盾日益突出，制约着煤炭的开发。实践使我们体会到，作为一个省，国民经济是一个整体，应有全面的产业政策，形成合理的地区经济结构，山西不能光出煤，其他产业也得发展。我当时就开始调整投资比例，煤矿少投一点，其他包括农业以及钢铁、化工等第二产业以及第三产业都增加。从 1980 年以来的十来年间，特别是“七五”以来，省级用于农、林、水基本建设的投资共 106 亿元，其中来自煤炭所累积的资金为 5.06 亿元，占 47.7%。影响比较大的是第三产业，第三产业的就业人多，对职工子女就业有好处，老百姓上市场买东西也都方便了。

小煤窑的问题

乡镇煤矿的发展方向是正确的，但由于上得很快，缺乏经验，管理跟不上，逐渐也暴露了一些问题。

资源损失浪费太大是主要问题。小煤矿的设备简陋，采煤方法落后，没有机械化，都靠人工采，资源回收率很低，1 万吨的储量顶多采出 3000 吨。相比之下，国有煤矿机械化程度高，1 万吨储量可以拿回 7000 吨，资源回收多。这在小煤矿发展初期是难免的，但长期这样下去不行。对此，起初的时候我们只是说一说，也没有什么好的措施，因为只要是用手工挖煤，回采率就没有办法提高。另外有些地方采完以后地表就塌陷了，农田被破坏，省里都给补贴，让农民不种地了，转移搞乡镇企业。

到 90 年代，煤炭产量不再十分紧张，山西开始逐步对小煤矿进行改造。好多小煤矿都合并了，改造成正规的大煤矿。搞机械化采煤。还有的关掉，由省里给经济补贴。另外对乡镇的小煤矿审批变得严格了，少批或者不再继续批了。这样，用了一两年时间改造完成。

大力发展乡镇小煤矿，这只是一段历史。在当时的情况下必须这样做，否则煤炭的产量就上不去，国家经济发展就快不了。后来不能这样做了，当然也不需要这样做了。

再多困难也要坚定地往前走

其间也有很多曲折。当时存在一种错误认识，认为多出煤炭是把山西资源给了别人，是“出卖山西资源”，山西煤炭大量调出，是吃了大亏。实事求是地讲，从总体上看，在煤炭生产上，山西是受益者，绝非受害者，这是最基本的事实。山西多出煤，多为国家作贡献，不是出卖山西的利益。山西是全国的一部分，山西的煤炭资源是属于国家的，建设山西能源基地是国家的决策，山西这个局部和全国大局是统一的，根本利益也是一致的。事实上，当时十来年间，山西外调煤炭获得的各种价外补贴总共有几十亿元，这成为山西建设资金的主要来源。这些煤炭补贴除一部分用于能源、交通建设外，大部分用于发展其他方面的经济建设和改善人民生活。如果没有煤炭价外补贴这笔资金，仅靠财政收入，是办不了这么多事情的。山西人民生活水平的提高是同能源基地建设分不开的。最能说明问题的是产煤县经济发展快，人均收入高，多数产煤村都较快地富了起来，大大超过了无煤的地方。

这十年，我个人认为得的多，失的少

我刚上任那年是49岁，在当时是最年轻的省长了。我刚去的时候，山西有的老同志是不满意的，他们认为我不是山西人，对我有排外情绪。不管怎么说，我还是坚持下来了。

我这十年，山西比较稳定。发挥山西煤炭优势，多出煤对国家有好处，对山西老百姓也有好处。煤炭好了，经济就好了，经济好了别的工业也可以上去。一般我做事比较实事求是，感到怎么有利就采取什么办法，好多官员都是上面叫怎么干就怎么干，这不行。做什么事情都得有自己的想法，要去思考、动脑筋。每一个新生事物都有人反对，可是要突破了也就突破了，突不破就完了，需要有勇气。我那个时候没想一心当官，不叫我干我就不干，还搞技术就是了。

我总是这样想，总归要服从大局。国家需要煤炭，不能说为了地方利益不管国家。但是，山西人民的利益我也得维护，两头都得做工作。“大中小一起抓”这个方针现在可能不合适了，但应该可以说，山西发展最快的时候就是“六五”“七五”这十年。

回顾我主政山西这十年，我个人认为得的多，失的少。山西煤炭储量多，还是要靠多出煤才能富起来。别的没什么优势，地处黄土高原，不靠煤还能靠什么？富起来有钱了才有条件搞别的。这个方针，要是放到现在肯定要修正，但在那时候是对的。必须在当时的情况下看问题，这是关键。

（作者时任山西省省长　高芳采访/整理）

第三章

中国速度，世界传奇

胡启恒

从羊肠小道走出来的中国互联网

——我所亲历的中国互联网 20 年

到 1993 年底，我国接入全球互联网的所有技术问题都已基本解决，但网络就是不通。原来，美国对中国要接入它的主干网络心存戒备，它认为我们是社会主义国家，有可能会“窃取”它的军事机密。

互联网进入中国已经 20 年了。20 年来，互联网不仅改变着我们的生活，影响着我们的思维和行为方式，也在不知不觉间改变着社会。互联网是一种技术创新的伟大成就，但又非常不同于此前的任何技术创新，它的普及速度远超过历史上其他技术创新，它对社会和人们生活影响的广度和深度也是前所未有。

“互联网进入中国，不是八抬大轿抬进来的，而是从羊肠小道走出来的”

20 世纪 90 年代，互联网在一些国家已经开始发展，计算机联网成为当时很重要的一个研究方向。我国很多高校和科研院所，对于高速计算机也都有迫切的需求。为了充分利用科研资源，国家计委决定在中关村建设计算机网，共享高速运算能力。于是，诞生了世界银行贷款项目 NCFC（National Computing-and-Networking Facility of China，中国国家计算机与网络设施）。该项目旨在把清华校园网、北大校园网和中国科学院在北京中关村的 40 多个研究院所联成一个网，共享超级计算机的运算能力。

世界银行向国家计委贷出 420 万美元。在今天看来，这是一笔不大的款项，但在 20 年前，应该算是一笔巨款。国家计委决定用招标的方式来确定负责单位，清华、北大、中国科学院三家单位努力竞标，最后科学院中标。在国家计委宣布评标结果前，我去找国家计委负责这个项目的张寿副主任。我对张主任说，你一定要做到分数面前人人平等，要是有人跟你搭关系，谈些别的事，你都不要听。张主任说，放心吧，肯定分数面前人人平等。最后，中国科学院凭 0.7 分的优势胜出，主持这个项目。

计算机要联网，也促成了人必须要合作，需要跨部门组成一个项目管理委员会，成员除了清华、北大、中国科学院，还有教育部、自然科学基金会、国家科委、国家计委参加。因为中国科学院主持这个项目，我又是科学院分管这个项目的副院长，所以由我担任管委会主任。这些单位都很关心 NCFC 项目，大家都意识到，如果 NCFC 建好，对科学研究来讲是一个极大的促进。

因为管委会是跨部门的，很多相关单位的领导都要参加，所以对管委会的工作，我特别认真谨慎。我首先去拜访了时任国家教委主任的朱开轩教授，向他汇报情况。朱主任说，虽然我们两个大学不太服气，但是你放心，工作还是要以大局为重，你就放手干！管委会决定的事，不必所有都来向国家教委汇报，我们都支持你！总之，国家计委、国家教委、国家科委、自然科学基金委等这些单位的领导都给了我很大的支持。

NCFC 的首要任务是建设三个校园网，然后再建一个主干网，把三个校园网连接起来。至于主干网用什么标准，当时管委会采纳了以钱华林（中国科学院计算机网络中心研究员）为首的技术团队的建议，采用当时已经成型的 TCP/IP 协议。到 1993 年底，NCFC 项目的网络建设基本完成。

该项目的另一个重要任务，是装备超级计算机，作为网络上的公用资源。但是，这个任务受到了阻碍，原因是巴黎统筹会控制中国进口高新技术。

NCFC 管委会认为，既然我们已经建成了中关村计算机网，又无法购买需要的超级计算机，那就不如趁此机会考虑国际联网。这不仅符合计算机科学的发展方向，也是各高校和科研院所进行国际合作的实际需要。于是，管委会很快达成一致意见，决定进行国际联网。但是，过程却并没有想象中的顺利，而是困难重重。

第一，NCFC 项目的任务书里并没有国际联网这一任务，国家对我们也没有要求。国际联网只是 NCFC 管委会“一厢情愿”的事情，是一个自选课题。

第二，世界银行给我们的贷款，只支持我们建成一个主干网，然后把清华、北大、中国科学院三家的局域网连接起来，共享超级计算机，像国际联网这样的事情，不在他们贷款的支持范围内。所以我们接下来遇到的就是资金问题。如果国际联网，我们需要自筹经费，420 万美元的贷款和国家计委的拨款我们不能使用。

第三，因为 NCFC 是世界银行贷款项目，按照世界银行的规定，国际专家组要不断地来中国检查。专家组只认可 NCFC 项目书上的内容，不关心我们国际联网。他们认为，我们的校园网都建好了，应该赶快去买一个主机，任务就可以完成，就可以结题了，为什么要进行国际联网呢？这简直就是不务正业。国际专家组每次来中国检查，都对我们有一些批评意见，我们没有办法，只好接受批评，暂不改正。

第四，要进行国际联网，在当时的条件下，必须要租用电话线。电话线是电信的基础设施，当时邮电部对基础设施的管理和收费制度有严格规定，一家用一根电话线，如果你要把你的电话线两家共用或者出租给别人，就要两倍、三倍甚至更多倍对你收费。因为这个收费制度，我们再三地去跟邮电部解释，说互联网本身是大家资源共享，中国科学院租了这个线不只是科学院自己用，我们要跟清华、北大共用，还有北航、北理工大学，它们知道这个消息以后也都要求上网，所以我们租用这个电话线是要给多家单位共用。邮电部说什么也不理解，说这跟它的制度不相容。

第五，美国对中国要接入它的主干网心存戒备。美国认为我们是社会主义国家，有可能会“窃取”它的军事机密。到1993年底，我国接入全球互联网的所有技术问题都已基本解决，但钱华林跟我说，不知什么原因，网络就是不通。后来在一次国际会议上我们得知，中国之所以接入不了世界互联网，是技术以外的一些障碍。尽管当时没有明说，但大家都心照不宣。

尽管困难重重，但管委会大家一条心。国际联网的经费，由国家科委高新司、自然科学基金委和中国科学院自愿分担；在我们多次拜访商谈之后，邮电部也破例允许我们以正常价格租用国际信道。最后，还需要设法解决美国方面的问题。为此，中国科学院正式向国务院报告请示，很快便得到了国务院的批准。邹家华副总理、宋健国务委员、李岚清、罗干，都在报告上签了字。1994年4月初，我趁去美国开会之便，拜访了美国主管互联网的自然科学基金委的负责人，说明NCFC的性质、国际科研合作对互联网的迫切需求，以及我们联网的目的。最终，我们达成共识，美国同意我们接入互联网主干网。

1994年4月19日深夜，在NCFC的机房，当夜值班的一位年轻工程师李俊，忽然发现自己能进入世界互联网了，他喜出望外。

他后来回忆说：“当时我忽然发现自己能联网了，美国互联网上的一些东西我都能看到了，我兴奋得简直难以形容。”他欣喜若狂，还说：“我是中国进入互联网的第一人！”据他讲述，当晚他还留了一个心眼儿，没有打电话给任何人，连领导也没有告诉，想自己先玩一会儿再说，第二天上班才向领导汇报。

这听起来虽然很有意思，但也可见当时我国科研人员对互联网的渴求。由此，1994年4月20日，被正式认定为中国开通全球互联网的纪念日。

虽然接入国际互联网不是国家给我们的任务，但是当我们迈出了这一步，还是得到了社会各方面的承认。全功能接入全球互联网在1994年被我国媒体列为国内十大科技新闻之一，被国家统计公报列为1994年重大科技成就。不过，从互联网引入中国的过程也可以看出，互联网进入中国，确实不是八抬大轿抬进来的，而是从羊肠小道走上了康庄大道。

我国的域名服务器曾由一位德国教授友好代管

互联网正式进入我国后，为了适应管理和服务的要求，在中科院原有的计算中心的基础上，成立了中科院计算机网络信息中心，即 CNIC（Computer Network Information Center）。CNIC 成立后，受命完成中国国家顶级域名服务器的设置，使得中国顶级域名 .CN 开始向国内网民提供域名注册服务，并于 1997 年经政府主管部门授权，正式建立中国互联网国家顶级域名运行服务机构 CNNIC（China Internet Network Information Center，中国互联网络信息中心）。

说起中国顶级域名 .CN，背后也有很多故事。互联网进入中国前，中国顶级域名 .CN，一直在德国的卡斯鲁尔大学，由佐恩教授替中国义务管理。因为当时中国没有任何单位，能够去操持我国怎样进入互联网的这些事。北方计算机研究所（隶属于兵器部）有一位王运峰教授，因为早年留学德国，改革开放以后，他领导的团队开始跟德国卡斯鲁尔大学的佐恩教授合作。1990 年，在佐恩教授的帮助下，中国顶级域名 .CN 在全球互联网根服务器上成功注册，并且域名服务器被放在了德国的卡斯鲁尔大学，由佐恩教授义务替中国管理。

1994 年，又是在佐恩教授的配合帮助下，我们把国家顶级域名 .CN 服务器移回了中国。1997 年经政府授权后，由 CNNIC 向全球正式提供 .CN 的域名服务。

为建立中国的域名体系，我们当时邀请了很多国内有关专家参加此项目。其中有钱天白，他是王运峰先生的助手，一个年轻的工程师。他被我们邀请来后，以 NCFC 管委会的名义，进行了很多工作，比如参加互联网国际学术会议、参与设计中国的域名体系、帮助顶级域名服务器移回中国等。钱天白和 NCFC 以钱华林为首的团队合作得非常愉快，被誉为计算机互联网领域的“二钱”。非常可惜的是，钱天白英年早逝，没有看到互联网在中国真正的灿烂辉煌。

中国发出的第一封电子邮件并不是网民熟知的《跨越长城，走向世界》

在我国互联网发展的早期，除了 NCFC 团队以外，很多科学家、工程师对互联网都进行了长期的研究工作，成果不菲。

比如，早在互联网进入中国前几年，国内就已经有人在使用电子邮件。其中被全国网民熟悉并记住的，是 1987 年王运峰团队发出的以《跨越长城，走向世界》为主题的电子邮件。这被誉为在中国成功发送的第一封电子邮件。但人们不知道的是，早在这以前的 1986 年，我国就已经有人在使用电子邮件了。

中国科学院高能物理所的吴为民教授，是一位从美国回来的科学家，他所率领的团队在 1986 年就与欧洲核子研究中心 CERN 沟通了电子邮件。当时他们需要跟 CERN 交换大量的数据，如果这些数据都用打长途电话的方式进行交换，费用太贵了，所以他们在网络传输方面下了很大的功夫。从 1986 年成功运用电子邮件之后，他们就开始使用计算机网络来沟通、共享文件。高能物理所发给 CERN 的邮件可能因为没有任何人文色彩，被网民忽略，网民只记住了一封《跨越长城，走向世界》的邮件。

虽然大家都一致认可中国第一个实现全球互联网全功能连接的是由清华、北大、中国科学院组成的三角网 NCFC，但是除了 NCFC 团队以外，当时确实还有很多的科学家、工程师以及研究、教育机构和企业都为互联网在中国的早期发展做了很多铺垫性的工作。

NCFC 建成后，各高校和中国科学院都分别把自己建设的北京的网络向全国范围扩展。1995 年 5 月，中国电信开始筹建全国公用的计算机互联网、骨干网 Chinanet，并在 1996 年正式开通服务。到这时为止，互联网才可以说基本上开始了在中国的安家落户。

互联网能进入中国，除了中国的科学家和工程师们的努力外，国际互联网大家庭对中国的支持和帮助也不应被忽略。1994 年以前，国际网络界学者、专家以及科技界人士在许多国际会议上，都公开发表意见，支持接纳中国加入互联网。美国国家科学院副院长甚至为了支持中国的加入，亲自向美国政府施加影响，这些都是我们不应该忘记的。

当中国大陆和台湾的桌签并排出现在国际互联网会议上

中国加入互联网大家庭后，参加全球大型互联网会议的机会增多，中国大陆和台湾的代表在国际互联网的舞台上经常能够碰面。不管海峡两岸关系如何，在互联网会议上见面，双方关系始终非常友好，并且都从心底自发地发展这种友好关系。每次开会，大家都在一起聚餐，像个大家庭一样温馨和谐。其中有一次“特别”的经历，让我印象非常深刻。

国际上举行互联网大会，通常情况下都不会摆桌签，但有一次却出现了意外。那是一次全球的 NIC 负责人大会（NIC，即 Network Information Center，互联网络信息中心，每一个国家、每一个地区，只要有互联网的地方，都有一个运行顶级域名的 NIC），早上 9 点开会之前，与会国代表面前的桌子上突然出现了桌签。当时，大陆和台湾的代表都是会议参加方，我们面前放着“中国”，台湾面前放着“台湾”，显然，这是想把我们对立起来，形成“一中一台”。我当时一看这种情况，马上去找大会组织者，希望他们可以作出改变。可是会务人员却说：这次大会虽然是 ICANN（互联网名称与数字地址分配机构，是一个非营利性的国际组织）大会，但 ICANN 只是一个平台，每个分会场的组织者独立操作，需要找到 NIC 会议的具体组织者，向他们提出你的问题。我当时就想，这件事难办了，时间紧迫，如果实在找不出解决问题的办法，我们只好在开会之前退出会场。

但是接下来，令我意想不到的事情发生了。当我走回 NIC 分会场，看到了这样的一幕：摆在大陆和台湾负责人面前的桌签统统消失了，他们二人都自动地把桌签放进了下面的抽屉里。其他国家面前都有桌签，只有我们中国大陆和台湾代表面前没有桌签。看到这一幕，我非常感动。当时我们大陆方面的负责人叫毛伟，是中国科学院非常年轻的一个工程师，也就30岁出头的年纪。坐在他旁边的台湾方面的负责人，也是一个非常年轻的工程师。在矛盾尖锐化的时刻，他们不约而同地选择了最大限度地维护祖国的利益。当时如果我们去大吵大闹，而不是理智地来处理这件事情，就会在全球互联网世界里造成恶劣的影响。无论谁赢谁输，都会让中国人脸上不好看，都会给中国减分。而两个仿佛亲兄弟一样的年轻人，就这样举重若轻地把问题解决了。

后来我们发现，这次摆桌签事件，跟台湾的"外交部门"有关系，他们还特意派人来大会上拍照，意图制造"一中一台"。结果，他们的阴谋没有得逞。

互联网在中国的迅猛发展

互联网进入中国的20年，是在中国迅猛发展的20年。我们通过对互联网领域一些里程碑事件的回顾，来追溯一下整个过程。

年纪稍大点的人，尤其是通信界的人，可能对一个名字印象深刻，那就是瀛海威信息通信有限责任公司。瀛海威公司是中国最早、也是最大的民营互联网接入商，1997年就开通了全国八个城市的广域网。1996年深秋的一天，在北京中关村白石桥白颐路口，立起了一个很大的广告牌，上面写道："中国人离信息高速公路还有多远？向北1500米！"看到这个广告牌，很多人产生了好奇：向北1500米到底是什么？原来，向北走1500米，就到了魏公村，那里有瀛海威的一个网络科教馆。在科教馆门前的台阶上，每天早上都能看到一群年轻人坐在那里等开门。里面到底什么东西这么有吸引力？那就是可以用来国际联网的计算机。那个时候，家庭的计算机还很少，能用来国际联网的就更少了。年轻人之所以这么热情执着，就是为了利用瀛海威免费提供的上网服务。这是一个信号。瀛海威是中国第一家网络服务提供商，是互联网界的一个先驱。作为一个公司，瀛海威可能并不算成功，但作为互联网在中国最早、最热情的支持者，它和当时的CEO

张树新都值得被我们永远铭记。

接下来，1997 年 6 月 3 日，国务院信息化领导小组办公室决定委托中国科学院组建中国互联网络信息中心 CNNIC。该中心正式获得授权，运行管理中国国家顶级域名 .CN，并提供互联网域名、地址等基础资源分配有关的服务。当年 11 月，中国互联网络信息中心发布了第一次《中国互联网络发展状况统计报告》：截至 1997 年 10 月 31 日，我国共有上网计算机 29.9 万台，上网用户数 62 万。现在看来这是非常小的一组数字，但不到三年之后，即 2000 年 1 月 18 日，中国互联网络信息中心发布了第五次《中国互联网络发展状况统计报告》：截止到 1999 年 12 月 31 日，中国共有上网计算机 350 万台，上网用户数约 890 万。两年多时间，翻了十多倍之多。这是互联网最初进入中国的情况。

接下来是互联网在中国土地上生根开花、生命力初显的阶段。2003 年 3 月 20 日，湖北青年孙志刚在广州被收容并遭殴打致死。该事件首先被地方报纸媒体曝光后，我国各大网络媒体积极介入，引起社会广泛关注，互联网发挥了强大的媒体舆论监督作用。6 月 20 日，国务院发布《城市生活无着的流浪乞讨人员救助管理办法》，同时废止《城市流浪乞讨人员收容遣送办法》，网络媒体的影响力与地位逐步提升。这说明，互联网开始在社会生活中发挥作用，开始变得“有用”。当一个东西“有用”之后，它便开始在这片热土上扎根，展示出旺盛的生命力。

2004 年 2 月 3 日至 18 日，中国三大门户网站新浪、搜狐和网易先后公布了 2003 年度业绩报告，分别实现了 1.14 亿美元、8900 万美元和 8000 万美元的全年度营业收入，以及 3100 万美元、3900 万美元和 2600 万美元的全年度净利润。首次迎来了全年度盈利。这个时候，互联网的生命力表现为开始能赚钱。这种能赚钱的生命力就像野草一样，往往比栽培的植物长得更茂盛。

也是在同一年，中国的网络公司掀起上市热潮。先是 2004 年 3 月 4 日，手机服务供应商掌上灵通在美国纳斯达克首次公开上市，成为首家完成 IPO（首次公开募股）的中国专业 SP（服务提供商）。此后，TOM 互联网集团、盛大网络、腾讯公司、空中网、前程无忧网、金融界、e 龙、华友世纪和第九城市等网络公司在海外纷纷上市。中国互联网公司开始了自 2000 年以来的第二轮境外上市热潮，它们不但在中国市场上开始盈利，也在世界范围内实现了资金大循环。

2005年1月17日，中国互联网络信息中心在北京发布了第15次《中国互联网络发展状况统计报告》：截止到2004年12月31日，中国上网计算机约为4160万台，上网用户数约为9400万人。与1999年相比，五年间不管是上网计算机还是网民数又翻了十倍之多。到当年6月30日，我国网民首次突破1亿人，达到1.03亿。到2006年12月31日，我国上网用户约为1.37亿人，网民数占全国人口比例首次突破10%。到2008年6月30日，我国网民总人数达到2.53亿，首次跃居世界第一。而到了2008年12月31日，我国网民数又升至2.98亿，互联网普及率达22.6%，首次超过21.9%的全球平均水平，其中宽带网民规模达到2.7亿，占网民总体的90.6%。这些数字，展示出互联网在中国显现出超常的生命力，以人们来不及反应的速度在迅猛发展。

与此同时，中国的网络公司也在世界上崭露头角。2007年12月4日，美国纳斯达克证券交易所宣布，百度公司成为纳斯达克100指数和纳斯达克100平均加权指数的一部分。这是第一家入选纳斯达克100指数的中国公司。2007年，腾讯、百度、阿里巴巴市值先后超过100亿美元，中国互联网企业跻身全球最大互联网企业之列。

2009年以后，互联网全面融入社会生活。2009年，由中国互联网协会主办的首届中国网民文化节正式启动，9月14日这一天被网民票选为中国网民文化节。同年9月8日，腾讯公司市值突破300亿美元，成为全球第三大市值的互联网公司。

2010年6月14日，中国人民银行公布《非金融机构支付服务管理办法》，将网络支付纳入监管。2010年，网络舆论的社会影响力提升，“王家岭矿难救援”“宜黄强拆自焚”等一系列事件通过网络曝光后引起社会的广泛关注。

2011年，我国微博用户达到25亿人，较上一年增长了296%，微博已成为我国重要的舆论平台。同年，百度、腾讯、新浪微博、阿里巴巴旗下淘宝商城等互联网大企业纷纷宣布开放平台战略，改变了企业间原有的产业运营模式与竞争格局，竞争向竞合转变。这种转变，不仅标志着企业的成熟，也表明互联网企业开始向着越来越整合的方向发展。也是在同一年，中华网向美国亚特兰大破产法庭提交破产申请。中华网于 1999 年在美国纳斯达克上市，是中国第一家赴美上市的互联网公司，同时也成为了第一家申请破产的中国赴美上市互联网企业。

在网民迅猛增长和互联网公司飞速发展的同时，互联网也快速向移动互联和深度应用前进。根据腾讯发布的数据，截至 2012 年 12 月，微信注册用户已达 2.7 亿人。从 2011 年 1 月 21 日微信推出，它的用户数量一直保持快速增长。2013 年，中国互联网络信息中心发布第 31 次《中国互联网络发展状况统计报告》。《报告》显示，截至 2012 年 12 月底，中国网民规模达到 5.64 亿，互联网普及率达到 42.1%，其中手机网民规模为 4.2 亿，使用手机上网的网民规模超过了台式电脑。2013 年，我国网络零售交易额达到 1.85 万亿元，首次超过美国成为全球第一大网络零售市场（根据 eMarketer 数据显示，2013 年美国网络零售交易额为 2589 亿美元，约合人民币 1.566 万亿元）。

2013 年，互联网金融兴起，阿里巴巴推出在线存款业务产品余额宝，百度推出百发在线理财产品，新浪推出微博钱包，腾讯推出微支付、基金超市，京东推出京保贝，互联网金融产品丰富了人们投融资的渠道与方式，使传统金融业受到冲击。

2013 年 11 月，国家统计局与百度、阿里巴巴等 11 家企业签订了大数据战略合作框架协议，目的在于共同推进大数据在政府统计中的应用，增强政府统计的科学性和及时性。

2014 年 1 月 16 日，中国互联网络信息中心在京发布第 33 次《中国互联网络发展状况统计报告》。《报告》显示，截至 2013 年 12 月，中国网民规模达到 6.18 亿，互联网普及率为 45.8%。其中手机网民为 5 亿，中国互联网发展主题已经从“普及率提升”转换到“使用程度加深”。（以上部分资料参考中国互联网络信息中心发布的《中国互联网发展大事记》）

互联网是社会的一面镜子

随着互联网在社会生活中发挥越来越大的作用，互联网的负面效应也开始显现。尤其是近年来网络诈骗、网络暴力和网络涉黄等事件的增多，很多人开始对互联网的作用产生质疑，觉得互联网使社会在某些方面变得很坏、很糟糕。其实，互联网是社会的一面镜子，社会是什么样，它就是什么样。互联网对上网的人没有任何限制，也不需要任何许可，只要条件允许，每个人都可以上网，所以社会上有什么样的人，网上就有什么样的东西。有高尚的人，就反映高尚的东西；有低俗的人，就反映低俗的东西。互联网本身是中性的，不选择、不排斥。所以在国外，互联网界有一个共识的说法，叫“互联网中立”。

我们有的时候会提出来互联网有罪，互联网应该受罚。对于互联网的罪与罚，我觉得这个提法本身就很可笑。如果说互联网有罪与罚，那么电话也有罪与罚，传真机也有罪与罚……所有的现代技术都既有好的一面，也有坏的一面。都是双刃剑。既然我们能通过网络获取所需要的知识，促进与他人的交流，获得最大的方便，那么罪犯如果想犯罪，也可以很容易达到目的，也可以通过网络获得最大方便。所以说，互联网本身只是一个工具，不具备正义或罪恶的社会属性。

不管对于哪个国家或政府，如果想把网络治理得绝对干净、没有任何一点负面的东西，都是不太容易做到的。只要社会上有负能量的东西，它就一定会反映到网络上面去。我们只能寄希望于我们的社会越来越趋向于实现公平正义，社会上正能量的东西才会越来越多，积极的东西才会越来越多。网络对于依法治国，实现公平正义，无疑具有强大的人民监督作用，而网络的内容也一定会如实反映社会的进步。尤其是弱势群体中的年轻人，如果社会能为他们提供更加平等的机会接受良好的教育，在社会里找到适合自己的位置，就等于为网络的正能量增添了力量。

总之，网络会在依法治国中发挥人民监督的强大作用，随着依法治国取得成效，网络内容也会越来越积极正面，对社会的促进作用也会越来越大。

网络监管和网络安全问题

虽然说互联网中立，互联网是社会的一面镜子，反映的东西由社会上已存在的东西所决定，但是作为国家政府部门，对网络进行监管、保证网络安全还是极其重要的。近年来随着网络在社会监督问题上发挥越来越大的作用，政府也更加重视互联网，不仅在加强互联网监管方面频出举措，对网络安全问题也更加重视。

先说网络监管。虽然网络监管是维护网络安全、保护网络上公共利益的重要手段，但是很多人对政府介入网络管理存有异议，认为政府对网络的监管是一种对自由的干涉。其实，网络监管、保障网络安全是国际通行的做法，不管美国也好，其他西方发达国家也罢，对网络进行监管，事实上都是一直在做的。以美国为例，他们有正式组建的网络战争司令部。他们宣称，网络战是今后战争的主要形式和最高形式，网络战是统率陆、海、空和宇宙四种形式的最高形式（宇宙就是宇航、宇宙飞船之类的，这些宇宙飞船也有可能用于战争）。所以，他们成立正式的网络司令部，有网络的军队，还定期举行演习、设立攻击的靶子等。对于网络战这件事情，美国基本上是光明正大进行的。比如就监听民众电话这件事，美国过去就公开讨论过，很多人坚决反对，说不能监听，监听侵犯民众的自由。但后来为了国家安全，这项议案还是通过了。在9·11事件以前，互联网世界流传着一种说法，说互联网不属于国家，互联网的建立本身是超越国家的，所以互联网世界不需要政府来干预。可是9·11事件以后，这种观念发生了很大变化，很多人认识到，网络上的恐怖行为和犯罪必须要政府来监管。后来人们都认可了这个事实，并取得国际的共识，即政府有责任监管，但要依法监管，在法律允许范围内来监管，而不是说某个人想怎么管就怎么管，必须有法律的依据。

再说网络安全。现在每个国家都在网络安全维护上投入很多力量，但是也不能很确定地说就能保证一个国家网络绝对安全。美国国防部应该算是力量非常强大、技术水平非常高的部门，但它都不能保证和美国国防有关的所有信息技术和相关设备都审查检测得非常干净，不会有人在里面放置后门或者是设置间谍，他们也承认这是很难做到的。为什么？因为现在所有的产业链都是全球化的。比如一台计算机，虽然看起来是中国制造，但是里面千奇百怪的零件中，可能有一个很小的螺丝钉就不是中国制造，就这一个小螺丝钉，可能就存在某种危险。当然也不一定说只有外国的产品才危险，中国自己制造的就不危险。很多在中国生产的东西，同样也可能存在某种风险。因为现在这个时代，不可能所有你需要的东西都自己在屋子里制造出来，整个世界是在一个国际化、全球化的产业链基础上发展起来的，如果封闭自己，就成不了产业链，就会大大地落后。所以，不光我们中国现在做不到，其他国家也不一定能做到保证网络绝对安全。

要想解决这一问题，最重要的是做到在关键的地方、关键的系统、关键的技术部位我们能自主可控，这是我们国家现在非常重要的一个课题，也是国际上都力图攻克的一个难题。更重要的，还是要发展有效的检测手段和严格的制度，使威胁安全的东西及时被揭发出来。

我国互联网的技术创新能力

中国加入世界互联网后，我们有许多机会出去参加国际上的互联网大会，特别是 IETF 大会（IETF，即 Internet Engineering Task Force，互联网工程任务组，成立于 1985 年底，是全球互联网最具权威的技术标准化组织，主要任务是负责互联网相关技术规范的研发和制定，当前绝大多数国际互联网技术标准出自 IETF）。大概 2000 年以前，在 IETF 开会的时候，中国人去的很少，即使去了也就是做个观察员，到那儿看看，听听人家在讨论什么，我们没有发言权，我和我的年轻伙伴们都没有发过言。不是人家不让我们发言、不许我们发言，而是我们自己根本没什么东西可说。当时去的，一般都是中国的大学或中国科学院的人，没有任何中国企业。这和世界上其他发达国家的情况非常不一样，很多国家的企业都非常重视 IETF，为了去参会简直全力以赴。比如做服务器、交换机最厉害的思科（CISCO），每年派大量的人员参会，非常重视对 IETF 的参与，而 20 年前，中国的企业却几乎没有人参与 IETF。

中国接入世界互联网后，尤其是 2000 年以后，我们的情况逐步发生了很大的变化。现在，世界上任何一个地方举办 IETF 会议，我们中国大陆派出的代表差不多都会达到 100 人以上。而且这 100 多人的团队，主要来自于像华为这样的企业。以华为为例，美国人现在非常害怕华为，称华为为中国的思科。这就说明，我国的企业已经开始进入创新主体的地位，他们有能力去参与 IETF，有能力去与其他国家做互联网创新方面的技术交流，我们的技术也可以成为国际标准。

迄今为止，据我所知，由中国人在 IETF 会议上讨论提出并形成国际标准的技术创新，已经超过十个。比如用汉字作为域名，就是以中国专家们为主形成的一个创新成果。现在的中国域名，不只可以写成 .CN，还可以写成“。中国”，直接用汉字做域名。当然，其他国家也可以，印度人可以直接用他的印度文字，阿拉伯人可以用阿拉伯文字……不只有拉丁字母才可以做域名，各国的语言文字都可以直接做域名。这个是一个很大的技术难题，而我们完成了这一技术跨越。

再比如，清华大学提出了可溯源的 Ipv6 域名方面的技术创新。全球网民人数发展到这么多，使得原来的域名已经不够用，那就要开辟新的 Ipv6 域名。清华大学为此提出了三项或四项核心技术。但新的域名涉及安全方面的问题，是可以溯源的技术（比如可以追踪到这个邮件是谁发的）。刚开始在 IETF 会上提出这样的技术标准时，清华大学受到了全世界的反对。反对者认为，这只不过是为了帮助政府监视互联网。最后，清华大学通过努力，说服了与会的各个国家，使他们意识到，这项技术不仅是中国需要，对全世界也是需要的，对全球互联网的安全是大有好处的。最后，其他国家接受了我们的意见，这项技术标准得以立项。现在，这项标准已经成为国际标准。

总而言之，从创新角度来讲，我们的创新幅度与其他国家相比可能还相对较小，但我们的进步空间是很大的。我们毕竟在一点一滴地前进。人的进步不是一蹴而就的，国家的进步也是，我们应该允许它有一个渐进的过程。我们应该相信技术创新的进步，会与社会的整体进步相适应，并在时机成熟的时候绽放出灿烂的花朵。

（作者为模式识别专家　杨玉珍 / 整理）

丁忠军　**亲历国家深海基地建设由海洋大国走向海洋强国**

我作为国家深海基地建设的亲历者，见证了改革开放以来，我国由海洋大国走向海洋强国之路。

深海基地的筹建

进入 21 世纪，随着我国改革开放不断深入，作为一个海洋大国，要想成为一个海洋强国，国家深海基地建设提上了议事日程。2006 年 11 月 17 日，国家海洋局《关于建设国家深海基地的请示》通过国土资源部上报到国务院，仅仅不到两个月，2007 年 1 月国务院即批准立项。那时候国家重大项目建设首先要立项论证后方可进行可行性研究，因为这个项目国家非常重视且迫切，国务院批准立项后即跳过了论证阶段，直接进入可行性研究阶段。

2009 年 10 月，国家深海基地建设筹备组成立，筹备组由时任国家海洋局一所副所长刘保华研究员担任组长，时任北海分局办公室主任王为群、北海监测中心主任高振会担任副组长，筹备组设在国家海洋局一所。2010 年 6 月，《国家深海基地建设可行性研究报告》获国务院正式批复，基地进入初步设计阶段。我就是在这期间（2010 年 7 月）从国家海洋局一所借调到深海基地筹备组，任科技装备处负责人的，具体负责实验室规划建设、科研项目立项及管理。

国家深海基地有几项主要职能：一是深海资源勘探、环境观测和科研考察活动的组织实施；二是深海调查船舶的运行与管理和将来科考船的运行管理；三是重大深海装备的运行管理；四是潜航员的管理（包括培训、选拔）；五是深海技术产业化，其他还有些辅助职能如与国际同行的交流合作、对青少年的科普教育，等等。

国家深海基地的建设定位是：一个多功能、全开放的深海技术支撑平台。全开放是向全国海洋科学研究的科学家开放，公平公正的开放。深海基地作为国家资源的管理单位，最大化地实现国家资源的有效配置，为全国海洋科考界服务。

国家深海基地在建设期间有一个定位，叫做“边基本建设，边人才队伍建设，边业务化运行”。根据这个方针，在 2009 年 12 月建立筹备组以后，人才引进和培训工作就同时开展了，同时，基地的业务化工作也开始进行。2010 年 4 月，基地派了两名同志参加了“蛟龙号”载人潜水器的 3000 米海试，这是国家深海基地（筹备组）第一次派人参加深海业务。

这年 10 月，我一到职即组织开展第一批技术维护保障队伍的培训，由我带队组织了一批人到无锡 702 所，开始全面进行“蛟龙号”载人潜水器运行保障人员的培养。2011 年 7 月我又带领一个 4 个人的团队，参加“蛟龙号”5000 米海试，主要承担布网回收工作。“蛟龙号”第一次 3000 米海试时我们只是简单参与，没有做具体工作，但是到 5000 米的时候我们开始承担具体岗位工作了。2012 年我们又参加了“蛟龙号”雅浦海沟的 7000 米海试。

从筹备组建立到 7000 米海试稳步开展的同时，科研项目也有序开展。2010 年 3 月开始申报海洋公益性行业科研，专项深海超高压模拟关键技术研究，为国家深海基地建设深海超高压耐压装置做实验。在接下来的几年中，我们申报了多项国家科研项目和山东省科技发展项目，在这些项目研发的同时，同步进行着潜航员选拔、培训标准化体系建设。

忐忑支持“蛟龙号”深潜

2013 年国家海洋局成立“蛟龙号”试验性应用航次领导小组，我担任办公室副主任，全程参与了 2013 年的试验性应用航次，在第一航段担任现场指挥部办公室主任；在二三航段担任副总指挥，全面负责“蛟龙号”布网回收的水面支持工作。

这一航次队伍很庞大，12 个系统的 22 家单位 120 多人次，涉及专业多人员多，其中既有科学家又有工程师，既有搞海洋的科学家，又有维护保养的技术团队。航次周期长达 110 多天，航渡的海区离我国很远，单航作战很艰辛。工作的海域情况很复杂，对这次组织实施工作提出很多挑战。航次归来时，我曾用两个词来总结这个航次的过程：忐忐忑忑和瞻前顾后。

“忐忐忑忑”。本航次的母船仍旧是“向阳红 09”船，主要作业面在三层主甲板上，布网回收在后（一层）甲板，我的指挥部在二层甲板，所以，我要协调好整个指挥部的工作，既要关心着上层（“忐”），又要惦记着下层（“忑”），真正体会到了“忐忑”的滋味。

“瞻前顾后”。本航次除了组织实施工作以外，我们还承担两大类具体工作：常规调查任务和潜水器的维护工作。前甲板要做常规调查，包括浮游生物拖网调查等；后甲板有地质取样及潜水器维护保养工作。在组织实施工作中，我时时刻刻必须要瞻“前”顾“后”，哪一个也不能放松。

下一个目标：深海空间站

2013 年是国家深海基地发展历史上非常重要的一年：首先是深海基地初步设计得到国务院批复，由此开始了基地的全面建设工作，这在基地发展史上具有里程碑意义；第二是我们全面承担“蛟龙号”载人潜水器的试验性应用航次组织实施工作，这次试验性应用航次是我国海洋界的一件大事，翻开了我国海洋资源勘探领域的新篇章。过去海洋资源勘探开发主要通过船舶平台、卫星平台，在水面上、在空中进行。2013 年试验性应用航次把科学家下潜到几千米的海底，在海底进行观察、观测、取样研究，实现了跨越性发展。我们以前参加“蛟龙号”的海试只是参与辅助工作，这次试验性应用航次由我们来组织实施，同时还承担了具体的科研工作，如潜水器的常规调查、“蛟龙号”载人潜水布网的回收等，这在国家深海基地发展中具有历史意义。

“蛟龙号”海试结束以后进入试验性应用阶段，而非应用阶段，这是因几个条件决定的：第一，“蛟龙号”本身的技术成熟度还不够，无法进入全面的业务化运行。第二，“蛟龙号”技术维护保养队伍和潜航员队伍还没有完全建立（这个阶段也正是人才队伍培养的重要环节）。第三，“蛟龙号”的技术支撑保障设施还没有完全建起来，国家深海基地作为“蛟龙号”业务管理运行的技术支撑保障基地还没有建设完，技术保障设施还没有完全竣工应用。这其中最重要的就是“蛟龙号”载人潜水器尚无专业母船作为支撑（当时“向阳红 09 号”是改装的试验性母船，是一艘 30 多年的老船，噪声大，主机老化，船上配的设备也不齐）。第四，“蛟龙号”另一项重要职能是深海大洋的综合考察，组织实施深海资源勘探、环境监测和科研考察活动，所需的人才、技术和设备还未完全准备好。

2013 年的第三个大事件，就是上文所说的载人潜水器新母船的建造工作。

2013 年国家深海基地的深海技术装备研发博士后流动站获批，标志着基地在人才队伍建设方面获得重大进展。

展望未来，深海基地发展将会有新的更高层次的突破，那就是深海空间站的建设。相比“蛟龙号”，深海空间站是一个更重要更重大的深海装备，这是载人深潜的一个未来发展方向和目标。

（作者时任国家海洋局第一海洋研究所高级工程师　周文鹏／整理）

周辉强、郎咸杰　六年时光，中国动车组从蕴能蓄力到破茧高飞

车窗外，一层薄霜让一望无际的麦田铺满了淡淡的银装，铁道两旁的杨树向着身后不断地倒跃飞驰。外面呼啸的寒风丝毫没有影响到车内所爆发出来的热情，"484、485、486……"随着整齐划一的呐喊，屏幕上的数字在486上下不断跳跃着，最后定格在了"486.1"上，一个划时代意义的数字由此产生。

2010年12月3日，南车青岛四方机车车辆股份有限公司（简称南车四方股份公司或公司）研制的CRH380AL高速动车组，在京沪高铁先导段试验中跑出了这个全世界为之一振的成绩，之于世界，它创造了486.1公里/小时的世界高铁运营的试验最高速；之于我们——南车四方股份公司动车组研发团队——它是中国高速动车组从引进、消化、吸收再创新、创造的辉煌"蝶变"，从蕴能蓄力到破茧高飞，我们走了六年的时光——

从"鱼"到"渔"的转变

2004年，按照国务院批准的《中长期铁路网规划》，原铁道部与国家发改委制定了《时速200公里以及以上动车组技术引进与国产化实施方案》。中国轨道

交通迎来了前所未有的发展机遇，中国国产化高速列车制造由此拉开序幕，也给以“掌握世界一流技术、制造一流产品、建成世界一流基地”为目标的南车四方股份公司，全面加快与国际先进水平接轨的步伐，打造具有国际竞争力的轨道交通装备企业，带来了难得的黄金机遇。

机遇向来是青睐有准备的人。公司成功抓住了这次机遇。

2004—2006 年是中国轨道交通装备企业在原铁道部的主持下，大规模引进高速列车技术的三年。2004 年 10 月，南车四方股份公司一举中标并承接了 60 列时速 200 公里高速动车组的制造任务，由此，公司开始了对国际先进技术引进消化吸收再创新的历程。

从 2005 年开始，设计开发人员分批被公司陆续派往国外，进行与高速列车技术相关的学习，这是一个重要的契机。我们深知，引进高速动车组技术是远远不够的，只有在吃透消化了动车组的“核心技术”后，在此基础上进行技术研究与创新，才是持久的发展之路。

在川崎重工的学习之旅是一段让人难忘的旅程。学习伊始，对方对动车组的设计工艺与方法讳莫如深，所有的课程都仅仅是一些浮在表面的东西，为了学到更多的技术，我们不仅需要克服语言以及水土所带来的困难，更要抓紧每一点可以利用的时间，旁敲侧击，刨根问底地向对方技术人员请教。晚上回到宿舍后，大家一起交流与梳理白天学到的内容，互相查找不足，总结问题，第二天继续用“磨泡”的姿态，努力汲取着新的知识。后来，又先后有 100 多名工艺师、500 多名优秀技术工人到国外进行技术交流与培训。

归国后，我们作为骨干技术人员参与到了 200 公里的 CRH2A 动车组的研发与制造当中。按照合同规定，CRH2A 动车组在 2006 年需要出车。

这期间，公司先后建成的世界一流的铝合金车体、不锈钢车体、高速转向架、高速动车组总组装和调试试验等多条现代化的生产线，搭建起了国际先进的制造平台，具备了制造高速动车组的完善硬件。

“引进先进技术，联合设计生产、打造中国品牌”。面对这样的要求，我们急切地需要速溶引进的动车组技术，初期参与动车组技术引进的人都知道，近万份的国外原始图纸，仅车体方面就有 3000 多张图纸、几万字技术资料、几十份技术标准。面对这些堆积如山的图纸和文件资料，要完全消化、吸收，没有一点愚公移山的精神是不行的。

那段日子，我们 500 多名设计师、工艺师天天在与时间赛跑，用最短的时间去学习、理解、钻研，按照国内技术图纸标准，对 8000 余份设计图纸、200 余套设计资料进行技术转化工作，并由浅入深，逐步了解和掌握了技术特性和工作原理。在转换设计过程中，我们从中学到了许多新的制造技术标准，充实和完善到公司的制造技术标准体系。2006 年就完成了所有图纸、文件资料和标准的转化工作。

在随后的日子里，针对中国线路的特点在转向架、车内距、弓网受流等环节进行了适应性修改。在修改的过程中，我们对研发原理进行了深入研究，掌握了关键技术参数，吸收其技术精髓，并进行了 110 项优化设计，逐步积累了具有中国线路特点的动车组设计经验。

从蓝图设计到动车组制造，仍然是一道巨大的门槛。

一列国产化高速动车组有 70 余万个零部件，8 万多根电缆；编制工艺卡片 5105 张，工艺图纸 1928 张，通用工艺文件 194 份，通用检验文件 158 份；200 余名设计人员、120 余名工艺技术人员、1500 余名技术工人，一起攻关……枯燥数字的背后，是我们艰辛的努力与汗水。3 年时间，就这样，我们像蚂蚁啃骨头一样，一点一点攻下了 9 项关键技术和 10 项配套制造技术，建立起高速动车组制造平台。

而后续的线路试验中，我们分了两大团队，一个团队在公司内部坚持产品的自主开发与研究，另一个团队在线路上进行大量的型式试验，不断地查找不足与弱项，反馈回去后，在公司内部进行及时的修改。为了对引进技术进行充分验证，我们仅做的试验报告就有 600 多页的纸质实验记录、数百兆的电子数据记录，这些重要数据参数，是通过 4.5 万公里的线上试验获取的。事实证明多路况分析与验证的必要性，可以说在联合设计之初，我们就已经迈向了从“鱼”到“渔”的自我图强之路。

2007 年 4 月 18 日，中国铁路的第六次大提速是一个划时代的日子。在春风和煦的中国大地上，37 列来自南车四方股份公司、出自我们广大设计、工艺、制造、管理等各行各业员工之手的通体乳白、流线型设计的“和谐号”动车组（CRH2A）以 200 公里的速度风驰电掣在万物复苏的原野中，它们的初次亮相惊艳了世人的目光，而带着我们对生产出第一列国产化高速列车的自豪，在那一天，我们用毋庸置疑的事实向世界宣告：中国的高铁时代已经到来。

自主创新的关键性跨越

在时速 200 公里动车组上线运营后不久，我们就全面展开了时速 300 公里及以上高速动车组的研制。

同时，我们还开始了研制适应我国铁路运量需求的长大编组卧铺动车组，以 CRH2A 车型为基础，陆续开发出了 CRH2B/2E 的长编组座车、卧铺动车组，以及 CRH2C 一阶段的 300 公里速度等级动车组和二阶段的 350 公里速度等级动车组。

长编组卧铺动车组是世界首创。针对中国铁路的客流特点，我们将原先的 8 辆车编组扩编为 16 辆车编组，其编组形式、车内结构都发生了重大变化，相对应在系统集成、轮轨技术、动力单元分配与控制技术、空气动力学、车辆内部空调通风系统、旅客界面核心技术方面等进行了全新设计；在北京铁科院、秦沈线、胶济线进行了两个月的整车性能试验和适应性试验，仅减振降噪一项就做了近 200 项对比试验。

相对于时速 200 公里动车组，时速 300 公里动车组的动力需求更大，车辆的稳定性要求更高，技术也更为复杂。

铝合金型材的国产化是当时时速 300 公里动车组研制的一项重要成果。

我们设计制造的轻量化车体，采用大断面薄壁通长型材铝合金车体结构，每辆车有100多种的铝合金型材，大部分为中空斜内筋结构，型材最薄处只有1.5毫米，技术含量非常高，对实现国产化提出了很高的要求。

那时的现状是国内制造业对于用于焊接结构的铁道车辆用铝合金材料还是一项空白。为此，我们在实施铝合金材料国产化过程中，与厂家员工一块查资料、对标准、做试验，讨论、交流、分析每一个遇到的技术难题，改进型材的化学成分、挤压工艺、时效工艺、热处理工艺。型材挤压—改进—试验—再改进—再试验，一遍、两遍、三遍，挤压出来的型材几吨、十几吨、几十吨的增加，进行了多方面、多批次的对比分析和试验，终于在2008年9月，完全实现了100多种铝合金材料的国产化。每辆车体重量达到世界领先水平。

CRH2C动车组的研发制造分为两个阶段，一阶段是2006—2008年，设计时速为每小时300公里，在设计研发的时候我们对列车的牵引变流器、辅助牵引变流器、列车的通风系统和信息系统都进行了自主研制改进，相关配件都采用了国内配套企业所生产的产品。在京津、郑武等线路上的连调联试中，线路多大山、河流与隧道的路况，对车辆空气动力性能和安全性能提出了更高的要求，这样的线路试验，我们不间断地做了一年多，这为二阶段持续运营350公里动车组的研发打下了坚不可摧的基础。

如果说一阶段的自主研发设计还只是停留在重点部位的话，那么到了2008—2010年的350公里速度等级的二阶段研发过程中，我们在动车组牵引性能、车体强度与模态、转向架等一系列方面进行了系统的提升与优化，突破了制约速度提升的关键技术。车辆研发制造成功后，先后在郑西、武广线进行试验运行，车辆核心部分的验证和重要技术数据的获取，为后来新一代高速动车组380A的成功研制铺垫了沉稳的基石。“自主创新”在这时被深深地烙印在了南车四方股份公司所生产的动车组上。

2008年8月，由公司研制的6列时速300公里及以上速动等级（CRH2C）动车组，在我国第一条高速城际铁路——京津城际铁路上投入运营，运营的最高时速达到了每小时 350 公里，从天津至北京运行时间在 30 分钟之内。那一天，媒体铺天盖地地宣传着这一重量级的消息，“自主研制”四个字在报道中特别引人注目。

短短四五年的时间，我们能形成高速列车的自主研发技术，除了当时国家政策的引导和国内难得的大铁路市场机遇，公司在技术自主创新的“过河”阶段，摸索中找到了三个制胜“法宝”：大量的试验验证为技术创新提供理论支点；产学研合作，为技术创新汇集各方力量；重视人才激励，为技术创新储备高能人才。

公司先后建成完善的国家级技术中心、国家高速动车组总成工程研究中心、高速列车系统集成国家工程试验室和博士后科研工作站等 4 个国家级研发试验机构，完善了公司高速列车实验验证体系，为公司乃至中国高速列车产业的自主研发能力的提升提供支撑和保证，同时，也让公司成为目前国内唯一一家拥有四大国家级研发试验机构的企业。

在研制时速 300 公里及以上速度动车组时，除了配套的试验验证，公司与清华大学、西南交通大学、中国铁道科学院等高等院校和科研单位，在高速列车的高端技术领域签署了合作协议，形成了以南车四方股份公司为主体，“产学研用”相结合的研发团队。2009 年，在科技部和原铁道部的推动下，公司又与清华大学、北京大学、同济大学、中科院等国内知名高校和科研院所的科研人员组成了联合行动专家组。企业与科研院所的联合行动，可以将国内相关领域最为优势的资源聚合，为高速列车的自主研制产生了强大的助推作用。

除了试验验证和联合攻关，独特的人才激励制度也是公司在动车组技术创新过程中所不可或缺的因素。多层面、全覆盖、科学性、强效率的人才激励制度不仅使公司的管理人员、技术人员、一线员工都可以得到人尽其用，而且首创的“首席制造师”制度，让拔尖的一线工人享受高级工程师的待遇，这大范围地激发了一线员工的工作热情。3 年间，公司出资 2000 万元组织 31300 人次参加国内技术培训，造就了一支高素质的技术人才队伍。有效的人才激励和培训政策，形成了企业自主创新的内生动力，推动了公司技术创新能力的大幅提升。

在试验验证、产学研合作和人才激励这“三大法宝”的护航中，公司成功地跨越了高速列车技术自主创新阶段的屏障，用充满激情的怀抱迎接着未来更大的挑战。

新一代动车横空出世

2008年2月，科技部与原铁道部共同签署了《中国高速列车自主创新联合行动计划》，按照计划要求，生产具有中国自主知识产权的高速动车组被提上了议程，公司被确定为新一代高速列车的主导研制单位。

我们深知，担负了研发新一代高速列车的使命，是一项历史性的职责，我们的目光紧紧地瞄准了世界高速铁路最前沿，全面自主创新，研发具有自主知识产权的高速列车成为了我们的时代重任。

380A新一代高速动车组的研制是一项庞大而复杂的系统工程，各个部件、系统都是全新的，我们在仔细研究时速350公里高速动车组技术平台的基础上，反复对前期的运用经验、研究验证结果，创新目标、创新方案，尽可能掌握系统知识，更好地把握系统性能和整体集成性能，并依托着国家高速动车组总成工程技术研究中心、高速列车系统集成国家工程实验室，通过对轮轨、弓网和空气动力学性能的深入研究，通过数据分析、仿真计算、方案比选优化以及零部件、子系统、整车等一系列大量的试验研究，成功地实现了CRH380A新一代高速动车组头型设计、车体轻量化、转向架、减振降噪、系统集成等关键技术的突破。

拿380A新一代高速动车组的头型设计来说，气动性能的研究是攻克高速列车头型技术的关键。

我们一开始设计了32个设计变量和200多次模型优化，从中遴选了10种头型进行三维流场数值分析，最后又挑选出5种，进行了多角度、多风速的气动力学试验和编组的气动噪声试验，进行多项近百次仿真试验，完成了数百个测点的线路测试。头型设计获得的头型气动性能海量的数据足有1米高。我们经历了目前历史上规模最大、历时最长的科学研究试验，最终，取材于“长征运载火箭”设计理念的新头型脱颖而出。值得骄傲的是，“火箭”头型比原来动车组的气动阻力降低了约 6%，各项技术性能都达到了国际领先水平，并实现了现代科技与中国文化的完美融合，是一张真正意义上的“中国面孔”。

作为高速列车的核心技术之一，转向架是列车高速、安全、舒适运行的根本保证。380A 新一代高速动车组转向架的研制对我们来说是一项史无前例的挑战。在方案确定中，我们突破了传统车辆动力学中的单车和多刚体假设，精确描述列车动力学性能，实现了技术上的重大突破。并且对转向架减振悬挂匹配技术进行系统创新，通过方案的循环优化我们共计进行了几十项动力学以及结构强度仿真分析，几十项台架试验，几十次线路试验，最终实现了“踏面接触应力”比欧洲的标准降低了 10%—12% 的突破。

在研制 380A 新一代高速动车组的过程中，我们突破了两个最大的难题：一是大型超薄中空铝合金型材的国产化问题；二是当时世界上尚无时速 350 公里高速动车组在隧道交会的技术标准。

2009 年 7 月，为列车提供动力的牵引系统组合试验在湖南进行。时值高温季节，炎热潮湿的天气，外加肆虐的蚊虫，我们中间好多人都得上了湿疹，试验的场所远离市区，吃住条件都特别艰苦，而满怀激情的我们没有半点抱怨，将每天的试验看作我们在艰辛中的唯一乐趣，在先后经历了 23 种软件变更后，最终成功解决了列车启动时在加速性能、牵引能力、电磁干扰等方面所存在的问题。

CRH380A 新一代高速动车组终于研制成功，并于 2010 年 8 月竣工下线，才有了开篇之时那风驰电掣之间所跑出的世界高铁运行试验最高速。

历史滚滚而前，CRH380A 新一代高速动车组一经问世就惊艳亮相上海世博会、世界高铁大会、“十一五”国家科技成就展，并在沪杭、武广、京沪、京广等高铁线路上主力担纲运营，以其高速度、高安全、高可靠、高节能的优势赢得了中外广泛赞誉。它的研制成功不仅仅是中国高速铁路发展进程中的里程碑，更是形成了满足我国高速铁路技术和产业可持续发展的研发、设计和制造体系。更重要的是它树立了具有中国特色的、完全拥有自主知识产权的高速列车技术标准和规范。

2011 年 11 月，CRH380A 新一代高速动车组荣获有工业设计界“奥斯卡”之称的中国创意设计红星奖 2011 年度最高奖项——至尊金奖，而且是该奖唯一获得者。我们设计团队也荣膺最佳设计团队奖。

持续创新向多元发展

2011 年，更高速度试验列车（500 公里 / 小时）在我们公司隆重下线。

更高速度试验列车是我们为研究列车在高速状态下的综合性能而研发的高科技产品，它以 CRH380A 新一代高速动车组自主创新成果为基础，以更高速度条件下安全、可靠、运行为首要目标，重点围绕提升临界速度、提高牵引能力、降低阻力等方面，对系统集成、头型、车体、转向架、牵引、制动等系统进行了创新研究，并采用了大量信息技术、控制技术和材料科学的先进成果，是公司在高速列车技术持续创新的典范。

这列为高速试验而生的、全新设计的高速列车于 2012 年，在公司国家工程实验室的滚动试验台上创造了 605 公里 / 小时的国内实验室最高试验速度。随着动车组协同仿真平台的不断持续优化，公司的产品也逐步向多元化迈进，“十二五”关口，公司加快转变产业发展方式，逐步向自主创新、联合创新、系统创新相结合的模式转变。

在动车组产品的多元发展中，除了以试验为目的的更高速度试验列车，公司针对新的产品和市场需求，在 2012 年又成功建立了我国首个城际动车组的 cinova 技术平台，分别成功研制了我国首列城际动车组——时速 200 公里、160 公里的 CRH6A 型、CRH6F 型城际动车组。

这种 CRH6 型城际动车组，既可实现高速、持续运营，满足中短途区域内点对点的运营模式，也可实现短时运营，适应多站停靠的运营模式，具有运能大、起停速度快、乘降方便快速、疏通迅捷有效、乘坐舒适、安全可靠、节能环保的特点，兼具高速列车和城市地铁车辆的属性和优势。这种新型运输工具是为满足我国区域经济快速发展和城市群崛起对城际轨道交通的需求而研制的，填补了我国轨道交通客运装备领域的空白。

目前，时速200公里和160公里的CRH6型城际动车组已经顺利开展运营试验，时速140公里与120公里速度等级的城际动车组以及市域列车正在陆续推出，不同速度等级、不同编组形式、不同载客量的城际动车组已经形成了谱系化产品。

2012年4月，公司通过国际招标甄选，成功获得9列广深港高速动车组的订单，首列车已于2013年11月竣工下线。不断优化的既有产品，进一步研发的高科技含量动车组，不仅丰富了中国高速动车组谱系，而且为实现“走出去”的全新战略目标迈出了更为坚实的一步。

我们的目标就是让自主创新的“火箭”高速列车驰骋世界！

（周辉强，时任中国南车四方股份公司企业文化部编辑；郎咸杰，时任中国南车四方股份公司企业文化部文化策划）

沈辛荪 **长征三号火箭撞开世界的大门**

——亲历长征三号发射前后特殊战斗 70 天

1990 年 4 月 7 日 21 点 30 分，在中国西南边陲的西昌卫星发射中心，我国的长征三号运载火箭首次为外国发射卫星，一举成功。人们欢呼跳跃，笑声、掌声、鞭炮声久久回荡在大凉山谷。江泽民总书记、李鹏总理的电话祝贺，以及接着传来的人们正盼望的小平同志的祝贺，使当时指挥大厅里的热烈气氛达到了最高潮。

这一天，我国的长征火箭撞开了世界大门，开始走向世界。

历史的机遇

1978 年进入了改革开放的新时期，为长征火箭走向世界创造了机遇。但几十年来一直是高度机密的火箭事业，要走向世界，谈何容易，世界上根本不了解我们。

1982 年，联合国第二次探索与和平利用外层空间大会上，我国首次提出将要为其他国家提供发射服务。这次宣布，虽使各国感到震惊和意外，但却大大促进了世界开始对我国的了解。那时，我们手里也还只有长征二号火箭，只能发射低轨道卫星，而国际上迫切需要的是发射地球同步卫星。

早在 1963 年 7 月 26 日，美国发射辛康 - Ⅱ卫星，成功定点于东经 77 度，于是世界上就有了第一颗地球同步卫星。它成功地进行了多项试验，首次证实了地球同步卫星用于商业通信的可信性。从此开始了新的卫星通信时代。到了 80 年代初，已有大量的通信卫星等着要发射。

就在这个时候，1984 年 4 月 8 日，我国新研制的长征三号火箭首飞成功，具备了高轨道卫星的发射能力。我国不失时机地在 1985 年 10 月正式宣布：长征系列火箭投入国际市场，承揽国外用户，为发射外星服务。

当时国际上一连串的火箭发射失败，也给我们带来了机遇。

从 1984 年 2 月 3 日，美国航天飞机挑战者号发射西联星 6 和印尼星 2 失败，到 1986 年 5 月 31 日，法国阿丽亚娜火箭发射国际通信卫星Ⅴ失败。在这短短的两年多时间里，美国和法国的火箭竟有 10 次失败。就在这一片失败声中，我国长征三号火箭于 1986 年 2 月 1 日又一次成功发射了实用通信广播卫星，从而大大提高了它的竞争力。

也许是历史的巧合，恰恰是 1984 年 2 月 3 日美国发射失败的西联星 6，在 11 月 12 日用航天飞机发现号把它取回来后，几经辗转，最后由亚洲卫星公司购买并命名为亚洲一号卫星。就是这颗由美国休斯公司制造的休斯 376 卫星，最先成为“长三”火箭的用户。

实力的较量

长征三号火箭真要进入国际市场，最终还得靠自己的实力。

一、技术攻关

长征三号火箭，要发射高轨道卫星，技术上必须再上一个新台阶，碰到技术难关是很自然的。通过攻关，我深深体会到，长征三号的技术难度很大，但工作却是非常扎实的。

就拿防电磁干扰攻关来讲。长征三号火箭用了不少数字电路，它比模拟电路有很多优点，但也带来了易受电磁干扰的新问题。

还在试验室做电气系统综合匹配试验时，由于事先缺少足够的思想准备，措施不够有力，一度竟一筹莫展。在实践中不断总结改进，到后期就有了一系列措施。但这毕竟只是试验室的情况，仪器又是散装状态，装到火箭上后还能不能保证？卫星与火箭对接后，相互会干扰吗？发射场周围的大功率无线发射设备会造成干扰吗？为了万无一失，决定要在西昌发射场做这些试验。领导上让我多次带领队伍去现场，经过试验又形成了接地、屏蔽、包扎等项措施，问题得到解决。

1983 年 9 月，已临近长征三号火箭首发飞行试验前夕，为了最终检验防电磁干扰的有效性，我再次奉命带队去发射场。出发前，张院长嘱咐我："见到你签字的结论，我们大队伍就出发。"话短压力大，我心想已没有任何退路，一定要得出"行"的结论。

经过一个多月工作，我们做了各种状态下的试验。在反复核对数据、确信可以得出"星、箭、地各系统相容，发射场区 50 公里范围内的大功率无线设备对星、箭不干扰"的结论时，我最终在传真上签了字。

二、70 天的特殊战斗

1984 年 1 月 29 日，长征三号火箭首次发射，第三级新研制的氢氧发动机二次起动后，很快出现故障关了机，卫星未能进入预定轨道。当时领导上做出了大胆的决定：在现场分析故障、修改设计。北京密切配合进行故障模拟、验证设计，组织生产和试车。这是史无前例的决策。这样从 1 月 29 日到 4 月 8 日，整整 70 天，开展了一场紧张的特殊战斗。那时候我在北京负责长征三号火箭的技术工作。往来于西昌和北京的同志，从北京机场接回就直奔车间、试验室。画图—生产—试验—改图—再生产—再试验，我们的工作就是这样一气呵成的。记得为了一个部件，竟连续干了三天三夜才最终拿出了合格产品。最后经过修改的发动机在短短的几天里试了八次车，全部成功，这才把零部件送走，在现场改装早已运到发射场的第二枚火箭。北京的任务完成了。

任何事物总会有不同意见，尤其是火箭飞行故障。故障发生在天上，我们仅凭少量的遥测信息来分析判断有很大困难，地面试验缺乏高空环境，又增加了验证难度。这 70 天里，我们经常处于种种不同意见的争论之中，即便在北京的任务完成后，还有个别同志坚持认为这次故障原因并没有找到，现在的修改无济于事。

我理解这些不同意见，但现在已经到了关键时刻，我决不能在这个时候再去反映，去干扰领导的决心。另外，我相信自己的实践和判断，将来要承担责任我也认了。4 月 8 日发射那天，我在国防科工委的指挥所里值班，随着发射时刻的临近，人们的心情越来越紧张。当领导上一再问我“这次能不能成？”这个简单问题时，我也凭着这种认识回答得越来越干脆：“能。”

发射之后，我看到三级二次起动成功，星箭分离、准确入轨，心情异常激动。这 70 天的特殊战斗是长征三号火箭八年研制工作的缩影，它充分体现了中国人的志气、魄力和实力。这 70 天创造的奇迹，也帮助世界了解我们。在我的记忆中，与外国同行打交道，只要提到这件事，他们总会表示钦佩和赞誉。

三、排除障碍

长征三号火箭要进入国际市场，还有其他障碍。

外国公司并不希望我们进入市场，成为他们的竞争对手。我记得 1988 年 8 月，去法国库鲁发射场参观阿丽亚娜火箭的第 25 次发射。临行前领导上对我说，去了法国要多做工作，我们主要是满足国内卫星发射，作为国际市场的一个补充，我们一年只提供两枚火箭。带着这个任务，我见到他们就作宣传，得到的反应却是那么的一致，他们都非常激动地说：你倒说得轻松，才两枚，可我们一年也才八枚啊！这给我留下的深刻印象是，我们要进入国际市场，他们不欢迎，绝对地不欢迎。

要打外星，就有个外国卫星进入中国的问题，就要受到卫星生产国的干预。经过多年的艰苦谈判，终于在 1988 年，里根总统批准了双方签订的协议。尽管条件苛刻，只允许发放八颗卫星的许可证，但卫星在人家手里，我们还是不得不接受。发放许可证还有名堂，不是一颗卫星就发一个许可证，而要分阶段几次发。亚洲一号卫星就要发射了，但最后一个允许在中国发射的许可证还没有拿到。

1989 年 12 月，在洛杉矶进行最后一次技术协调会。第一天会上，我方提出了商定发射日的问题，他们面有难色，避而不谈。谁知第二天，12 月 12 日，我们刚到会场，就发现美方人员三三两两兴奋地谈论着，情绪与昨天截然不同。正猜测发生了什么事时，他们把早已准备好的复印件，送到了我们手中。这是当天《洛杉矶时报》刊登的一条消息，标题是“美国放松对中国的制裁”，内容是布什总统将在两周内发放休斯公司制造的卫星在中国发射的许可证。这一下就使得商定发射日十分顺利了。在我们离开洛杉矶的前夕，12 月 21 日，休斯公司拿到了许可证。

最后的考验

1990 年 2 月 5 日，我们乘专列出发。站台上，欢送的人们纷纷说：这次发射将为中国火箭走向世界开创历史纪录，责任重大，一定要打成啊！的确，中国火箭能否撞开世界大门，这是关键一仗，过去所做的一切努力，最终将由这次发射来检验。我是试验队长，在院里又一直负责长征三号火箭工作，此时此刻我又一次感受到这次任务的分量。

其实，我对这次发射是充满信心的。我长期参加长征三号火箭工作，对它是了解的、熟悉的。这已是第七次发射了，以往的成功我心中有底。同时我更了解这支队伍，熟悉他们的特点和脾气，他们是完全信得过的。记得有一次火箭装配时，主持氢泵装配工作的一位中年女师傅，体检时发现患有癌症，但她坚持要装完亲手交付后才肯去治疗，怎么劝说下命令都不管用，她就是一句话：“否则我心里不踏实。”多么朴实的语言，就这样她一直坚持到产品交付。有这样的队伍，我还能不放心吗？

当然，这次任务对这个队伍来讲有更多的困难，他们中多数人刚参加完 2 月 4 日的第六次发射，两个月的连续工作已很疲劳，还没有得到休整。本来是考虑休整一下的，只要推迟一下火箭和卫星进场时间就可以办到。但为此征询亚洲卫星公司的意见时，他们加急电告：希望中方绝对不要提出推迟日期的任何建议，否则后果严重。还在后果严重四个字下重重地画上了几条粗杠。卫星进场后才揭开了这“后果严重”之谜。原来，布什知道国会复会后又要提出制裁，为避免为难，卫星必须在他结束休假的2月11日前离开美国，以造成既成事实。美方人员告诉我们，卫星是2月10日晚上6点半离开洛杉矶的，飞机途中在夏威夷加油，于北京时间12日凌晨3点半到达北京。听完这一段神话似的故事，我们队伍里一开始还有点想法的同志，就什么想法也没有了。

工作正紧张地进行着，突然新闻媒体传来消息：2月22日，为日本发射超鸟B通信卫星和BS-2X直播电视卫星的阿丽亚娜4火箭发射失败。据报道，这一年是阿丽亚娜航天公司成立10周年，再过几个星期就要大张旗鼓地庆祝了，无疑这次失败给蒙上了阴影。难怪法国《世界报》2月24日发表了题为《悲惨的生日》一文，哀叹人们已很难无视中国长征火箭的竞争了。2月28日，美国航天飞机亚特兰蒂斯号发射的KH-13侦察卫Ⅵ在空中爆炸。3月14日，美国大力神3火箭发射国际通信卫星Ⅵ失败。

历史又把我们长征三号火箭的这次发射，推到了一次重大的国际竞赛中。这些消息，就像一副又一副清醒剂，我们的工作更加仔细了。

西昌是雷暴区，雨季雷电频繁，经常发生落雷、滚雪和引雷。据说有一年，一个滚雷破窗而入，还死了人。但西昌的雨季又是有规律的，不但历史上有记载，就从几年来的实践看，确实雨季都在每年的4月到9月。

不过今年的雨季提前了，天气的中长期预报告诉了我们，从我们进场一个月的统计看也证实了这一点。这一个月里，阴天占了一多半，下雨有6次，特别是2月25日，傍晚不但下起了雨，19点左右竟然还雷声大作，雷电交加。进入3月，还没有见过一个晴天，3月7日18点左右，狂风之后又下起了大雨。

对防雷电，我们是有准备的。还在研制阶段，我们就把防雷电作为专题攻关，做了大量工作。1981年到1982年，我们将箭上主要的电子仪器和火工品等，在电力科学院做过高压模拟雷击试验，我们有防雷电的措施。但为了安全起见，过去历次发射都设法避开雷电天气。

这次是首次对外发射，一定要万无一失，我们做了更多准备。请来了中科院空间中心的同志，他们带来了测雷电设备，既有雷电定位系统，也有电场仪。在参观这些设备后，我们对电场仪更有兴趣，因为大致可以预报而不是事后测定。电场仪可以测得直径 10 公里内云层的电场强度，并且可以 24 小时连续监测。此后，我几乎每天都要去离发射场最近的监测点，查看记录并对照直接观察到的天空情况，试图作出对比。

一天，他们兴奋地告诉我，发现了一点规律，只要上午 8 点后，记录到的曲线上不断出现大的波形，那么傍晚就有大的放电过程，就会打雷。我听了非常高兴，这点发现很重要，使我们在加注液氢前做到心中有数。

3 月 15 日火箭转运。早上 7 点半人员就位，这时正下着小雨，尽管对火箭来讲有点小雨并不怕，但由于这次任务的特殊重要性，最后一致同意到 9 点再定。9 点整，人到齐了，看天上的黑云在减少，雨点也几乎没有了，气象预报是 10 点到 17 点阴无雨，大家意见一致，马上转，抢这个窗口。

抓紧工作，到 14 点 15 分，一、二、三级火箭已全部吊入塔内，就差最后吊装惯性平台一项了。这时黑云又压了上来，雨还没下。平台吊上去，塔架合龙 15 点整。将近 17 点，果真又下起了雨，大家说，气象预报真准，要是发射那天也能如此就好了。

发射日尽管已定在 4 月 7 日，但天气如何却一直还在困扰着我们。从 4 月 4 日开始，我们天天要开会研究，4 月 6 日晚上，确认 7 日 19 点 50 分第一个发射窗口发射。为保险，7 日中午 12 点半再会商一次天气。12 点半，人到得很多，大家都关注着会怎么决策。天气预报是 18 点后云量可减少，中低云、无雷电，20 点后会更好，只是下午可能有小阵雨。于是一切照原计划执行。

液氢加注已接近尾声，一切正常，我们都松了口气。我跑出洞外透透新鲜空气，刚出洞口，就见天上黑云密布，已下起了雨点。看来预报的小阵雨就要来了，好在这时已加注完毕，我看到塔架正在迅速合龙。

谁知情况突变，山沟里的天气真是捉摸不定，竟下起了大雨。15 点 50 分，又闪电又打雷，大家心里七上八下，焦急万分。

我感到迷惑不解。这天我最后一次去监测站是 13 点 30 分，看过记录曲线，非常平稳，怎么今天规律突然异常了呢？我和谢总师冒着大雨赶到监测站，一进去，就听说原来是电源插头不知什么时候给碰掉了，过去的记录曲线全部作废。听了真叫人哭笑不得，在这种关键时刻，开了这么个“玩笑”。心里实在恼火，但又无可奈何，好在从记录曲线看，已记录到 10 千伏 / 米的数据了。

雷电整整发作了半个小时，到 16 点 20 分才停，但雨还在下着。天还是那么黑，于是人们议论纷纷：打？还是不打？

我又回到监测站，心想就守在这里吧。打还是不打，很大程度上要用记录到的数据说话了。

国外是有前车之鉴的。1987 年 3 月 26 日，美国宇宙神——半人马座火箭发射海军通信卫星，发射前遇到雷电天气并已测得电场强度大于 4.64 千伏 / 米。起飞后不到一分钟就遭雷击，浪涌电压破坏了制导控制计算机，导致星箭俱毁。

一般说，场强在 1 千伏 / 米以上，带负电会有雷，带正电则不会有雷，但火箭升空后可能发生引雷，都是应当避免的。最稳妥的办法就是确保场强在 1 千伏 / 米以下，并且越小越好。

我看到曲线一直平稳，数值还在减小。18 点过，告诉我可确认场强能稳定在 0.2 千伏 / 米以下，我才心里踏实地离开监测站。

由于种种原因，错过了用第一个发射窗口的下令时间，而第二个窗口只有 10 多分钟，太短，决定用第三个窗口，即 21 点 30 分发射。

20 点 40 分，已经准时下达“50 分钟准备”的口令。这时，发射场上空开始露出了一个小小的天井，能看到个别的星星，这是天将放晴的迹象。大家悬着的心开始放下来了，个个脸上“阴转晴”。大家还开玩笑说：看来老天爷被感动了，给我们开个口放行了吧！

21 点 30 分，准时发射，准确入轨。我们成功了！我们胜利了！

这天夜里，我无法入睡。

我回想着进场后在试验队动员大会上讲过的一段话："在今后的50天里，在中华民族的历史上，将要出现一个奇迹，这就是一个经济上还相当落后，人均国民收入不到400美元，科学技术还不发达的发展中的社会主义国家——中国，将要用自己的高技术，长征三号火箭，把世界上号称最富有、科学技术高度发达的国家——美国的高技术，休斯376卫星，送入同步转移轨道。"今天，这个奇迹已经出现。

我想起了1956年，当我跨入一座临时借用的医院大门，对我们就这样开始攀登世界尖端技术高峰，开创我国的火箭事业，所曾有过的迷惑；

想起了1957年10月4日，苏联第一颗人造地球卫星上天，我们一群年轻人高谈阔论要用亲手设计的火箭发射外国卫星的梦幻；

想起了1960年苏联专家撤走后，我国火箭事业完全依靠自力更生开始的新长征；

想起了我国运载火箭在短短10多年里，从长征一号、二号、三号，不断飞跃，跨上了三个新台阶；

想起了长征三号火箭的近八年研制、攻关和那难忘的70天；

更想起了这次进场以来的日日夜夜，这恼人的天气、雷电以及由此引发的种种争论。

今天的成功，今天的胜利，真是来之不易啊！

（作者时任航天总公司科技委副主任）

张瑞敏　从资不抵债的小工厂到全球白色家电第一品牌

——海尔的三十年

没有改革开放，就没有海尔。

1984 年 12 月，我被派到青岛电冰箱总厂（海尔前身）任厂长。那是一个有 600 多人，资不抵债的街道小工厂。由于经营不善已亏空 147 万元，工厂面临倒闭，人心涣散。

此后，海尔孕育出巨变，创造了奇迹……

从销售规模上看，创业第一年，我们的销售收入是 348 万元。2013 年的销售收入达到 1803 亿元，是当时的 5.2 万倍。换句话说 2013 年日销售收入就是 4 亿多元，2013 年一天的销售收入等于 140 个 1984 年。

从社会效益上看，30 年来，我们累计上缴税金 584 亿元，也就是说从当时一个资不抵债、濒临破产的小企业到现在创造 584 亿元税金的大企业。

从全球视角上看，海尔原来是一个没有任何品牌效应的企业，就是没有人知道，现在已成为全球白色家电第一品牌。

紧随改革开放的大潮

海尔是抓住改革开放的机遇发展起来的。对企业而言，改革开放的进程，就是企业逐步走向市场、转变观念，成为充满生机与活力的市场竞争主体的进程。

人们之所以说“没有改革开放就没有海尔”，是因为改革开放的每一个阶段，都为海尔的生存与发展提供了宝贵的机遇。

——“起死回生”的生存阶段：1984 年的海尔能“起死回生”，是因为改革开放提供了“引进国外设备与技术”的机遇，否则谁也救不活海尔。

因为社会主义计划经济开始向商品经济转换，市场需求迅速上升。当时“用纸糊一个冰箱都能卖出去”，但我们没有盲目上量，而是明确提出“先卖信誉，后卖产品”，制定了“起步晚、起点高”的原则。4 年后，海尔冰箱获得了中国电冰箱史上的第一枚国优金牌。

——“由小到大”的发展阶段：1992 年的海尔能建立家电行业的第一个工业园，是因为改革开放提供了“开放资本市场”的机遇，带来了建设的金融支持。

这时，国家开始培育发展资本市场，上海资本市场开始对中国的所有企业开放。海尔抓住了这个机遇，1993 年 11 月 19 日，海尔股票在上海上市，筹集到的资金使海尔工业园得以顺利建成。1997 年前后，海尔继续抓住国家优惠政策，兼并了 18 家企业，海尔的规模得到了快速扩张。

除此之外，邓小平南方谈话给海尔带来的机遇还包括业务上的拓展。过去是干冰箱的不可以干洗衣机，干洗衣机的不可以干电视，但是现在我想干什么都可以。而且过去审批的过程非常复杂，但是南方谈话之后那些复杂的审批程序就取消了，所以海尔就走上了多元化发展的道路。

——“由国内到国际”的国际化阶段：海尔能进行国际化的运作、在全球创品牌，是因为改革开放提供了“中国加入 WTO、鼓励企业走出去”的机遇，让中国企业融入全球市场。

海尔结合自身实际，再一次抓住机遇，加快了开放步伐，提出“走出去、走进去、走上去”的“三步走”战略：走出去，就是出国创品牌；走进去，就是成为本土化企业；走上去，就是成为当地的世界名牌。打个比方：走出去，就像出国留学；走进去，就是获得绿卡；走上去，就是融入当地主流社会。目前，海尔已初步实现了全球化布局。目前，海尔在全球有 5 大研发中心、24 个工业园、66 个贸易公司、143 万个销售网点，员工总数达到约 7 万人。

青岛对外开放对海尔的影响

开放给了海尔生存的机遇，这可以从 20 世纪 80 年代、90 年代和 2000 年以后三个阶段来看。

20 世纪 80 年代我们刚刚起步，企业是借钱开工资。到那个当时富起来的城乡生产结合部去借钱，差不多借了半年。那时候已经很难维持下去了，但是之所以能成长起来，有很多的因素，最重要的一个因素就是引进了国外的先进设备和技术。所以说是对外开放给了我们一个起死回生的机会。

20 世纪 90 年代的时候企业在做电冰箱，慢慢做起来之后，生存虽然没有问题了，但同时也需要更大的发展。比方说一开始我们冰箱做得不错，我们就在想，不能停留在只是做冰箱上，我应该再做其他产品。1991 年，在青岛市委、市政府的支持之下，我们兼并了青岛电冰柜总厂和青岛空调器总厂，兼并这两个厂之后就成立了一个集团。1992 年兼并冷凝器厂，1995 年 7 月兼并青岛红星电器集团，1995 年 12 月兼并汉蓝波希岛公司，1997 年 7 月兼并莱阳电熨斗厂……一路走来，正是这些兼并行动，促使其成长为中国第一家家电特大型企业。

其实，在这个过程中，一个很大的难题就是对兼并掉的企业领导和职工的人事安排问题。这对我们来说是一个非常头疼的问题，往往很难协调。但在历次兼并过程中，市政府都把这些难题接过去了。

成立集团之后我们就希望再发展。在现在的崂山区海尔工业园那个地方征了

800亩地之后，马上就遇到一个资金的问题，这个工业园预算是15亿元，而当时我们可以支配的资金只有8000万元。但是我们想，无论如何这是个方向，一定要做，但是打完了地基后发现钱都没了。那个时候银行一看，也就不再贷款给你了，所以这个工业园做了基础工程之后，还没有干完就停下来。我们当时一下子陷入困境了甚至说是陷入绝境了。后来邓小平的南方谈话给我们带来了非常大的一个生机，他要求改革开放“胆子要再大一点，步子要再快一点”，具体来说，就是说可以到上海上市，就是开放资本市场。

在发行额度上，青岛市政府力排众议，全力支持民族优秀品牌发展，发挥集中资金办大事的精神，将5000万股额度指标全部配给海尔。

当时在全国的驰名商标中，青岛有两家，一家是海尔，另一家是青岛啤酒。此前，青岛啤酒已经得到了国家的特别指标，在A股和H股同时挂牌上市。在这种情况下，为支持本市优秀民族品牌企业的发展，青岛市政府经过与多方反复沟通，最终力排众议，将5000万股配额全部给了海尔，这相当于在节骨眼上给了海尔很大的支持。

在股票发行方式上，海尔创新的采取定期定额存单无限量发售方式，最大限度降低了股民购买成本。

当时，海尔采取定期定额存单无限量发售方式，这是国内证券市场首次采用的一种股票发行方式，也是首次在全国采用无限量发售转向定期定额存单摇号中签的办法。

当时股票发行资源稀少，买股票是很不容易的，所以先要买中签表，而这个中签表又成为一个抢手货。当时有些企业的中签表印了好几卡车，但中签率却很低，有时中签表的成本和股票价格一样高，而这些成本都将分摊到股民身上。针对这个情况，我当时提出了发行股票的三个原则目标：要发出去；要平安发行；要控制成本。后来，我们在广泛征求意见和建议的基础上，采取了一种创新的办法，即存单中签方式，购买者可以先到银行去存款，存款的存单后面有号码，然后抽那个号码。

这个创新带来的好处是，即便想购买股票的存了钱但没中签，也没有损失，相当于只是有一笔存款在银行；但如果中签了，就可以买股票，这就相当于省掉了购买中签表的成本。另外，如果是买中签表的方式，可能买 10 张、20 张中签表才能中一个号，但不管中与不中，中签表的成本都需要购买者承担。因此，海尔的创新发行方式，实际上就保护了股票购买者的利益。

在股票承销方式上，为确保顺利发行，海尔吸引了全国一流中介团队参与。现在回想起来，在整个中介机构挑选过程当中，也体现了青岛市政府的开明，当时完全由企业自主，市政府没有进行任何干预，这体现了真正的市场经济意识。

2000 年之后，在不断对内兼并的同时，海尔也迈开了对外扩张的步伐，这包括走出青岛、走出中国。在“支持、不干预”理念的推动下，青岛市政府采取了积极的鼓励政策。

多年来，海尔陆续在大连、合肥、武汉、重庆等地方建立了生产基地和工业园。在这种情况下，青岛市政府没有丝毫犹豫，相反认为海尔应该做大，应该走出去，并给予了具体的行动支持。

海尔在改革开放的机遇中挑战自我

对于改革开放，我个人感受最大的变化和收获，是思想观念上的变革。海尔为了提高产品质量砸冰箱这件事，不仅是一个质量案例，更是一次观念的改革。砸冰箱的举动在当时是比较“另类”的，一方面，当时是“铁饭碗”机制，活儿干了就有工资；另一方面，当时产品质量不是“好不好”的问题，而是“有没有”的问题，次品都有人要，所以那时虽然很多企业都引进了先进设备，但没有质量管理观念。

当时海尔引进的是德国的先进设备，我觉得如果不对这种现状进行改革，再先进的设备也生产不出好的产品。所以在 1985 年砸掉了 76 台不合格冰箱。砸掉的是冰箱，但实际是改革了“铁饭碗”机制，建立了竞争机制。是改革了不重视质量的观念，树立了“要么不干，要干就要争第一”的观念。所以，当有的企业陷入“引进、落后、再引进、再落后”的怪圈时，海尔走上了“第一台引进、第二台国产、第三台出口、第四台在当地生产”的道路。海尔之所以能发展到今天，全靠我们当时抓了质量，而且我们从一个冰箱的质量开始抓起，一直到今天成为全球第一大的家电生产商。我想没有改革开放，没有我们引进的技术设备，特别是我们观念的改变，就不可能有我们今天发展的规模和品牌。

发展是无止境的，我们直到今天依然在探索，因为互联网时代企业的管理模式创新没有路标。现在全世界所有的企业都在探索互联网企业应该是什么样的，对中国企业来讲，可能是挑战，但是更是机遇，大家都是在一个新的起跑线上。海尔自己的一个探索就是人单合一双赢模式并引起了国际上的一些关注。所谓人单合一，这个人就是指员工，这个单不是狭义的订单，而是指用户，把员工和用户连在一起。所谓双赢，就是员工在为用户创造价值的同时，体现他的自身价值。

海外创牌，全球布局

海尔的全球化源于1984年的德国之旅。1984年，为了德国“利勃海尔”的项目，我第一次出国。有一位德国的朋友带着我参观德国市场的时候对我说：

“你们中国在德国最畅销的商品就是烟花和爆竹。”

这句话深深地刺痛了我，当时就想以后我们造出来的产品能在德国市场上畅销，能在世界市场上畅销。

但是要真正做到这一点，就必须要过三步。我们把走出去战略分三步，走出去仅仅是混一个脸熟，你到国外主流市场人家才会知道你这个名字。第二步是走进去，走进去就是不但到主流市场去，而且在主流市场的主流渠道销售主流产品，这是很大的挑战。最后还要走上去，那是我们的目标，一定成为当地的主流品牌，这是非常难办的而且是必须要达到的目标。

我曾经在德国参加一次宴会，我问一个德国的经理人：

“海尔冰箱你知道吗？”

他说知道。

我问：“你会买吗？”

他说不会。

他说我要买就买德国的“米勒”，为什么？因为“米勒”这个品牌在消费者心目中已经成了艺术品，我们就是要做成这样的品牌。

1991 年，海尔第一次向“师傅”德国出口冰箱。当时，德国海关和商品检验局都不相信中国产品，8000 台海尔冰箱硬是进不了德国。没办法，海尔请检验官把德国市场上所有品牌的冰箱和海尔冰箱都揭去商标，放在一起检验。检验结果表明，海尔冰箱获得的“+”最多，甚至比海尔的老师利勃海尔还多几个“+”。这一下，德国人服气了，纷纷订货。

不久，又碰上德国检测机构对市场上的冰箱进行质量检测，海尔 5 个项目共拿了 8 个“+”，排在第一位。事实证明，“中国造”完全可以与“日本造”“德国造”和“美国造”一决高下。20 世纪 90 年代末，很多企业响应中央号召走出去，但出去之后非常困难，又退回来继续做贴牌。海尔认为走出去不只为创汇，更重要的是创中国自己的品牌。因此海尔提出“走出去、走进去、走上去”的“三步走”战略，以“先难后易”的思路，首先进入发达国家创名牌，再以高屋建瓴之势进入发展中国家，逐渐在海外建立起设计、制造、营销的“三位一体”本土化模式。

走进美国：三位一体布局显神通。虽然“国际化的海尔”是我们一直以来的梦想，然而要让美国人认同海尔甚至是海尔文化，绝非一件轻而易举的事情。要让美国人认同海尔的文化，绝对不能用压服式的方法，必须找出两者共通的东西。比如说，美国人希望突出个人价值，比如海尔在美国工厂的布告栏上贴了很多激励员工的照片。如果在中国，贴上员工个人的照片就足够了，但在美国不行，他们希望贴上全家的照片。基于此，我们提出了“三位一体”的本土化战略，即思维国际化，经营本土化，要想成为海尔经销商，必须专营海尔产品，这就是海尔坚定不移的原则。

自1998年开始，海尔在美国的发展经历了从定牌OEM了解市场需求到建立专家研发团队开发当地化产品及海尔品牌出口建立营销网络以及最终投资建厂几个阶段。选择美国市场建厂源自海尔先有市场后有工厂的企业战略，因为美国是家电的发源地，有条件整合领先的研发和市场资源，实现海尔走出去、走进去、走上去的三步走目标。

海尔在美国南卡罗来纳州的冰箱工厂是中资企业在美国做的第一个大型绿地投资项目，投资金额达数千万美元，这一切都离不开“三位一体”本土化模式。海尔在洛杉矶设立了研发中心，并在南卡罗来纳州建立了完整的研发、设计、开发体系。该中心成立于2001年，坐落在洛杉矶的派拉蒙大道，设计团队主要研究南部消费者生活方式，支持南卡工厂产品设计开发。中心整合了美国一流设计资源引领设计，满足当地化用户需求。

海尔南卡开发中心成立于2005年，拥有完整的制冷产品开发体系。通过与3M、Emerson、Molex、GE等公司合作，南卡开发中心已成功开发出法式冰箱和变温对开门冰箱等领先产品。于1999年在南卡州投资设立的海尔冰箱工厂为制造中心，目前主要生产大型对开门等高端冰箱产品。正是因为这个举措，海尔成为美国家电协会中唯一的一个中国品牌的会员，参与到美国家电行业发展的重大决策流程中，掌握了第一手白电行业发展信息（例如能耗要求和安全要求等）。同时，海尔美国工厂也很大程度上促进了当地的产业链发展。

海尔在美国的社会贡献得到当地认可和称赞。为表彰海尔对南卡投资和对当地发展所做的贡献，开姆顿市所在的Kershaw县政府将2001年的“社区贡献奖”颁发给了海尔；2002年，南卡州政府更授予海尔美国工厂“创造就业奖”，而且为了支持南卡工厂更好更快地发展，南卡州政府还给予海尔美国工厂优惠的工资税返还待遇，该项目被政府认为是贸易带动投资的典范；市政府无偿将市里的一条大路命名为“海尔大道”，这是美国国内第一条以中国企业命名的道路。

巴基斯坦：“海尔—鲁巴经济区”促发展。自1999年初次进入巴基斯坦，海尔已经迅速成长为当地第二家电品牌。2001 年海尔集团与鲁巴集团合资成立海尔巴基斯坦工厂，生产冰箱、家用空调、洗衣机产品。

2006 年，根据巴基斯坦经济发展预期，海尔投资成立了海尔巴基斯坦贸易公司，同年，成立了“海尔—鲁巴经济区”，并由胡锦涛主席揭牌。这是商务部批准的首个中国境外经济贸易合作区，也是巴基斯坦政府批准建设的“巴基斯坦中国经济特区”。

进军欧洲：以高质量赢得消费者青睐。欧洲是世界家电业的发祥地，拥有许多世界一流的家电品牌，海尔冰箱技术就是来自德国。自从 1990 年首次对德国出口冰箱，海尔就吹响了向欧洲家电市场进军的号角。

2001 年，海尔集团并购了意大利迈尼盖蒂冰箱工厂，加之海尔在法国里昂和荷兰阿姆斯特丹的设计中心，在意大利米兰的营销中心，海尔在欧洲真正实现了“三位一体”的本土化经营。海尔不但拥有欧洲的白色家电生产基地，而且具备了参与当地制造商组织并获取信息的条件，从而为实现在欧洲的“三融一创”（即融资、融智、融文化，创世界名牌）奠定了坚实的基础，并借高质量产品、个性化设计和速度优势在欧洲树立起了自己的品牌。

打入世界家电王国，赢得东盟市场。凭借优异的品质和不断的创新，海尔已打入世界家电王国——日本和韩国市场，同时在东盟也取得消费者的青睐。目前海尔在日本、韩国、泰国、马来西亚都已建立起自己的销售机构，同时在泰国也拥有一个面向东盟及中东非市场的生产基地。经过 10 年的发展，海尔品牌逐渐被当地的消费者所接受和喜爱，市场规模不断扩大，市场美誉度也不断提高。

2011 年 10 月 18 日，海尔集团与日本三洋电机株式会社正式就海尔收购三洋电机在日本的洗衣机和家用冰箱业务及其在印度尼西亚、马来西亚、菲律宾和越南的洗衣机、家用冰箱和其他家用电器销售业务签署收购协议，标志着海尔在日本以及东南亚地区将形成两个研发中心、四个制造基地以及六个地域的本土化市场营销架构，必将更好地满足日本和东南亚地区日益增长和变化的消费者需求，实现未来可持续的成长。

海尔海外扩张之关键事件

2006 年，海尔为协助古巴全国实施“能源革命”提供了数百万台家电产品，得到了古巴全国人民的喜爱并为古巴节能革命做出了非常大的贡献。

2009 年 11 月在古巴哈瓦那市国家宾馆举行了“古巴 LED 项目”合作签约仪式。山东省委书记姜异康、中联部拉美局局长康学同、海尔集团高级副总裁周云杰等以及古巴外贸投资部副部长迪亚兹等一起见证了双方的合作。本次签约也意味着中国的 LED 路灯产品第一次以自有品牌出口到国外，这不仅有助于推进海尔 LED 节能路灯在全球市场的应用，也必将推动中国 LED 路灯的产业升级及中国 LED 产品的全球化。

2011 年，中古两方签订合作协议，宣布采用中国数字电视地面传输标准为国家标准，协议中明确规定海尔将作为项目总实施方。该项目成为我国标准首次成功走出国门的标志性事件。中古两国合作备忘录的成功签署，是体现我国信息产业核心竞争力的一个重大标志性成果。此项目也得到了中国发改委的批准和大力支持。

2011 年，古巴总司令卡斯特罗在成功推行使用海尔节能家电革命的基础上，亲自向委内瑞拉总统查韦斯推介海尔节能家电产品。因此，委内瑞拉在全国范围发起了“我的家，装备精良”惠民活动，鼓励民众采购海尔家电产品。

2011 年，尼日利亚政府通过独立选举委员会（INEC），采购选民登记系统，希望采用电子选民登记系统对抗选举舞弊。INEC 在联合国的指导下，面向全球公开就选民登记系统进行招标。海尔凭借优秀的产品解决方案和良好的政府关系成功中标并在 28 天内完成了发运工作，帮助 INEC 准时将选民登记系统投入使用，按时开展了选民登记，获得了 INEC 以及尼日利亚政府的一致好评。

2011 年，在安哥拉，海尔成功和合作伙伴签署全套家电配套协议，并已经成功为首期交房项目配备了包括空调、热水器、冰箱、电视等产品的全套海尔家电，得到了安哥拉总统的认可。

2012 年 3 月，通过不懈地努力，海尔再次与委内瑞拉政府签署了委内瑞拉工业园土建承包合同。

2012 年 8 月，海尔获得商务部“援古巴数字电视设备项目”授标。海尔通过吸引一流的社会化资源，数字电视项目开始顺利执行。

2013 年 6 月，海尔国际商社因跨界整合英特尔等国际资源，提供客户需求与供应资源交互，成功实现客户需求定制化，一举中标阿根廷信息化教育系统项目。

针对以上提到的三步走策略，我们在具体实施过程中也采取了不同的战略方式。在走出去的过程中我们采取了缝隙战略，比方到美国我们推出了学生冰箱，美国很多大学生没有宿舍，是自己租房住的，空间非常非常小。所以我们的冰箱就不仅简单是个冰箱了，而是带有其他功能，如用作小写字台、电脑桌等。美国的家长把儿童的开支分两部分：一部分叫娱乐，一部分叫教育。他们把这个开支算在教育里头，我们因此就打开了市场。所以从表面上看这产品价格不高，但是它不等同于那些没有差异化的低价产品。为什么？低价产品主要打价格战，虽然便宜却也失去了产品形象。但是我们的产品让消费者感到就是为他的需求来开发的。在此基础之上，我们进入了第二步，就是走进去，也就是到主流市场销售主流品牌。第三步是走上去，就是成为当地的高端、主流品牌，现在还有一定的差距，还有很长的路要走。

纵观改革开放和海尔的发展，有两点感悟，第一点发展是硬道理。在这个过程中明确企业的目标很重要，如果目标不高，外部环境再好也没有用。30 年来，改革开放进程不是一步到位的，每个时期给企业创造不同的条件，海尔根据改革开放提供的外部条件，与时俱进地去创造对企业有利的内部环境，这也是企业发展的一个非常重要的因素。第二，没有改革开放就没有海尔。

（作者时任海尔集团董事局主席、首席执行官　范秀琴 / 整理）

第四章

领跑国际，见证崛起

李家祥　**中国民航安全这些年**

“一年购买的飞机相当于过去所有飞机的总和”

《纵横》记者：改革开放之初，老百姓想要坐飞机还不是件很容易的事。而今，坐飞机出行已经太普遍了。这也从一个侧面反映了40年来中国民航发生的天翻地覆的变化。那么请问您，对比1978年和现在，我国民航的发展规模和运输情况究竟差距有多大呢?

李家祥：我举几组数字就一目了然了。

1978年，全国仅有运输机场78个，年乘客吞吐量超过100万人次的机场一个都没有；2017年，全国颁证运输机场达229个，年乘客吞吐量1000万人次以上的机场达到32个，3000万人次以上机场10个。其中首都机场乘客吞吐量全球第二（9579万人次），浦东机场货邮吞吐量全球第三（384万吨）。

1978年，中国民航拥有飞机共508架，其中运输飞机仅有144架；2017年，中国民航机队规模达到5588架，其中运输飞机有3296架。

1978年，中国民航在各种交通运输方式中的占比为1.6%；2017年，中国民航在综合交通中的占比达到28.6%。

1978年，中国民航完成运输总周转量在世界排名第37，在全球占比为0.3%；2005年，中国民航运输总周转量上升至全球第2；至2017年底，中国已经连续13年成为全球第二大航空运输体系，完成运输总周转量在全球占比超过11%。

如你所说，20世纪七八十年代在我国，坐飞机的绝大多数人都得是处级以上干部，还得凭介绍信购票乘机。这是因为当时民航运输能力太低、运输总量上不去，只能优先保证部分人群航空出行。当时大部分民航乘客都是因公出行，所以只能在级别上采取一定的限制。

现在，我国民航运输能力提高了、总量上去了，就不存在这样的问题了。相应地，各民航公司对于购买飞机的需求也加大了。记得我刚到民航局时，仅2007年一年引进的飞机就有300架。我去探望民航局的老局长，他很感慨地对我说："现在你们一年买的飞机就相当于90年代我们国家拥有飞机（指运输飞机）的总和了！"

改革开放以来，我国民航的发展态势是非常迅猛的，周转量和运输总量年均增长幅度分别保持在16%、17%，高于GDP的增幅。目前，民航已经连续十几年盈利了。在我担任民航局长期间，每年全行业利润为300亿—500亿元。严格来讲，这个数字并不算高。但我认为民航业还是属于基础设施建设范畴，直接关系到老百姓的生活质量和生活支出，所以利润不能太高；但是也不能亏损，否则发展就没劲儿了。要把握好度。有一次，中央领导同志问我："家祥同志，市场是公开的，你怎么能控制得住利润？"我说用飞机控制，每年引进飞机的数量要计算一下：如果想要机票价格降下来，多放一架飞机进来就可以了；飞机进来多了就少批几架，市场饱和度提高了，客座率也就提高了。这是可以调控的。而且出于安全考虑，引进飞机的数量必须和安全管控水平能力一致。一个刚成立的小公司如果买太多飞机，能管得了、能驾驭得了吗？人机比例合适不合适，保障能力跟上没跟上？这既是社会效益和经济效益问题，又是安全问题。

2015年，中央领导同志访美前，商务部、国家发改委和外交部等部门商定，我国将采购 200 架美国波音飞机。但在飞行途中，美国已经放出中国将订购 300 架的舆论。于是在飞往西雅图的专机上，中央领导同志问我，我国现在一年引进多少架飞机，以及 300 架的订单是否合理。我问："是一年买 300 架还是几年买 300 架？"回答是 3 年 300 架。我说："那可以答应他们。因为我们光一年就买 300 架飞机，主要就是空客和波音，3 年肯定不止 300 架，还不如送他们一个顺水人情。"随后我拉了一个单子，将每年采购飞机的情况写下来上报给中央领导同志。代表团一到美国就宣布，中国将采购 300 架波音飞机，消息轰动世界。

《纵横》记者：如此看来，与自身相比，中国民航的发展速度是相当惊人的。那么跟世界发达国家相比，中国民航又处于怎样的水平？

李家祥：发达国家一个很重要的标志就是航空，目前我国交通体系的短板也仍然在航空。举例来说，2011 年福岛核泄漏事件爆发时，国务院让民航局做大面积泄漏情况下的撤侨预案。我国在日侨民足有 70 万人，怎么撤？我们作了一个规划，机场从黑龙江一直排到福建厦门，包括到日本有多少机场，我们的飞机怎么往那儿派，用什么样的飞机，等等。我计算了一下，全部撤侨完毕也就不到三天时间。我把数字摆出来，中央领导同志一看："这么厉害？"我说，就是这么厉害。

但就在这时，我发现日本可用的机场足有 128 个。日本国土面积只相当于我国的一个省，而我国面积最大的两个地区，新疆维吾尔自治区与内蒙古自治区的机场都还没有达到 30 个。就连福岛旁边的一个"町"（相当于一个乡），也有一个年吞吐量 18 万人次的机场。美国则更不用说了，足有 19700 多个机场，我国一共才有 229 个。当然我国有自己的国情，不可能一下子建那么多，但按我的想法，至少平均每个地级市要有一个机场，这样一共有 333 个。之后再将辐射量大的中心县配套通用机场，这样算下来有 1500—2000 个。我认为这个数量还是应该要有的。

“不沿海，不靠边，改革开放上蓝天”

《纵横》记者：谈到这点，有人曾提出质疑说，一个县有必要建机场吗？这反映出来的深层次问题是，人们对于民航在国家发展中的战略地位及作用并不清楚。能否请您针对这个问题简要谈谈？

李家祥：有人认为民航就是用飞机拉拉人拉拉货，实际上并非如此，民航带动的是金融、旅游、商贸、物流、信息、科技等一系列产业的发展。比方说，如果航空不发达，金融是做不起来的。世界上的金融中心首先是空运中心，最典型的就是德国。它的金融中心不在柏林，也不在慕尼黑，而是在航运中心法兰克福。

再比方说，好多人没注意到，现在河南省的经济总量已经占到了全国第五位。河南能发展这么好，一个很重要的原因就是在郑州搞了一个临空经济区，用民航来带动发展。2008年，时任河南省主要领导找我说：“我们河南不沿海不靠边，想要发展怎么办？”我当时说了一句话：“不沿海，不靠边，改革开放上蓝天。”建议他们往天上规划，以航空作为抓手，带动整个经济产业的转型。最初这个经济区只规划了160多平方公里，我说太小了，他们就一下子规划到了400多平方公里。现在，全世界接近1/7的手机都是在郑州生产的，那里成为整个中原地区产业布局的中心，而且连通世界。

还有，此前在看到新疆维吾尔自治区的交通运输规划时，我说，新疆地广人稀，不适宜大规模发展高速公路、高铁，成本太高，而且对生态环境的影响很严重。修建一条3000米的高速公路或者高铁可能起不到什么作用，但修一条3000米的飞机跑道就把这里与世界连上了。要修什么样的机场呢？有条件的话就修运输机场，没条件就修通用机场。一个县至少一个，这样算下来需要规划105个机场。

“保证安全第一”

《纵横》记者： 21 世纪以来，民航一跃成为国家重要的战略产业，民航工作尤其是航空安全更加受到党中央、国务院的高度重视。为什么说安全是民航的生命，也是民航发展的重要条件和基础？

李家祥： 由于飞机有其特殊性，一旦失事就是群死群伤，因而安全是民航发展的重中之重。中央领导同志历来高度重视民航安全工作。1957 年，周恩来总理就民航工作作出了“保证安全第一，改善服务工作，争取飞行正常”的重要批示。这一批示突出了航空安全的极端重要性，将安全、服务和正常工作有机联系起来，科学概括了民航工作的特点，成为中国民航工作的指导思想。党的十八大召开后，习近平总书记在批示中专门强调，“航空运输安全事关国家安全、国家战略”，要求民航系统一定要“盯紧、盯住”航空安全。2015 年，习总书记再次强调：“民航业是重要的战略产业，要始终坚持安全第一。”这些都充分表明，在当前国内外形势下，党中央是把航空安全作为国家战略和国家安全的重要组成部分来统筹考虑的。

《纵横》记者： 一般来讲民航安全都包括哪些内容，受到哪些因素影响制约？

李家祥： 民航安全一般包括飞行安全和空防安全。飞行安全又分为运输航空飞行安全和通用航空飞行安全。民航运输航空飞行安全是指搭载乘客或货物的民航运输飞机从发动机启动、地面滑行、起飞、空中巡航、下降、地面滑行至发动机关车整个过程中民用航空器和乘客生命财产的安全。

制约民航运输航空飞行安全的因素很多，主要包括人、机、环、管等因素。其中，“人”是指包括飞行、维修等专业技术人员，他们的资质能力是保证飞行安全的关键因素；“机”是指飞机，即飞机是不是处于适航状态；“环”是指飞行活动面临的客观环境和保障环境，前者如雨雪、大风、雷电、冰冻等恶劣天气以及鸟类活动影响飞行安全，后者如机场的安全保障设施设备情况、机场净空环境，等等；“管”是指航空公司、机场、空管等民航主要生产运行单位的安全管理，以及民航行政管理部门的安全监管。

飞行安全是个系统工程。只要从业人员资质能力符合规定、飞机处于适航状态、环境符合运行要求管理科学有效，人—机—环—管形成良性循环，飞行安全就能够保证。

《纵横》记者：中国民航蓬勃发展的过程，也是安全管理工作一步一步走向成熟的过程。请问其间经历了怎样的发展变化？

李家祥：中国民航安全管理工作一共经历了三个历史阶段。

第一阶段是摸索管理。新中国民航基础差、底子薄，各项工作都是“摸着石头过河”“走着瞧”，安全管理也是如此。当时说是民航，实际上是在空军的体制里，民航人中有好多都是有军籍的，民航兵也按照军人的标准进行招募和管理。

在这一阶段，全行业提出了“飞飞整整，整整飞飞”的理念，飞着飞着出事故了，就进行飞行整顿，然后再飞；强调“人盯人”的管理模式，要求领导者具有不怕“跑断腿、磨破嘴”的精神。并且，一个单位出了事故，其他单位都要开展整顿，也就是大家常讲的“一人感冒，大家吃药”。其间，实践是第一位的，叫“干中学，学中干”。当然，此时也十分注重总结安全管理经验，并相继颁布了《中国民用航空飞行条例》等不少规章制度。在当时的环境和条件下，这些工作方法和规章制度为保证航空安全起到了积极作用。

第二阶段是经验管理。1978 年 12 月，党的十一届三中全会召开，我国进入了改革开放和社会主义现代化建设的新时期，我国民航业随之进入了新的发展阶段。这一阶段，安全管理以行政管理为主，尤其强调安全管理经验的总结和推广。民航总结出了一些颇具影响的安全工作经验，有些经验的基本精神、基本原则至今还具有生命力。譬如 1992 年提出的“八该一反对”（即在飞行过程中要坚持该复飞的复飞、该穿云的穿云、该返航的返航、该备降的备降、该绕飞的绕飞、该等待的等待、该提醒的提醒、该动手的动手；反对盲目蛮干），经过十多年的锤炼、检验，依然具有一定的警示和指导作用。再如 1994 年民航提出“四不放过”

（即在处理飞机事故或事故征候时，必须坚持未查明原因不放过、未分清责任不放过、未采取措施不放过、未严肃处理不放过），这一提法被广泛认同，并且成为国家在处理安全生产事故时的一项重要原则。但是，这些提法也有缺陷：由于不够量化，没有明确的尺度和把握标准，因而可操作性不够强。你说该复飞复飞，什么情况下该复飞，什么情况下不该复飞，很难掌握。就像菜谱上一讲到应放多少调料时总是告诉你，什么什么少许、什么什么少许，少许是多少？也很难掌握，最后菜炒得怎样，只能靠厨师的经验了。

第三阶段是规章管理。1995 年 10 月 30 日，第八届全国人民代表大会常务委员会第十六次会议通过《中华人民共和国民用航空法》，标志着民航安全工作进入了规章管理阶段。目前我们所处的规章管理阶段的特点，具体体现在三个方面：一是安全立法步伐加快，法律法规体系不断健全。以《安全生产法》和《民用航空法》为基础，借鉴国外民航发达国家经验，结合我国民航发展实际，民航局相继出台了一系列规章、标准以及规范性文件，建立起比较完备的民航安全生产法律法规体系。二是民航企事业单位重视法制教育，细化安全法规、规章标准，完善各类飞行和运行手册，加强安全生产自查，落实安全生产主体责任，依法依规进行生产，安全生产基础不断加强。三是政府监管部门强化依法行政意识，落实安全监管责任，改进监管手段，加大安全监管力度，行业安全监管能力和水平持续提高。

目前，我国民航有 140 部法规规章，其中有关安全生产的法规规章 91 部，规定非常详细。比如，过去讲“该备降备降”，飞行员只凭自己进行目测，现在不同的机场都制定了不同的标准，什么情况下需要备降，是能见度 800 米、500 米还是 300 米，都有明确的规定。

《纵横》记者：截至目前，我国民航运输航空连续八年保证飞行安全。这意味着目前我国民航安全水平在世界上处于怎样的地位？这得益于哪几方面因素？

李家祥：改革开放尤其是进入新世纪以来，我国全行业安全水平提高很快，目前已接近世界航空发达国家的水平。根据统计，1978—1987 年我国民航运输飞行每百万飞行小时的重大事故率是 4.37，1988—1997 年该数据降至 2.11，1998—2007 年又降低到 0.23，而同期世界平均水平为 0.33。党的十八大以来，民航行业取得了运输航空百万小时重大事故率和亿客公里死亡人数双双为“零”的优异成绩，行业安全水平稳居世界前列。尤为令人鼓舞的是，2017 年全球购买民航航班出行人员没有发生一起死亡事故，这是人类历史上的首次。目前在各种交通方式中，最安全的就是飞机了。

我认为，近些年行业安全形势较好，主要得益于以下几方面：

一是员工素质明显提高。近年来，民航教育和培训工作成效显著，飞行、机务、空管、签派等专业技术人员和安全管理人员综合素质明显提高，尤其是英语水平有很大提高。目前，许多驾驶员的英语水平基本达到国际民航组织（ICAO）四级水平，有的还达到五级，多数国际航线上已取消了报务员。

为什么要强调从业人员的英语水平呢？可能很多人不知道，在我国境内飞行的民航，除了某些边远地区的支线机场因没有国际航班、有时可以使用汉语进行通话之外，其他地区尤其是北京、上海、广州的航线，飞行员之间、飞行员与塔台之间的通话必须使用英语。这是因为现在每天在我国领空由民航塔台统一指挥的飞机有 15000—20000 架，其中大约有 2000 架是外国的飞机。讲汉语外国人听不懂，反之中国的飞机也要往国外飞，所以通话用英语，飞行员能听懂彼此的相对位置，有利于安全。况且，飞机上的安全语音警告也都是讲英语，如果飞行员操作错了但听不懂警告就糟了。过去就曾因此而发生过安全事故。1993 年，一架飞机在乌鲁木齐机场着陆时场外接地，12 人遇难。事故原因是机组调错高度表，驾驶舱发出语音警报“Pull up，pull up”（拉起来，拉起来，意思是不能降落）后，机长听不懂，问副驾驶这是什么意思，副驾驶也不懂，只说了句“嗯，恐怕不是好事情”，结果错过了复飞时机。如果当时听懂了，拉起来不要降落，可能事故就避免了。

二是飞机性能明显改进。在 20 世纪末，我们果断淘汰了一些落后的苏制机型，先进的欧美飞机如今已成为我们的主流机型。大量新技术的采用提升了航空器的自动化程度和可靠性，现在许多新型飞机不但具有自动驾驶功能，而且具有智能化的防错纠错和告警功能。1994 年，一架飞机在西安起飞后空中爆炸解体，机上 160 人全部遇难，就是因为机务维修人员将倾斜阻尼插头和航向阻尼插头插反了。现在在设计上，不同的插头采用了不同的插孔，已经从源头上杜绝了此类失误的发生。

三是基础设施明显改善。这些年，民航基础设施的建设步伐加快，机场和空管的设施设备得到很大改善。机场普遍安装了仪表着陆系统（盲降系统），地形复杂的机场可以使用采用卫星技术的所需导航性能（RNP），行业总体飞行保障能力显著提高。比如，拉萨贡嘎机场在过去是不能飞夜航的。它在一个山沟里，两边都是高山，过去起降主要靠目测，非常受限，夜间及阴天下雨就不好飞了。现在则是全天候都可以飞。一次我陪一位中央领导同志进西藏，两边都是云，什么也看不清楚，他说："家祥同志，都看不清山你也敢让飞？"我说，因为飞机上设置了精密导航系统，误差只有 1 米。跑道的宽度为 45—60 米，1 米的误差是飞不出跑道的，但已经会发出警告了。我带他去驾驶舱看，屏幕中间有个飞行极限，稍微一偏就有提醒，完全由电脑控制，跟汽车导航一样。在国内，该系统最早是由国航投入使用的。当时我在国航当总裁，装一台这样的设备需要 600 万美元，我认为就算这样也非常值得。我到民航局后，要求凡是飞复杂机场、高原机场的飞机都必须配备该系统，若没这个能力就别飞这条航线。

四是规章标准日臻完善。有些规章标准已与国际民航组织和航空发达国家的规章标准接轨。民航企业自觉依法生产，政府部门严格依法监管，行业运行日趋规范。

五是安全管理和安全监管力度明显加大。政企分开以来，企事业单位作为安全生产与安全管理的主体地位清晰，企事业单位的领导集中精力关注安全工作，完善安全制度，加大安全投入，加强安全培训，安全管理工作进一步到位，安全品质不断提升。行政部门创新安全监管手段，开展安全审计和安保审计，推进安全管理体系建设，督促企业改进安全管理。加大依法监管力度，依法依规处罚安全违规行为，维护和保持了良好的行业运行秩序。2008 年，行业行政部门相继对违反安全规章的航空公司、飞行人员实施了暂停航线经营权、削减飞行总量、罚款、停业整顿以及停飞、取消型别等级的行政处罚，维护了法律的权威，规范了安全生产秩序，取得了良好的效果。

“民航这碗饭不能这么吃”

《纵横》记者：您曾谈到，航空安全在您心目中始终占有特殊地位，如何确保航空安全始终是您思考最多、倾注精力最多、下功夫最多的一项工作。听说为此您在全行业做了不少“大动作”，甚至很多时候都很不留情面？

李家祥：确保民航安全，扭转全行业的安全理念是非常重要的一步。担任民航局领导期间，我提出了三条民航发展战略：第一是安全战略，安全要把好；第二是国际化战略，民航要走向国际，而不是在家门口乱转的；第三是大众化战略，要让大众坐上飞机。服务要有质量，作为民航来说首先是安全。2007 年中央提出科学发展观，我到民航局后提的就是安全发展。有人提出异议，说中央提的是科学发展，怎么到你这儿变成安全发展了？我说安全发展就是科学发展的体现。为此我还专门写了文章，登在了《人民日报》上，并向中央领导同志汇报，中央领导同志也非常支持我的观点。

过去提到民航安全，动不动就提“安全周”“安全月”“安全年”，而我认为，民航安全是永无止境的，不能说只保证一周、只保证一个月，也不能说只保证一年，民航要的是持续的、连续不断的安全。并且，我还把安全评比、安全奖金等全部取消。做的工作超越了职责的贡献这叫奖，但安全是你的职责，做好了是应该的，就不能再奖了。

作为国务院安全生产委员会成员，我还经常提出别再搞“安全大检查”了。所谓安全大检查，我把它归结为几句话：“招招手，挥挥手，握握手，转身走，走了以后事故有。”最典型的事例是某年某地一条地下油气管道爆炸，事故原因是地下管道老化。问题是事故前一天安全大检查组才刚从地面走过，但地下管道怎么能看得到？如果用的是规章管理办法，规定好管道设计能力多少年，输送油料多少年该更换，到了时间换掉就不会出问题了。现在民航对飞机的维护就是靠规章制度。假如一个飞行零件的使用时限为十个小时，到了时限这个零件再好也得抽掉，换上新的。整个飞机上的零件，什么时候装的、用了多长时间、什么时候该换，都由电脑精密管理着，如果不更换还会发出警告。

当然，安全检查还是得做，但是内容方式一定要结合民航的实际。我重点只查两条：标准规章全不全、清楚不清楚，员工资质够不够。不全让他补全，不够让他考够。飞行员毕竟是个熟练工种，不是从学校毕业后马上就可以开飞机的。通常只能先从副驾驶做起，要磨上好几年，飞不同型号，从小飞机再到大飞机，飞到一定程度才能当上机长。记得我发的第一个民航局长令就是规定中国民用航空机长资质，共 12 条，以此标准彻查全国民航公司的机长。“三鹿奶粉”事件爆发后，我问：“民航有没有‘三鹿奶粉’？”意思是有没有假的东西，民航最怕的就是人员资质造假。最终我们查出 192 名资质不全、资质不够的机长，经历是假的、学历是假的、能力是假的。我们还查到一个批发造假、输送虚假资质人才的航校，当即予以取缔。192 名资质不全、资质不够的机长是什么概念？一个机长一天要飞 3—4 个航班、3—4 个架次，这意味着每天天上有 600—800 个架次的飞机，是由不合格的机长驾驶的。听到这个消息你能不害怕吗？查明后我们立即把这批人从机长位置拿了下来，年龄大的取消资质，年轻的还有余地，去回炉、去培训，考上了资质重新登记。这其中有一部分是军队转业来的，还有人打电话找我：“你得给他们碗饭吃。”“给碗饭吃”可以，但这碗饭绝对不能这么吃。此后，我们仍持续不断地抓资质，从飞行员到维修、空管等人员，最后甚至延伸到教员及技术性领导。

在我这里，凡是威胁民航安全的，绝对都不能通融。比如，民航有标准，机场周围的楼房高度不能超过多少米。结果地方上机场附近还是会有超高建筑物。怎么办？一般情况下只能与地方交涉，请其根据相关规定将超出的部分拆掉。对于不配合、不肯拆的，我只能唱“黑脸”了：一你拆，二我停。不拆的话你那个城市我全停航。一个城市怎么能没有航班呢？停航没几天就慌了，立刻就把违规建筑层给拆掉了。

《纵横》记者：据说目前我国民航安全管理工作中还有好些是走在国际前列的。您能举例讲讲吗？

李家祥：我国有好些规章标准是领先于国际的。比如2014年马航MH370事件后，国际民航组织规定，无论何种条件下，驾驶室都不能只留机长一个人。而中国民航早在三年前就有这项规定了。还有一年德国某航空公司一个飞行员想自杀，就驾驶飞机将其坠毁到了阿尔卑斯山。于是，国际民航组织要求要掌握飞行员的身体心理健康状态。这点我们也做得比较超前。

还有，我国的航空运控水平也是比较高的。我到美国联邦航空局运控中心参观后，于2009年在我国的民航局大楼里建了一个运控中心，比美国的功能还要全面、先进。在这里，全国民航每一架飞机，不论在境内还是境外飞行，都能看得到、指挥得到。对于全国各地主要机场，这里也是可以实时看到的。高峰的时候，中心有七八十人值班，最少也有十几个人。他们都是各个航空公司选拔出来的优秀人才，是飞行、机务、机场、运控等方方面面的专家，有着丰富的经验。一架飞机出现毛病了，公司还不知道呢，这儿就知道了，由专家组实时指导飞行员应该怎么办。曾经在太原有一架飞机在飞行状态中姿态突然变得不正常，飞行员没有经验，不知道怎么处理，报告运控中心后，专家组对他说：“你把手动放开，让它自动驾驶。”飞行员依照专家的建议去做，不一会儿飞机就正常了。这就是运控的作用。

我曾对民航局运控中心人员讲，运控运控，控的就是风险，就是发现风险、消除风险。运营控制非常重要：天气条件如何，能不能放行；飞机上的配载合理不合理，等等。举个例子来说，为什么飞机上不让乘客换座位？乘客座位的设置是根据其数量进行合理调配的。满员的时候基本是平衡的，没有满员的时候，假如乘客任意调换座位，飞机的重心会产生变化，这就为飞行员的操控带来困难，也影响飞行安全。再比如，航油和航线的匹配问题。油加多了成本就提高了，加少了油可能不够。油量富余到什么程度是比较合适的？不能说航线飞三个小时就加三个小时的油，中途如果需要迫降、需要转场、需要盘旋停留，没油了怎么办？曾经出现过这类情况。有一年从美国回来一架飞机，北京机场能见度不够无法降落，塔台建议其备降到呼和浩特最近的机场，结果飞行员报告说油料不够。这就是运控没有做好。最后把跑道仔细地检查一遍，做到万无一失之后，飞机盲降，开启自动驾驶模式自动降落。

我向各个航空公司“下达任务”说，到运控中心值班的专家要定期来，人员可以轮换，但是必须保持数量。重点是指挥监控自家航空公司的飞机，同时又有协同，就像集体会诊一样，大家彼此协助。每天上午 9 点，运控中心值班领导会对全天飞行特点提出总体要求，下午 4 点又针对全天情况作出讲评，有哪些注意的问题，各个公司怎么把握，等等。此外，各个航空公司也必须做好各自运控工作，以此来保证飞行安全。

《纵横》记者：以上您谈到的多为民航系统内部的管理。而与乘客最直接最密切相关而又涉及民航安全的，则是机场安检以及空中使用手机等问题。此前，恰恰有这方面的新闻引起社会广泛关注：一个是北京首都机场某位女士声称自己是外籍人士，拒绝接受安检。另一个是东航、海航等航空公司宣布可以在空中使用手机。您能谈谈这两项工作对于民航安全的意义吗？

李家祥：机场安检发挥的是空防安全地面关键核心作用，目的是不让危险物、爆炸物上飞机。一般来说，劫机人员如果没办法将危险物品带上飞机，劫机就几乎不会成功。所以安检还是不能掉以轻心。对于机场安检工作，国内有一部分乘客往往不理解、不耐烦甚至不配合。但实际上机场安检是世界上的通用做法，即便在国外也都是司空见惯的。

20 世纪六七十年代，国际上劫机犯罪活动频发，迫使世界各国采取必要的安全保卫措施来防范非法干扰行为的发生，民航安检应运而生。1992 年之前，民航飞机的安全检查工作由武警部队全面负责。1991 年 11 月，为适应中国民航运输生产快速增长发展需求，进一步理顺民航机场安全管理关系，国务院研究确定“民航机场的安全检查由公安移交民航，不搞试点，一步到位”的总体原则。1992 年 10 月，民航完成了全部 78 个民航机场安检的接收，正式全面接管民航安全检查工作。目前，中国民航安检人员由 1992 年移交时的 1500 名发展为 3.8 万余人（2001 年“9·11”事件发生之后，我国民航又在飞机上安排了空警，现在大概有 2000 多人）。

2011 年 8 月 7 日，新疆乌鲁木齐机场成功粉碎一起劫机预谋。一名男性乘客架着双拐进入安检通道，在检查过程中以自己无法站立为由拒绝松开拐杖，安检员坚持对拐杖进行了检查，发现里面藏匿管制刀具 3 把。经调查，该乘客企图携带刀具对民航飞机实施劫机，其腿部并没有严重受伤的现象。

近年来，民航安检的科技支撑力不断加强，我们与欧美发达国家安检科技水平基本保持了同步，使用了包括 X 射线设备、爆炸物探测设备、安全门等各国正在普遍使用的安检设备，灵敏度非常高。曾经有一名乘客的确没有携带爆炸物，但无论怎么检查，设备都提示他身上有。安检人员将其带到一边，问他最近是不是接触过炸药，这名乘客说三天前他参加一个婚礼并放过鞭炮，现在身上穿的还是参加婚礼的那身衣服。这下子真相大白了：原来探测器提示的就是他衣服上附着的鞭炮炸药。

以往在国际上民航航班上，乘客都不能使用手机，主要是容易产生对通信、飞行仪表等方面的干扰。早期我国没有搞清楚手机具体会影响到飞行安全的哪些方面，因而只能从严。后来发现根源后采取措施，利用设备屏蔽信号将风险规避掉就可以了。我担任民航局长的时候已经开始做试验了，后来这两年条件逐渐比较成熟。我想，以后在这方面中国民航都将逐步放开。值得注意的是，一般不允许乘客使用飞机上的电源为电子设备充电。飞机上的电主要供飞机使用，如果乘客充电，供电就发生了变化，尽管乘客察觉不到，但驾驶舱的仪表会有反应。因此，涉及民航安全的方方面面，暂时不清楚的还是要从严，不能盲目地放开。

总而言之，在民航人心中，“安全第一”不可动摇，实现持续安全是神圣崇高的目标追求。我相信，经过胸怀强国梦想的民航人的拼搏奉献，团结奋斗，中国民航的安全记录会更加出彩，中国民航的明天会更加美好。

（口述者时任中国民用航空局局长　于洋 / 采访整理）

徐芑南　见证中国载人深潜从600米到11000米的巨大跨越

海洋的总面积是3.6亿平方公里，占地球表面的71%。它与人类的生存息息相关，与国家兴衰紧密相连。进入21世纪，海洋在国际政治、经济、军事、外交舞台上的地位更加凸显。党的十八大作出了建设海洋强国的重大部署，习近平总书记强调，要进一步关心海洋、认识海洋、经略海洋，推动我国海洋强国建设不断取得新成就，尤其在2016年的科技大会上指出："深海蕴藏着地球上远未认知和开发的宝藏，但要得到这些宝藏，就必须在深海进入、深海探测、深海开发方面掌握关键技术。"

没有深海探测装备只能望洋兴叹

认识地球是人类的共同目标。深海大洋作为地球内层空间，是人们认知地球的一个重要领域，并且蕴藏有丰富的可持续发展战略资源。如：在500—1500米深的海底蕴藏着大量天然气水合物，也就是可燃冰，其有机碳的总储能是陆地上煤、石油、天然气总和的两倍，可供人类使用1000年；地球上有开发远景的石油、天然气，40%是在深度大于3000米的海底；在800—3000米深的海山上有富钴结壳矿，储量是陆地上的几十倍；在 500—3500 米深的海底有硫化物矿，含金量达每吨 29 克，是陆地上一般可采金矿每吨含金量的 60 倍；在 4000—6000 米深的海盆上有锰结核矿，储量是陆地的几百倍；在 3500—6000 米深的海底沉积软泥中含有稀土矿，储量是陆地的 800 倍。此外，深海中各种深度处都有不同种类的生物，有不需要阳光的、不怕毒的、不怕高温的、不怕高压的，等等，生物基因种类是陆地的 3 倍，是地球上最大的基因库，经济价值巨大。

我国陆地人均矿产资源储量只有世界人均水平的 1/2，特别是锰、铜、镍、钴等战略金属资源就更少了。由于工业发展的需要，我国对以上战略金属资源的进口量占 50% 以上，其中镍更高。这对国家经济和战略安全来说，存在一定的隐患。因此，向深海大洋要矿是一项重大战略决策，提高深海资源开发能力是推进海洋强国建设和实施国家深海发展战略的第一项任务。

探测、开发深海资源，需要具备一定的技术条件。世界上真正能够到深海去的载人深潜装备于 1960 年面世。美国科学家乘坐法国制造的“的里雅斯特号”深海潜水器，首次成功下潜到 10000 多米深的马里亚纳海沟沟底，仅停留了 20 分钟。1976 年，我国国家海洋局组织调查船到赤道附近的太平洋海域作海底探查，这标志着我国海洋探测的起步。当时的手段非常简单：从海洋调查船上将抓斗投入海底抓取样品，通过水声信号或自定信号令其浮回海面，科研人员再来分析样品的具体成分。抓斗很容易被海水冲走，投下十个能收回五六个就不错了，再加上无法知晓海底的具体情况，只能在大概的方位投下抓斗，有时什么都抓不上来，只能换地方继续投放，效率很低。

20 世纪七八十年代起，随着工业化的高速发展，陆地上的矿产资源大大减少，苏联、法国、日本、欧盟、美国等海洋大国及国际组织，相继制定了海洋科技开发的规划。据 1982 年《联合国海洋法公约》规定，除沿海国家 12 海里的领海和 200 海里的专属经济区外，其余占地球表面 49% 的海域，属国际海域，由国际海底管理局管辖，这部分海底资源是人类共同的财产。国际海域大部分水深达 1000 米以上，要想获得海底资源，先要进入海底进行探测，然后向国际海底管理局提出申请，经批准后方可进行详细勘探。然而，如果没有能进入到深海的探测装备，就只能望洋兴叹。因此，1982 年后，国际上迅速地研制出了一批 6000 米级无人、载人潜水器，特别是美国、苏联、法国、日本等国家相继研制出阿尔文号、和平号、鹦鹉螺号、深海 6500 号等载人潜水器，在深海资源探测和科学研究中发挥了不可替代的作用。

1990 年，我国成立了中国大洋矿产资源研究开发协会（简称“大洋协会”）。次年 3 月 5 日，经联合国批准，大洋协会在国际海底管理局和国际海洋法法庭筹备委员会登记注册，成为国际海底开发先驱者，在太平洋中部海底区域分配到 15 万平方公里的锰结核矿产资源开辟区。同时，我国对西北太平洋的钴结壳矿区、西南印度洋的多金属硫化物矿区的勘探申请准备工作也在紧锣密鼓地进行。

因此，深海探测装备研制工作势在必行。20 世纪 90 年代初，科技部相继下达了 1000 米和 6000 米的无人无缆自治水下机器人的研发任务，中国科学院沈阳自动化研究所作为技术责任单位、大洋协会为最终用户，最终目的是为了实现达到水深 5300 米的太平洋锰结核矿区。我们攻克了不少技术难关，如要克服 6000 米巨大的水压，这要考虑结构上怎么设计更为可靠，此外还有水下机动、避障、路径规划、目标识别等关键技术。

与此同时，美国、俄罗斯、日本、法国充分发挥了载人潜水器直接观察、直接取样、直接测绘的功能。与无人潜水器相比，其从海底带回来的图像资料、采集样本更清晰、更丰富，更容易得到国际海底管理局的认可，优势非常突出。可见，我国要想申请到更多的勘探矿区，没有载人潜水器是非常不利的。

考虑到载人深潜技术是海洋开发的前沿与制高点，从 1992 年开始，以中船重工第七〇二研究所为主，我们向科技部呼吁，希望在研制无人潜水器的同时，把载人潜水器的工作也能开展起来。中国船舶工业总公司连续两次在七〇二所组织船舶、控制、材料、医学等海洋开发领域的专家，探讨载人潜水器研制的必要性和初步方案的可行性并向科技部提出立项申请。科技部考虑到当时我国整体技术储备还不充分，因此没有立刻批准项目上马。

但我们没有止步，一直在推动载人潜水器的研制工作，每年都不断地为载人方案作补充、完善，向科技部汇报。2000 年，大洋协会在北京召开深海运载技术需求的论证会。2001 年 1 月，中国工程院在北京组织有关专家及大洋协会领导召开座谈会，统一了对开展载人潜水器研发工作的认识，探讨了我国发展的方略。大家认为，我国已经成功研制出 1000 米、6000 米自治水下机器人，结合先期研制成功的 600 米载人潜水器的使用经验，我国已积累了研制载人深潜技术所必需的技术储备，在全国范围内也初步形成了一支强强组合的深潜技术研发团队。由此，我们基本具备了研制 7000 米载人潜水器的能力，不必再走国外研发工作中一定要进入中间深度的研制老路——即先研制出 2000—3000 米的载人潜水器，然后再开始研制 6000—6500 米的载人潜水器。这一论证结果得到了时任中国工程院院长宋健的大力支持。在大洋协会的积极推动下，2002 年 6 月，科技部批准将 7000 米载人潜水器（即后来的“蛟龙号”）研制项目列入 863 计划、“十五”重大科技专项正式启动，中船重工第七〇二研究所、大洋协会、中科院沈阳自动化所、中科院声学所、中船重工第七〇一研究所等 1100 余家科研机构和企业联合攻关。我有幸担任了该项目的总设计师。

从 600 米到 7000 米的巨大跨越

我国对载人潜水器的研制起始于 20 世纪 70 年代，最大工作深度仅 600 米。现在要实现 7000 米的跨越，就面临着四个方面的技术难点。

一是“深”。业内将 7000 米叫做超大潜深，这样的深度为载人潜水器全系统的安全性设计带来了极大的挑战。潜水器上的载人舱以及所有设备都要承受 7000 米深度的水压力，尤其是内径仅 2.1 米的钛合金耐压舱球壳，其外表面所承受水压力的总和，相当于 14 座巴黎埃菲尔铁塔的总重量。当时对球壳的耐压、密封等方面的安全性设计，国内外都没有直接可用的标准与规范，完全要靠我们自己制订。再者，因为是载人潜水器，我们还必须采取一系列安全保障措施，确保科研人员乘坐时在任何情况下都能安全上浮。

二是“准”。在7000米的海底，水流很复杂，水温仅有1℃—2℃，且黑暗无光。深海地形也很复杂，有洋中脊、海山、海沟等，越是复杂的地形流场也越复杂，要实现潜水器精准操控、精确定位，特别是针对小目标进行动态悬停的精细作业，难度非常高。

三是“通”。在复杂水文环境下，高速率远程的水声通信难度很大。空气中的通信主要依靠电磁波，但电磁波在水中的穿透性太差，而光波在水中传输的距离也很有限，因此水声通信是唯一手段。7000米载人潜水器要求通信距离达到8000米，从海面到深海这么远的距离，存在着密度、温度的分层和多变的流层，声波在传输过程中容易发生折射、反射、频移的变化，导致信号发生严重的畸变。

四是“新”。我国从来没有搞过这么大潜深的载人潜水器，其试验、应用，以及潜航员的培训等体系都是前所未有的，全都需要我们科研人员进行自行摸索、自主创新。

这种情况下，我国的载人潜水器要一下子实现从600米到7000米的跨越式发展，怎么办呢？我们也不能等也不能靠，没有条件就创造条件，没有经验可以积累经验。最终，我们通过对理念、技术、模式、人才等四个方面的创新驱动来攻克难关。

关于理念的创新，我们提出：第一要实用，这是主线；第二要安全，这是底线。我要求团队的每一位同志，无论设计、安装还是试验，随时都要考虑这两点。搞出来不能用不行，不安全再好用也不行。围绕这两点，我们提出四项设计准则：整体性能跟作业要求要一体化，技术先进性跟工程实用性要统一，功能模块化要和结构分块化相结合，以及多层面的安全保障要以人为本。

其中，怎么处理技术先进性与工程实用性之间的关系，有时是比较难以抉择的。这也是我作为总设计师必须要考虑的问题。但我们要研发的不是原理样机，而是工程产品，因此必须将实用、可靠放在第一位。所以，并不是每一项技术都要先进，更不能为了先进而先进。举例来说，蓄电池动力源是蛟龙号核心关键技术之一。2002 年立项时有两种技术可以选择。一种是锂电池，湿存放时间较长，充放电次数也较多，能节省经费，但在当时工程应用成熟度还是不够的，时常发生燃烧事故，特别是对深海装备来说，更没有应用经验，先进是先进，可安全性不够。另一种是银锌蓄电池，价格高，湿存放时间很短，充放电次数较少，但优点是它在深海环境下的可靠性得到了试验的验证，并在 6000 米自治水下机器人上就得到了应用考验，但是还需在充油、耐压方面攻关。经过慎重的考虑，我们选定将银锌蓄电池作为主攻目标，最后实现了稳定安全可靠的供电。

关于技术的创新，我们贯彻了丰富继承、重点突破、集成创新、整体跨越的设计思想，制定了自行设计、自主集成、独立完成海上试验的研制路线。我们继承发展了国内无人、载人潜水器的相关技术，但自行设计并不代表关起门来搞，也吸收消化了可获得的国外先进技术，并且组织国内相关优势单位强强联合，充分发挥七〇二所、中国科学院沈阳自动化所、中国科学院声学所等专业科研力量和实验设备群体的优势来协同创新，实现跨越发展。

我们是通过扎实的理论分析和充分的实践检验来实现关键技术攻关的，先后进行了 15 项水动力性能、结构强度、密封等模型试验，16 项样机功能考核，以及两项操纵性的仿真平台的模拟分析，特别是 98 次潜浮压载、应急释放装置验证考核来确保 100% 的安全下潜成功，27 项压力筒中 71 兆帕下所有分系统功能的运行考核、53 次水池试验验证了蛟龙号在水下、水面全部的性能和功能，尤其是 51 次海上试验，我们从 1000 米、3000 米、5000 米、7000 米四个阶段逐步加深，一边试验，一边改进，一边应用，最后在 7062 米深度下全面实现了项目所要求的性能和作业能力。

关于模式的创新，我们提出边研制、建造实验设备，边形成方法、标准和体系，强调同步支撑能力的培育，并非等到条件完全具备了才动手，并在顶层设计中进行了充分考虑。虽然蛟龙号的设计都是我们自己搞的，但设备与零部件加工则不尽然。第一种是我们自主建造的，这占大部分，如动力源、生命支持、耐压罐、潜浮抛载、应急释放、水声通信、自动控制等方面的设备。第二种是成熟产品，在国际市场上可以买到。对此我们采取引进、消化再创新的方式，研制任务完成后同步实现自主研发的能力。如水下推力器，我们先是买了美国制造的产品，但它噪声很大，水声通信容易受到干扰，就像如果房间里有人在大声唱歌，你讲话谁都听不到。所以，我们引进之后，在消化的基础上进行自主创新，到 2012 年，自主研发的推力器在使用条件下的噪声要比美国的低 20 分贝，这是项很大的改进，使得蛟龙号水声通信的先进性能得到充分的保障。第三种是委托加工。如制造载人耐压球舱的材料，要求钛合金板厚度达到 104mm，经过冲压、焊接、机加工后壳厚也要达到 78mm。立项初期，我国没有这种生产能力，只能达到 50mm 左右，连冶炼能力都不具备，就更谈不上加工、焊接了。我们在设计方法制定和模型试验验证的基础上，绘制了载人耐压球舱的设计图纸，然后到国际市场上寻找合适的合作伙伴。美国、英国、日本都不卖给我们这种材料，最后，宋健院长同俄罗斯科学院联系，达成了合作。我们购买俄罗斯现有成熟的钛合金厚板，并委托其按照我们的图纸加工焊接，完工后的球舱必须在相当于 7800 米水深的压力筒内按我方制订的验收标准进行考核，由我方承担最终责任。同时，科技部也安排国内相关专业的团队开展这种钛合金厚板与加工焊接工艺的研发。2012 年，这一技术难关也被攻克了，我国 4500 米载人潜水器“深海勇士号”的载人耐压球壳的加工、焊接、检测都是我国自主的技术。在此基础上，我们正在进行万米载人潜水器载人耐压球舱的研制。

在人才发展创新方面，自立项起，我们便为刚出校门的年轻同志提供了一个从设计、加工、验收、安装、调试，直到海上试验的贯穿全程的锻炼机会。这种“一竿子捅到底”的做法，让年轻人很快就成长为自己专业的顶梁柱。团队中不少“80 后”的同志，现在已经是其他项目的总设计师或副总设计师了。

我们弘扬严谨求实、精益求精的工匠精神，确保了产品的可靠性。如，蛟龙号观测窗用的是有机玻璃，厚度为 120—180mm，它跟球壳通过锥面紧密接触，对精度要求很高。像这样的零件，经过铣床加工后，还得要师傅手工研磨，以做到万无一失。蛟龙号从研制成功到现在执行了 158 次的下潜任务，成功率是

100%，这与我们一以贯之的工匠精神是分不开的。

蛟龙号由上百个单位在一起搞研发，要做到齐心协力，培养全局观念、树立集体主义精神尤为重要，要做到没有单位之分，只有岗位之分。为此我强调，人人都是自己岗位的主角，同时也是其他岗位的配角。每一位同志都清楚谁的任务是约束自己的，自己的任务又是约束谁的，知道自己的工作不是个人的事，假如没做好，整个工作就没法往下做。因此，每个人都很积极主动，想尽办法把本职工作做好。这是非常宝贵的集体主义精神。对于潜航员来说，每当第一次下潜到新的试验深度时，尽管采取了许多措施保障安全，但还是可能面临突发事故。在做 7000 米深度海试的时候，七位潜航员都自告奋勇，抢着下潜。当顺利完成 7062 米海试后，他们全部获得了“载人深潜英雄”的称号。

这种精神还体现在每个人都为蛟龙号的研制主动贡献自己的聪明才智。有一句老话说得好，“三人行必有我师”，一个人不可能什么都懂、什么都掌握，所以我们要发挥每一位同志的积极性，也要重视每一位同志提出的点子。这里有个很有意思的故事。由于银锌蓄电池成本高，换一套要好几百万元，因此我们总是尽可能地多用几次。没想到一次做完海试在甲板上检查的时候，发现个别单元电池由于已达充放电的极限，引起短路燃烧，里面的银粉散落在整个电池箱内。这些必须要清除干净，否则就不能安装新的蓄电池，但电池箱内有的位置手伸不进去，怎么都不好操作。第二天还要继续进行海试，时间很紧。正当大家一筹莫展、干着急时，船上有位大厨说：“我来给你们想办法！”他拿来做点心的面团，黏性非常好，也很软和，哪儿都可以塞进去。面团一粘，立刻就把银粉清理干净了，大家都高兴得不得了。

这些年来，我们研制团队的成员都肯吃苦，也很安心工作，具有奉献精神。大家知道外面的世界很精彩，但是都认为自己手上的工作更精彩。2002 年项目刚起步时，时间紧、工作忙，大家都拼命工作，经常晚上回去时宿舍已关门，爬铁门就成了家常便饭。好多年轻同志连谈对象都成了问题，以致出现了一个很有趣的现象：2008 年总装工作完成到 2009 年海试之前的准备阶段，是一个相对空闲的缓冲期，谈恋爱的、买房的、办喜事的……全都赶在一起了，到 2009 年、2010 年海试期间，团队里好多年轻人家里一齐添了宝宝，共十余个，我们特意把这些宝宝的照片集中在一起，做了一张海报，赋予他们一个共同的名字：“蛟龙宝宝。”

像这样的事例还有很多。正是这样的团队，最终打造出了“严谨求实，团结协作，拼搏奉献、勇攀高峰”的中国载人深潜精神。

带动中国深潜装备发展的“蛟龙”

其实，7000 米载人潜水器一开始并不叫蛟龙号。我们搞总装时，正值国家计划要考察北极、南极，发射海洋卫星，研发 7000 米载人潜水器探海。为了与之呼应，我们将 7000 米载人潜水器命名为海极号。2008 年前后正值倡导构建社会主义和谐社会，因此 7000 米载人潜水器又被命名为和谐号。有的外媒搞不清，说中国人搞了好几条 7000 米载人潜水器，有海极号，有和谐号，实际上它俩是同一条。但这两次命名都没有走审批程序，后来我们广泛征集命名方案，最终由科技部确定，将 7000 米载人潜水器命名为蛟龙号。龙是中华民族的图腾，这个名字公众普遍都能接受，“蛟龙闹海”的寓意也很美好，科研工作者们都希望通过这条“蛟龙”把我国的海洋装备事业整个提升起来。

在研发团队的共同努力下，美好的希望最终变成了现实，蛟龙号 7000 米的工作深度标志着我国可进入占世界海洋面积 99.8% 的广阔海域。

蛟龙号的成功研制，具有很大的战略意义与现实意义。

首先，蛟龙号在应用方面取得的成果突出，这带来的是我国在深海领域地位的上升，使我国站到了国际深海活动舞台的中央。2012 年，蛟龙号完成了整个海上试验的验收，2013 年便马不停蹄地投入了应用。五年来共有 300 余人次的海洋科学家和工程技术专家乘坐蛟龙号到达我国南海、太平洋、印度洋等七大海区海底去执行矿区勘探和生态调查，取得了丰硕的成果：

一、促成国际海底管理局新批准给我国三个矿区勘探合同，总面积达到 16 万平方公里。至此，我国合同的数量在国际上最多，面积最大，矿种也最全。

二、由于蛟龙号是目前国际上唯一能够在 6500—7000 米深的海底作业的载人潜水器，我国于世界上首次在马里亚纳海沟发现了活动泥火山这一地质新现象，于世界上首次在雅浦海沟发现了新物种瓷海星。这开辟了我国在深渊科学研究的新领域，为研究超深渊区板块构造活动和极端环境下生物地球化学作用提供了重要技术支撑。我国还在西南印度洋硫化物矿区首次发现了超慢速扩张洋中脊上活动的热液喷口，取得温度达 38℃的热液样品。

三、在多种矿区取得多种类高质量的微生物样品，建立起了世界上最大的深海生物基因样品库，这对开发抗癌抗菌等深海生物基因新产品意义巨大，大大加快了深海生物基因新兴产业的发展。

四、首次在我国南海边缘海山区开展调查，发现和确认了大片锰结核矿的存在和分布，为维护我国南海权益发挥了不可替代的作用。

五、蛟龙号实现了“可下五洋捉鳖”的宏伟目标，其团队打造的“严谨求实，团结协作，拼搏奉献，勇攀高峰”的载人深潜精神，为振兴中华民族伟大复兴贡献了巨大的精神力量。

其次，促成一整套载人潜水器技术体系的建立，引领了我国 4500 米载人、无人潜水器系列化的发展。从 2012 年到现在，建造了 4500 米载人潜水器深海勇士号、4500 米缆控水下机器人（简称“ROV”）海马号，以及 4500 米自治水下机器人（简称“AUV”）潜龙 2 号，为深海资源调查、科学研究又一次提供了关键的系列装备。

最后，形成了推进器、直流电机、机械手、海水泵、超短基线定位声呐、长基线定位声呐、水密电缆等一系列深海设备的自主研发能力，全面推动了我国深海装备产业体系的发展。

“把论文写在深海大洋上”

这些年来，从跟跑到并跑，再到现在的国际先进，我国的深潜技术发展得很快。为全面实现进入深海的目标，目前我们已经启动载人、无人潜水器向全海深11000米（世界上最深的海底）进军的计划，准备夺取深潜技术的制高点，使我国的深潜技术在2020年达到世界领先水平。这已列入科技部制订的国家重点研发计划。此外，要推进深海潜水器谱系化的发展，载人潜水器只是其中之一，还要发展无人带缆的缆控水下机器人、无人无缆的水下自治机器人、水下滑翔器等一系列不同品种的潜水器，用以搭载不同的探测设备，进行资源调查、环境调查和科学研究。此外潜水器都需要母船来配套使用，因此还必须加强对船队的建设。蛟龙号现在应用的母船是20世纪70年代的一条旧船改造的，原本不是给载人潜水器用的，所以上面没有机库，蛟龙号成年累月都在甲板上遭受暴晒与雨打风吹。甲板温度高达80℃，到海里最低仅有1℃，这样橡胶等密封材料很容易老化。国家发改委已经安排建造新的母船，预计2019年可以投入使用。同时，要建立统一有效的管理机制。我国已经在青岛成立深海基地管理中心，力争将来可对潜水器统一集中管理、使用、维护和检修，并统一制订应用计划、安排人员等。

2016年，习近平总书记在科技大会上提出：“要把论文写在祖国的大地上。”党的十九大提出加快建设创新型国家的奋斗目标，并强调要加快建设海洋强国。我想，我们搞深潜装备的科技工作者，就要把论文写在深海大洋上，把科技成果应用在提高我国对深海战略资源开发能力上，应用在提升我国对国际深海空间治理的话语权上，应用在拓展我国深海战略新疆域上，为保障国家海洋权益和安全发展作出贡献。

（作者时任“蛟龙号”总设计师，中国工程院院士　于洋／采访整理）

李鹰翔　中国第三代核电技术“华龙一号”问世记

世界核电发展的前世今生

全球范围内的核电发展，如果从 1954 年苏联建成奥布宁斯克——世界第一座核电厂算起，已走过了 60 多年的历程。一般来说，我们把 20 世纪 50、60 年代初，凭借早期原型反应堆而建成的核电厂称为第一代核电技术，其主要目的在于通过试验示范形式来验证核电在工程实施上的可行性。

20 世纪 60 年代末，核电技术趋于成熟。特别是到了 70 年代，鉴于当时全球石油危机的影响，核电发展从北美到西欧猛然兴起，亚洲的日本也顺势而上，一下子扩展到世界近 30 个国家和地区。反应堆堆型出现多样化，有压水堆、沸水堆和重水堆等；单机功率规模也从几万、几十万提高至上百万千瓦。这被称为第二代核电技术，在第一代基础上实现了商业化、标准化、规模化。

1979 年 3 月和 1986 年 4 月，相继发生了美国三哩岛核电事故和苏联切尔诺贝利核电事故，特别是后者造成人员伤亡和放射性污染，在世界范围引起对核电安全的担忧和恐慌。国际原子能机构为此组织多国核能专家，对切尔诺贝利核电事故进行了大量深入、细致和长期的调查、监测、分析，发表了翔实、科学、可信的报告，说明事故的原因主要是违章操作所致，并由此提出了“安全文化”的概念，以及一整套与安全文化建设有关的政策、体制、职责、规范、培训、教育、素养、管理等要求。在此基础上，各国在安全技术方面也采取了一系列改进措施，使之在技术保障上更加完善可靠，形成了二代加改进的核电技术。我国核电建设正是在这样一个背景下起步，主要采用了“二代加”核电技术，因此在技术本质上已经胜过其他国家一筹。

随着世界核电的发展，为进一步提高核电的安全性和经济性，美国和欧洲先后制定了《美国用户要求文件（URD）》和《欧洲用户要求文件（EUD）》，对新建核电站的安全性、经济性提出了更高要求。因此，所谓“第三代核电技术”就是指能够充分满足 URD 或 EUD 的要求，具有更好安全性的新一代核电技术。现今，能够代表第三代核电技术的大致有六种堆型，其中最有代表性的就是美国的 AP1000 和法国的 EPR，中国在发展核电过程中也曾引进过这两项技术。

“华龙一号”，中国制造

总体而言，我国核电发展采取的是“以我为主，中外合作”的方针。1991 年，我国自主设计建造的 30 万千瓦机组秦山核电站，突破了中国大陆无核电的历史，为中国核电起步树立了一个里程碑。与此同时，我国又以中外合资形式引进法国 M310 技术建造了百万千瓦机组的大亚湾核电站，开创了高起点商用核电的先例。随后，我国又自主设计建造了 60 万千瓦机组的秦山二期商用核电工程，为“以我为主，中外合作”开拓了道路，大幅度降低了核电站的工程造价。与此同时，又沿用 M310 技术加改进建造了岭澳核电站，引进俄罗斯技术建造了田湾核电站，引进加拿大技术建造了秦山重水堆核电站。

进入 21 世纪后，我国核电建设全面展开，驶入快车道，在广东阳江，福建福清、宁德，大连红沿河、海盐方家山建设“二代加”技术核电站，并引进美国

AP1000 和法国 EPR 核电技术在浙江三门和广东台山建造第三代技术核电站。

AP1000 堆型采取非能动的安全设计理念，技术方案有较大突破和革新，简化了系统设置和工艺布置，进行模块化式施工，在设计理念和施工模式上应当说是相当先进的。但是，由于 AP1000 在世界上尚属首堆，缺乏工程实践验证，设计没有固化，因此在实际施工中进行得并不顺利：累计设计修改已超过 10000 件，特别是关键设备屏蔽泵研制试验耽误了很长时间，这将使整个工期延长两年以上，给业主造成极大损失。广东台山核电站采用法国 EPR 技术建设时同样出现了类似情况，也导致工程拖期。

为此，在多年核电建设的实践中，我国核电科技人员也更加理解了胡锦涛同志在视察秦山核电基地时曾讲过的那番话："核电产业是高技术的战略产业。实践证明，高技术特别是核心技术拿钱是买不来的。要坚持以我为主，这是发展核电的必由之路。"在认真总结自己的实践经验并充分吸收外国先进技术和管理的基础上，几代核工业人通过不断深入钻研、自主创新，终于研究设计成功"华龙一号"这项具有完全自主知识产权的中国品牌第三代核电技术，从而继美国、俄罗斯、法国之后进入世界核电先进技术的"第一阵营"。这不仅推动了我国核电迈向新的发展阶段，并在核电领域为贯彻执行国家"一带一路"和"走出去"的战略方针提供了坚实基础和技术实力，成为进入核电市场的中国品牌先进核电技术。

"华龙一号"的"中国特色"

在当今世界第三代核电技术中，"华龙一号"独具特色，也是中国核电科技坚持走"自力更生"道路后所交出的一份优异答卷。在设计理念上，"华龙一号"独树一帜：它采取了"能动 + 非能动的安全设计原则"，既不是对引进机型的翻版复制，也不是对引进技术的简单模仿，而是一套具有原创性和独特性的技术方案，能动加非能动，避免了采用单一非能动的安全设计在应对特殊事故和极端外部事件时可能出现的局限性。在核燃料布局上，"华龙一号"也有重大突破和创新：反应堆堆芯从 157 个核燃料组件扩增到 177 个，不但将发电功率提高了 5%—10%，而且使线功率密度大幅度下降，从根基上提高了安全性能。在系统设置上，“华龙一号”采取多重安全系统、单堆布置、双层安全壳，以及全数字化仪控。在工艺布置上，堆芯测量从堆顶引入，通过蒸汽发生器二次侧进行能动 + 非能动的堆芯余热导出，通过压力容器外表面进行能动 + 非能动的堆腔注水冷却，通过安全壳喷淋和非能动冷却回路进行能动 + 非能动的安全壳热量导山，等等。所有这些，都为高标准安全性提供了有效的支撑。

“华龙一号”不仅安全可靠，技术先进，而且在经济性方面也有显著优势。体现在设计方面，首先，充分考虑了国内核工业基础和核电装备制造能力，能够最大程度实现设备国产化：首堆示范工程的设备国产化率预计可大于 85%，这就可大大降低核电工程造价，同时也可降低电厂运行期间设备和零部件的更换成本。其次，采用 18 个月的循环换料周期，减少停堆时间，可以大幅度提升电厂可利用率。最后，采取有效措施，确保电厂设计寿期 60 年，提升电厂的运行期。所有这些，使“华龙一号”经济性具有较强竞争力。

由于“华龙一号”拥有完整的自主知识产权，可以自主出口，不受外国知识产权的制约，一改过去长期依靠“引进”，只能翻版复制、不能自主出口的尴尬局面。“华龙一号”的出口将带动中国核燃料和核装备制造的发展：出口实行设计、设备、燃料、建造、调试一体化服务，并对进口国承诺提供全寿期核燃料的供应和服务，可使单台机组出口创造的产值（包括工程、设备和全寿期核燃料等产值在内）达到人民币 1300 亿元以上，大大提升了核电出口的经济规模。

“华龙”下一步：打破首堆拖期的怪圈

2015 年 5 月 7 日，“华龙一号”首堆示范工程在福建省福清市正式落地开工。近一年来，总体开局良好，工程进展顺利，每个工程节点都按计划进度圆满实现，安全质量可靠。为此，担任首堆示范工程总承包的中国核电工程公司总经理刘巍说：“当所有的人都在为‘华龙一号’欢呼的时候，我们则应该谨慎地考虑，如何把‘华龙一号’建成一个精品工程。别人欢呼的时候，我们要冷静。尤其当总理在考察‘华龙一号’的时候，特别指示安全上要做到万无一失，经济上要做到有竞争力，这就需要我们更加精心管理和设计，进一步把研发落到实处。”“华龙一号”总设计师邢继曾当选中央电视台 2015 年度十大科技创新人物，面对示范工程的可喜进展，他头脑里时刻装着的也是工程下一步可能会出现何种挑战，又该如何应对和解决。“首堆拖期”就是“华龙一号”所面临的挑战之一。

“首堆拖期”似乎已经成为国际上第三代核电项目建设当中跳不出去的“怪圈”。无论是美国 AP1000 或是法国的 EPR，无论在中国三门项目（利用 AP1000 技术）或是在芬兰奥尔基洛托项目（利用 EPR 技术），其首堆工程进展都不很顺利，建设中出现过严重拖期现象。究其原因：一是设计没有固化，导致设备采购、制造和建造过程中的不断变更，因而造成拖期；二是新的设备制造工艺没有跟上，导致反复试验不过关，最终造成工程整体拖期。

对于拖期等可能出现的各种风险与挑战，中核集团福清基地对“华龙一号”首堆示范工程作了相当充分的准备。而支撑“华龙”团队应对挑战的，正是中国核工业人几十年锤炼出的品质：把事业视为高于一切，把责任担当看作重于一切，任何时候都不会松懈懒怠。正如邢继所说，这支团队“内心一直保有一种闪光的东西”，这就是为国家争光，在关键时刻能攻关、突破和冲刺。

事实上，早在 2011 年“华龙一号”首堆负挖工程就已经开始，只是后来受日本福岛核事故影响而暂停。这次开工前，为确保示范工程建设质量与进度，“华龙”团队创造性地开展了沙盘推演行动，制定出严细的风险防范措施。“华龙一号”技术创新点多，除成熟堆型建设已知的大量风险外，还有未知的众多不确定性。在沙盘推演过程中，“华龙”团队对重点环节的预警、报告、组织、沟通、领导、控制、可调动资源，以及相应的制度程序等八大领域的各种风险进行测试，由此形成 26 项待改进项目，分别提交设计、施工单位进行讨论并提出整改计划。由于设计尚未固化，首堆工程在实施过程中发生设计变更是难免的，如同爬山，没有爬到那个高度，就看不到山后是个什么样子，就发现不了前进中的坎坷和难点，而这些问题只能在实践中不断发现并解决。对此，“华龙一号”采取总承包模式，实行设计、采购、建造、调试一体化，这样就能更好地协调业主、设计、设备制造、施工等项目各方的关系，处理好各种接口，从而有效地确保示范工程顺利进行。此外，对于当年在三门 AP1000 项目中发生的因屏蔽泵研制试验不过关从而产生拖期的教训，“华龙”团队也有充分信心不会重蹈覆辙。因为“华龙一号”的主要大型关键设备是已经在“二代加”核电工程上采用过的，制造工艺比较成熟，不存在制造难的“卡脖子”问题。

现在，福清现场项目各方正齐心协力、团结合作，他们决心要打破世界第三代核电建设史上首堆拖期的怪圈，保证“华龙一号”首推按期建成发电，为中国品牌树立一个新的全球典范。

“华龙”之梦：中国核电“走出去”

中央十分重视“华龙一号”的研究设计成功，并把它列为实施“一带一路”“走出去”大战略的重要项目，推介给世界各国。在维也纳国际原子能机构的核能技术展、巴西里约热内卢的中国装备制造业展、俄罗斯莫斯科的国际核工展等一系列国际展览上，“华龙一号”模型和图片的展出，受到各国政要和同行高度重视和仔细观察，习近平主席和李克强总理也都亲临现场助力。在南非，习近平向南非总统祖马介绍：“这是我们自己的技术，我们要把它推向非洲和全世界。”在开罗，习近平对埃及总理谢里夫·伊斯梅尔说：“‘华龙一号’机组单台功率一百万千瓦，中国核电建造规模世界第一。”在里约热内卢，李克强总理表示支持“华龙一号”落地巴西，并表示还将向其他国家推介。目前，“华龙一号”作为第三代核电先进技术新军，已同英国、巴基斯坦、罗马尼亚、阿根廷、巴西、南非、埃及等国达成合作协议，并将进一步向欧洲、拉丁美洲、非洲和南亚地区有意发展核电的国家积极推进。

世界核电在继续发展。截至 2016 年 1 月 1 日，我国在运核电机组已有 30 台，装机容量 2830 万千瓦；同时还有 24 台核电机组在建，装机容量 2636 万千瓦，在建规模世界第一。如今，我国又将第三代核电技术“华龙一号”投向国际市场，国际同行认为，中国已成为世界核电发展当之无愧的领跑者。

（作者时任核工业部办公厅主任兼新闻发言人）

朱志豪　**从上海第一桥到世界“第一桥”**

——回忆南浦大桥和杨浦大桥的建设

从1991年12月1日上海市区第一座越江大桥——南浦大桥建成正式通车，到1993年10月23日当时世界同类型迭合梁斜拉桥中雄踞第一的杨浦大桥建成通车，只有两年不到。我先后担任南浦、杨浦两座大桥建设指挥部的总指挥，全程参与了这两座大桥的建设，我何其有幸。

（一）南浦大桥建成记

1991年11月15日，上海市区第一座越江大桥——南浦大桥建成，12月1日正式通车。南浦大桥是我国第一座自行设计、自行建造的双索面、迭合梁斜拉桥，它宛若一条昂首盘旋的巨龙横卧黄浦江上，圆了上海市民“一步跨过黄浦江”的百年梦。

我担任南浦大桥建设指挥部的总指挥，全程参与了南浦大桥建设。建造南浦大桥，是改革开放带给我的机遇，这是对我的一次锻炼，它一直铭刻在我的脑海，永远不会忘记。

群众，是真正的英雄！

1988 年，上海成立三大工程建设指挥部——大桥指挥部、地铁指挥部和合流污水指挥部，其中一项工程就是在黄浦江上造桥。在当时，从全国来看，没有任何造大桥的经验和资料，可以说是“设计没有完整的标准、施工没有完善的规范、加工制造缺乏工艺”，技术、材料、设备、管理……各种压力确实很大。指挥部一成立，我就跟着时任上海市副市长的倪天增同志，沿着黄浦江两岸寻找桥址。桥要发挥功能，首先要和主干道连接，其次希望跨度小，因为我们从没有造过这么大跨度的桥，所以江面越窄越好。最后大桥选址在南码头，那里是黄浦江市区段江面最窄处，航道距离为 350 米，又是建造上海内环道路的过江咽喉处。桥址确定以后，航道部门首先提出，不能改变原有的黄浦江航道。防汛部门也提出，造桥不能让两岸的防汛墙受到影响。为了保证驳岸的安全，所以把大桥主塔往两岸延伸，形成了最后的主桥跨度 423 米。

当时浦东沿江地区涉及上海的三个区：南市区、杨浦区、黄浦区，桥址所在的南码头地区涉及南市区（浦东浦西都有）。这块区域是拥有将近 6000 户居民的棚户区，还有 200 多家企业，造桥就要改变整个地区的生产和生活，配套的五大管线（上水、下水、煤气、动力电缆、通信电缆）全部搬迁的话有 50 多公里长。另外，浦东地区大片是农田，因此还有针对农民的征地安置工作。所以还没有考虑到技术上的问题呢，光是前期的征地动迁，就是一个难题。

想不到的是，各方面对在黄浦江上造桥都十分支持，当时上海市民都希望在黄浦江上造桥，它是上海人的一个梦想。结果，整个动拆迁工作非常顺利。记得有个上海制面厂，当时动迁费没有了，厂长跟我说：“老朱，你说好了，我都支持！”马上就把一个车间拆了，让出了桥墩的位置。主桥建成后，边上的居民在我面前都要求拆迁，支持我们，所以许多现在看来很困难的问题当时就迎刃而解了。参加工作的同志都很感动，群众是真正的英雄，一旦有了群众基础，让群众认识到事情的重要性，哪怕是牺牲自己的利益，也会义无反顾地支持政府的决定。

三年，一定要把大桥建成！

三年一定要把大桥建成，是当时的市长黄菊提出来的：“三年当中，出成果，出人才。”不仅要把大桥建好，而且要把建设大桥的人才培养出来。从前期工程（包括动迁、勘测、设计等）到后期施工，总共才三年。所以我们不能分阶段，只能采取交叉同步的方式，勘察设计、工程设计、征地动迁、科研项目……齐头并进。还有就是资金，当时的预算是8.25亿元，国家计委批准的是8.2亿元，前期费用由上海市政府承担，工程费用同意通过国外贷款解决，这在当时也算是破例了，特事特办。

到国外贷款，首先要进行技术审查，通过以后才能进行商业谈判。有的银行贷款利率不高，但是他们会要求总承包（包采购、设计等），这样的话设计费贵得就不得了，我们国家当时设计费只有1%—2%，国外是7%，几千万元就没了。最后选择向亚洲开发银行贷款，他们进行技术审查和商业审查时也提出：“你们到底要多少年能把桥建起来？”

技术谈判，三年究竟行还是不行？当时跟我们谈判的有加拿大、日本、美国、德国的专家，我们“既要谈成功，又不能泄密”。当时国际上第一个大跨度的桥是加拿大的安那西斯，我们组织一部分同志去看了，一是去学习人家的经验，二是为了提高我们工作上的本领，所以非常留意他们建设中的成绩和问题。我们发现他们的桥造好一年不到，桥面就出现了多种裂缝。在技术谈判中，对方提出安那西斯桥跨度465米，打桩80米，我们的桥跨度423米，打桩52米，行吗？他们不相信。我们说明把净荷载、风雨等因素都考虑在内了，没问题，他们还是不相信，总感觉差距太大。后来我说我们刚从加拿大回来，安那西斯桥确实给了我们很多的经验，但是他们的桥还可以更加完善。参加谈判的一位专家正好是安那西斯桥的技术负责人，我把照片拿来给他看，照片上我们把毛病都找出来了，他吃惊得把我们的计算数据拿回去，开了一个晚上夜车复核了一遍，第二天告诉我们通过了。

技术谈判通过了，接下来是商业谈判，还是三年的施工期，我们能不能完成？其实我自己都觉得时间确实很紧张，但是上海坚持三年，对方则一定要求把施工期限延长，最后达成一致的决定是：三年建设期，再给我们三年宽限期。假如有这一条，如果六年里面建完，也是符合合同要求的。印度 1980 年开始建造的桥，八年还没有造完，印度和中国一样是第三世界，起初对方对我们不相信，所以当时我也深深地感悟到，落后就是被动挨打。

问题，解决在施工前！

在南浦大桥之前，全国从来没有建造过同类型大跨度的桥。既然没有造过，要完成这个任务究竟会碰到什么问题？有什么困难？最怕的就是闭着眼睛走路，碰到问题再拐弯、再想办法。当时全国的桥梁专家们都没有这么大的桥的建设经验，于是我把他们请来，召集我们的总工程师和总设计师一起开会，大家出主意分析可能会出现什么问题，并进行分类，哪些问题能够通过我们的实践解决，哪些问题非要通过科研才行。

最后我们定下来 16 个重大科研项目，这些科研项目中所涉及的问题都是一定要解决的，然后设计、项目、施工才能动手。但是这些科研项目全部靠上海有一定的困难，我们要有科研设备，所以运用了全国的资源。比如说大桥建设中最关键的风洞实验，可以通过模型做，但是模型是有大小比例的。当时同济大学只能搞小型的风洞实验，我们就想到造飞机也要做风洞实验，继而想到了通过和同济大学合作的方式利用南京航空学院的设备条件。再比如说斜拉索的强度实验，我们找到了北京铁道部所属的铁路科学研究院，将上海的斜拉索做完后，用火车专列拉到北京做疲劳实验。于是我们需要添置设备的费用和时间都节约下来了，还调动了全国各地各方面的积极性。

质量，和时间同样重要！

工程质量，和工程进度是一样重要的，就算我们有时间完成工程，如果质量不把关就会追悔莫及。首先我们在认真虚心学习人家经验的同时，不能跟在人家后面爬，要超过别人，就要通过学习人家经验中的问题，才是真正的提高。过去的工程监理一般是工程完工了才来验收，如果发现问题就推倒重来，等于浪费钱和时间。于是我们自己成立了全过程质量跟踪监理，监理不是从工程建造开始，而是从工程设计开始，看设计的标准是否科学实际。工程进度是要抓，但是质量更要抓，还有一条原则就是对隐蔽工程会有影响的，我们宁愿花更长的时间，比如说混凝土，这是无法挽回的，一旦发生问题后患无穷。

过去，重大工程超过投资是很平常的事情，但是当时我们要求工程质量要上去，工期要保证，投资也要控制。8.2 亿元的投资，其中 3.98 亿元是征地动迁费用，所以预算上要千方百计进行控制，凡是一个项目要开工了，我都找预算员和工程师来一起分步分项进行核算，要求只能用到 95%，这样就促使大家在工程中开动脑筋。比如造 4 米宽、12 米长、26 厘米厚的桥面板，对角线差不能超过 5 毫米。这在国外很方便，只要用钢模就可以。但是一个钢模就是十七八吨，生产完了，还要用平板车运输，制造和运输都需要钱。当时的施工单位在现场想办法，能不能质量不比国外差，投资却要比国外省呢？我们没有钢模，就在现场就地预制。预制的面板边上用钢视察工地模，平面用水磨石，工人跪在地上，把水平面磨到符合要求。桥面板要求板面要平，四周要毛，不能光，毛了后才可以增加摩擦力，起到连接作用。群众到底是真正的英雄，有工人提出：钢模立模后，在模板上涂上一层缓凝剂，再打混凝土，这样一来，混凝土边上四周就硬得慢了，然后用高压水枪一冲，边上就打毛了。后来日本人来参观，看我们混凝土面板打得这么好，都翘大拇指，当时还是保密的，其实讲出来却是如此简单。

团队，是成功的关键！

南浦大桥的建设成功，不是靠的哪个人，而是靠的团队。我们参加建桥的人员前前后后加起来将近 1 万人、6 个设计单位（包括工程主体设计、建筑设计、通信设计、勘察设计、配套设计等）、1 个施工单位、5 个制造厂。团队的团结、智慧是非常重要的。就拿桥梁来说，长度 1 米且是拱形的，当时加工完后，假如坡度不符合要求的话，到了桥上就没有办法安装了。于是我们在工厂里面搭好架子，按照设计好的弧度坡度全部拼好，验收通过，再送到现场安装，这对工厂来说就是两次拼装了。

另外，钢梁的连接要靠螺栓，要打42万个洞，精度要求非常高，最后只有3个螺栓没有通过，1/140000没有符合要求。这3个不符合要求的孔洞在大桥上直接扩孔，花了3个多小时。我跟工厂里说："你们稍有一点偏差，现场耽误的时间不得了。"钢结构上是不希望扩孔的，否则桥梁合龙过程会受到影响。这个道理跟他们讲完，工人们确实很认真，后来吸取教训，在建杨浦大桥时钢结构需钻孔116万个，一次通过。还有大桥的合龙，整个过程我们选择气温比较平稳的时候，由于南浦大桥的钢结构精度比较理想，并严格根据热胀冷缩原理，让气象局的专家到现场指导，合龙花了2小时45分钟。我在现场马上打电话给市委汇报，当时就流泪了，因为大桥合龙说明南浦大桥在技术上是过关了，更说明工程质量是没问题的。

大桥的建设无疑是成功的。最后比计划提前了45天，其中只要哪个环节卡住，就超过了三年限期；工程成本节约了526万元，是造价的6‰；大桥的主塔垂直度要求不超过1/3000，最后达到了1/12500，精度提高了4倍多；对钢结构的质量检验，当时国家要求超声波检查、磁粉探伤、X光探伤三种方式可以任选其一，我们为了确保钢结构的焊接质量，是三个方式一起做，并且都通过。如果没有团队的力量，光靠指挥部我们几个人，绝对不可能有这样的建设速度和高质量、高标准的工程。

南浦大桥建成以后，有着很好的社会效应。以前靠车轮渡，从排队到过江需要三个小时，现在桥建成了，从浦西上桥，到浦东下桥，只需要8分钟！

（二）黄浦江上飞跨世界"第一桥"

1993年4月8日，杨浦大桥主桥钢梁合龙。10月23日，杨浦大桥建成通车。从动工到建成，仅用2年零5个半月，杨浦大桥总长1172米、宽30.35米，桥下净空48米，共设6车道。602米长的主桥在当时世界同类型迭合梁斜拉桥中雄踞第一，它犹如一道彩虹飞架，跨越黄浦江，连接着浦西老市区与浦东开发开放的新城区。邓小平同志亲自为大桥写了桥名，他以 89 岁高龄登上杨浦大桥，高兴地作了诗句：“喜看今日路，胜读百年书。”

如今杨浦大桥上早已是车辆如梭，我也已 83 岁，离杨浦大桥的通车已时过 20 年，但建设世界第一斜拉桥以及大桥通车，仍然是我人生历程中最宝贵的经历。

主动请缨，调整人马再建跨江大桥

1991 年，我因为胃癌手术，正在接受第三次化疗，听到要建杨浦大桥了，我主动向市里写了份 3000 多字的报告，提出：“南浦大桥已经建成了，如果是原班人马、原套班子来继续建设杨浦大桥，可能比南浦大桥建造速度更快，成本可以降低，技术可以进一步提高。”报告中提出三条理由：一是我有经验了，建设可以少走很多弯路；二是南浦大桥的建设资金中科研费用占了很多，可以直接将科研成果用于杨浦大桥的建设；三是重新更换的班子，体会不到在经验中找问题的动力。建委也同意我的想法，为了缩短报告周转时间，我自己从第一人民医院来到康平路，通过市委办公厅将报告送到当时的市委书记朱镕基手中，记得那天是 6 月 1 日。8 月 23 日，朱镕基到现场，他同意我的想法，继续让我参加杨浦大桥的建设，并把建造大桥的帅印交到了我手上。

当时我想假如杨浦大桥同样按照南浦大桥的施工速度去完成，领导肯定表扬我，为什么呢？因为杨浦大桥跨度是 602 米，当时是世界第一，这个跨度要比南浦大桥要宽多少呢？ 42%，工作量其实增加了整整一倍，如果我完全按照南浦大桥的建造方式，杨浦大桥的建设工程三年肯定是完不成的。因为工作量增加这么多了，你怎么完成呢？这样就逼我作新的思考，因为当时南浦大桥主桥是三公司（上海市第三建筑有限公司，简称“三公司”）建的，我提出来，杨浦大桥的工程能否变成由两家公司同时建？一个是在浦西的三公司，一个是在浦东的一公司（上海市第一建筑有限公司，简称“一公司”），两家一块儿去建。一公司没有参与过，没有参与过也有好处，它的思路和三公司有点不一样，但是三公司也让它参与建设，因为它有建设的经验，所以这就形成了两家可以相互补充。而且当时在浦东浦西，大家都看得见，你今天上去多少了，我今天上去多少了，这无形地促进了建设速度。两家公司，拿着望远镜在看，因为离开很远嘛，看看你那里上去多少了，你用什么办法，怎么办？竞争得很厉害，你叫他下来他都不下来啊。所以尽管工作量上增加了42%，但是最后我们比南浦大桥的建设还缩短了几乎半年时间。

成绩面前找差距、经验当中找问题

当初南浦大桥计划三年，提前45天，整个大桥工程造价节约了6‰——500多万元，工程质量一次通过，钢结构上42万个孔洞，只有3个螺栓因孔洞偏小没有通过需要扩孔，桥塔垂直度为1/12500（要求为1/3000）。南浦大桥建成了只是一个起点，假如我们仍然以南浦大桥的时间、标准来要求的话，其实我们没有真正学到本事，取得进步。当时南浦大桥完成后，我们喊出一个口号：“成绩面前找差距、经验当中找问题。”

在杨浦大桥建设的施工工艺上我们做了调整，只用一年时间完成了主塔建造，只用两年零五个半月的时间完成了杨浦大桥，造价最后节约了2%——1670万元，所有116万个孔洞，螺栓通过率100%，垂直度为1/15500，精确度进一步提高。还有就是大桥的合龙时间，前期工程越精密，大桥的合龙时间就越短。南浦大桥花了2小时45分钟，杨浦大桥是1小时30分钟。当时吴邦国书记到我这儿来开会，他原来打算要去看合龙的，我会还没有开完，合龙已经完成了，没看到。他没想到合龙时间这么快，这么顺利。

小平同志喜看世界“第一桥”跨浦江

作为中国改革开放的总设计师，邓小平同志始终关注着上海的建设，关注着浦东的开发，关注着黄浦江上正在建设的大桥。小平曾在1991—1993年三年内先后三次上跨江大桥视察，而我每次都参与了。与小平同志第一次会面是1991

年2月18日，小平同志站在南浦大桥浦西段。当时，老人家非常希望能到浦东去看看，但由于浦东段建设刚刚开始，条件比较差，未能如愿，所以请小平同志到浦西工地上来视察大桥。早春二月的上海，还是冷风瑟瑟、寒意袭人，江边开阔处，更是风大浪急，寒风刺骨。小平同志不顾年事已高，兴致勃勃地站在这里观看大桥，并听取指挥部关于大桥的建设情况汇报。这时，我们请小平同志给南浦大桥题字，没想到，小平同志爽快地答应下来。一个多月后，我接到市委办公厅电话，说是小平同志给南浦大桥的题字已经写好了，叫赶紧去拿。

第二次见到小平同志是1992年2月7日，那时南浦大桥已经建成，小平同志在主桥从汽车上下来，走到南浦大桥桥面，我告诉小平同志："您给我们南浦大桥的题字，我们已经挂在桥上了，每个字有14平方米大呢！您现在站的桥面离开黄浦江江面有58米啦！"小平接着问道："这座桥是不是世界第一啊？"我说："不是第一，是世界第三。"这次会面后，黄浦江大桥建设指挥部立即召开了有28家单位参加的重要会议，在讨论过程中，与会人员充分认识到开发浦东、加强与浦西的联动发展，交通必须畅通先行，会上确立了再在黄浦江上建造一座大桥的想法，后经过专家从地域实际出发，多次选址定位，进行可行性论证，决定在杨浦地区建造世界第一的斜拉桥——杨浦大桥。

邓小平同志第三次上大桥视察是1993年12月13日。那天风特别大，还下着蒙蒙细雨，气温降到0℃。邓小平同志乘车来到完工不久的杨浦大桥主桥上。因为天气不好，加上小平同志已是89岁高龄，当时陪同的吴邦国同志想让我在车上给小平同志汇报一下杨浦大桥的建设情况就行了，可是没想到，小平同志拒绝了我们的好意。

老人家不顾风大雨寒，坚持下了车，冒雨往桥当中走了二三十米。我向小平同志汇报："您为杨浦大桥题的字也挂在桥上了，每个字大小也是14平方米。"当小平同志往回走时，我开始向老人家详细介绍大桥的建设情况："您现在站在的桥面离开江面62米了，杨浦大桥比南浦大桥更高，规模要比南浦大桥大42%，质量比南浦大桥还要好，而且杨浦大桥是当今世界上同类型斜拉桥的第一了！”

听到这里，老人家非常激动，紧紧地握着我的手说：“要感谢参加大桥建设的工程技术干部，感谢参加大桥建设的职工。这是上海工人阶级的胜利。”世界第一——杨浦大桥的建成，体现了科学技术的力量。能够建成世界第一的大桥，说明我们国家的技术水平赶上了世界先进发达国家，而这一点，才是小平同志三上大桥真正最关心的。

（作者时任上海远东国际桥梁建设有限公司名誉董事长　庄赟/整理）

马蔚华　二十二载，招商银行的国际化之路

穿越长长的时空隧道，30 年改革开放只是弹指一挥间，却让共和国日新月异，重新逐梦飞翔。改革开放最前沿的深圳，孕育了中国企业界一个又一个的传奇，招商银行非常荣幸地被列入这份长长的榜单。1987 年诞生于蛇口的招商银行，作为中国第一家完全由企业法人持股的银行，她的成长故事，演绎了中国民族银行业的光荣与梦想，成为改革开放尤其是深圳铸就的无数辉煌的一个鲜明见证。而我，有幸在过去 10 年，伴随招行的风雨历程，亲身领略她的春华秋实。

市场化的优良基因

1999 年的元旦，在交接完手头所有的工作之后，我终于离开了海口——这座记录了我人生履历中重要一页的城市。

很多年以后，我时常回想起飞机从美兰机场起飞的那个刹那，许多情愫几乎同时从心中升起，不舍、踌躇、向往、笃定……那是一种奇妙的情感交织，让人难以忘怀。

毕竟，这样的离开，不仅仅是栖居之地的更替，它更意味着我 10 年央行生涯的结束，因为倾注了太多的热情，心中多少有些不舍。然而，我亦明白，新的 10

年必将到来。透过飞机的窗口，眼看着熟悉的土壤最终变成了白云的海洋，我对即将步入的那个未知的世界，充满了好奇。

在过去 20 年里，我的职业生涯已经经历了数次改变，每一次都会为自己带来严峻的挑战和宝贵的收获。然而，这一次却不太一样，此行是去接任招商银行行长。从中央银行到商业银行，从宏观经济到微观经营，从监管者到被监管者，我这次转型意味着多种角色的转变。而这样的选择，是由一个刚刚处理完商业银行风险（我作为清算组组长奉命关闭海发行）、并对此刻骨铭心的央行监管人员做出的，尤其意味深长。

在央行工作的时候，作为监管者，我亲眼目睹了中国商业银行从传统到革新、从保守到开放的过程。眼看着金融市场的巨变和进步，去一家商业银行工作成为我的理想，并随着时间的推移，越发强烈。

真是天遂人意，1997 年国庆，当时我正在中央党校学习，一位好朋友找到我，他是秉招商银行行长王世桢的意思来问我愿不愿到招行工作的，我当即一口应允。此后，我专程去深圳与王世桢行长长谈了一次，进一步表达了我的想法。

在此之前，我曾以央行计划资金司副司长的身份前往招商银行调研，这个诞生自蛇口的小银行当时所表现出的创新和服务的崭新基因让我耳目一新。此后，我便一直关注这家银行，从各种渠道了解它成就背后的艰辛历史。

正如加缪所言，“一切伟大的行动和一切伟大的思想都拥有一个微不足道的开始”，招商银行也不例外。

1984 年，作为中国改革试验田的蛇口工业区，在时任招商局掌门人的袁庚等人的带领下，已经取得了骄人的成绩。这里有了上百家企业，开放的政策使得商人们如鱼得水，他们发挥着被压抑了许久的市场本能，将生产销售流程不断优化。然而，人们越来越感到，在改革的大潮中，金融不可避免地落伍了，并成为改革的“瓶颈”浮出水面。

企业财务人员发现，同是工业区辖属企业，因为都需要办理金融业务，有的存钱，有的贷款，一存一贷之间，便损失了部分利息。蛇口人想到了设立自己的内部结算中心来节约资金成本，这一想法得到了袁庚的大力支持。就这样，全国第一家企业内部结算中心在蛇口工业区问世，蛇口工业区所属企业在这一内部结算中心开户，再由结算中心统一在银行开户，这一举措有效加强了工业区各直属单位资金的集中管理。

2008 年 3 月，经济学家曹远征谈起中国金融改革 30 年时，说："金融体系改革是经济体制向市场化转轨的重要命题。""金融改革的各个阶段都清晰可见宏观政策和微观主体同步变革的双行轨迹。"

1984 年，当袁庚等人再次破了天荒，想要依靠自己的力量解决金融"瓶颈"的时候，中国的金融体系实际上已经开始松动。这一年，工商银行宣布成立，中国四大商业银行全部亮相，标志着中央银行与商业银行一体的银行体系终于终结。然而，庞大的国家即使是马不停蹄，改革的需要也远远超过当时的各种试探。蛇口站在风口浪尖上，自然挑起了大梁。

1985 年下半年，国家在财政金融政策方面加强宏观控制，紧缩信贷资金。为了使工业区可以灵活地吸收各类资金，改善原来单一对银行负债的局面，保证资金供给，以袁庚为首的工业区领导决定在内部结算中心的基础上成立财务公司。

然而，袁庚并没有因此而满足，他有一个更为大胆的想法。在回顾招商局历史的时候，他知道早在 1897 年，李鸿章等人就建立了中国自办的第一家银行——中国通商银行。近百年之后，为了探索金融改革，为了突破工业区的资金"瓶颈"，袁庚想将财务公司办成真正的银行。

1985 年 12 月，时任中国人民银行行长的陈慕华来深圳视察工作。闻听此讯，袁庚主动请她前来蛇口工业区视察。简单地汇报了蛇口工业区的情况之后，袁庚把话题引向了金融体制改革，他认为这方面做得很不够，蛇口工业区已经有了运作内部结算中心和蛇口财务公司的一点点经验，再加上毗邻香港，能不能让招商局在此基础上创建一家完全由企业持股、严格按照市场规律运作的中国式的商业银行。在这方面探索一下，闯一闯，看看能不能走出一条路子来。

许多年以后，我作为招商银行行长前往蛇口鲸山别墅看望袁庚老先生，他对世人的赞誉表达了真诚的谦虚。然而，当时正是因为他的想法引起了陈慕华的兴趣，得到了她的首肯，蛇口工业区管理委员会才得以申请创办一家地区性银行，因为招商局的背景，银行被命名为“招商银行”。

1987 年 4 月 8 日，招商银行在这一天正式开业了，时任招商局集团副总经理的王世桢被任命为第一任行长。彼时沈阳的春天乍暖还寒，坐在省计委办公室里的我还无法预见，这个诞生在南国的新事物十几年之后将成为自己新的职业生涯起点。

因为出生的意义不同，肩负体制外金融改革探索重任的招商银行从一开始就显示出自己的与众不同。从筹备开始，招行就注意按照国际惯例创建现代企业管理制度，招商银行虽然是由招商局独家出资创办，在体制上是作为招商局集团全资附属的地区性商业银行，但还是组成了董事会，并实行严格意义上的董事会领导下的行长负责制。由董事会聘任的行长对银行的资本、资产和负债等经营活动行使充分的经营管理自主权，并对董事会负责。

根据招商银行章程和第一次董事会决议，招商银行又成立了监事会，于 1987 年 5 月召开了第一次监事会，制定并通过了监事会章程，明确监事会依照董事会的决定、决策，负责检查银行的财务，对银行的经营活动和董事会制定的经营方针、重大决策和制度规章的执行情况进行监督检查，对董事、行长和其他高级管理人员执行职务时违反法律、法规或者章程的行为进行监督，负责确保银行经营的规范化和制度化。至此，招商银行初步构建起了现代企业公司治理结构，为其后的快速发展奠定了至关重要的制度保障。

随后，1989 年第一次增资扩股使招商银行形成了有限责任公司性质的股份制商业银行组织架构，经过 1993 年开始的第二次增资扩股和股份制改造，招商银行又发展成为股份有限公司，公司治理结构进一步完善。

然而，蛇口工业区终究不是招行梦想的全部所在，向着全国性商业银行的目标，招商银行迈出了艰难而坚定的步伐。从 1988 年在深圳设立第一家支行（罗湖支行）、1990 年在上海设立第一家分行、1993 年总部从蛇口搬到深圳（当时从蛇口的招商大厦搬到深纺大厦）开始，到1998年底，招行拥有了14家分行、166个网点，初步构建起了全国性商业银行的架构。

虽然当时招行的资产规模仅有1380亿元，但难能可贵的是，10余年的市场化运作已经沉淀了一些优良的基因。

第一，建立了富有活力的用人制度。招商银行成立之初，人力资源是一个比较大的障碍，一流的人才都因为这家银行的名声和规模太小而不愿意加盟。于是，在邀请业界退休专家担纲的同时，引入了竞争机制，实行“合同聘任，优胜劣汰”的全员聘用制。招商银行在业内最早实行竞争上岗，对于积极开拓业务、工作有显著成绩的员工及时提拔到领导岗位上来；对于服务态度和绩效差、有损于招商银行形象的员工坚决解聘或辞退。对干部要求各司其职，各负其责，业绩论英雄，对不称职者一律降职、免职。在工资、奖金分配上，视干部员工工作能力、劳动态度、贡献大小拉开档次。上述人事管理机制被形象地概括为“六能”机制，即员工能进能出、收入能高能低、干部能上能下。在当时中国企业普遍实行“三铁”（铁饭碗、铁交椅、铁工资）的环境下，招行的“六能”无疑极大地调动了干部、员工的积极性。

第二，培养了高度重视客户服务的文化。为了赢得客户和市场，招行从一开始就高度重视为客户提供优质的、差异化的服务。比如，实行挂牌服务、微笑服务、站立服务、上门服务，开办储蓄夜市、星期日储蓄全天营业……这些现在看来并不新鲜的举措，在当时与政府机关无异、冰冷低效的中国银行业中，却如一股春风让人耳目一新，为招商银行赢得了客户的青睐。到20世纪90年代中期，以沈阳分行率先在网点摆上牛奶、鲜花，从各个细节做起，给客户提供更为人性化的服务，并因此声名鹊起为新的起点，招行人更为忠实地践行着“客户是上帝”的信条，逐渐在同业、在全国树立了优质服务的口碑，并带动了中国银行业高高在上的服务形象的改变。

第三，初步搭建了比较领先的IT平台。20世纪90年代初，在国内金融同业开始信息化之际，招行又做出了一个具有深远意义的正确选择。由于规模和网点比较少，招行决定按照“统一机型、统一软件、统一需求、统一管理”的原则，建设自己的核心业务系统。这使得招行少走了很多弯路，避免了国有银行机型不一、系统割裂的弊端，为业务高效运行和产品持续创新提供了有利条件。而大约10年之后，许多国内同业才开始进行数据集中，补上这一课。

第四，创新了具有生命力的金融产品。本着一切从客户出发的宗旨，招行在抓住信息化提供的难得机遇的过程中，创新推出了后来享誉全国的金融品牌产品——一卡通和一网通。一卡通变传统的账户号管理模式为先进的客户号管理模式，使客户只用一张卡就能方便地管理本币、外币、定期、活期这些过去必须单独开立和使用的账户，被誉为中国银行业借记卡的一座里程碑。而一网通后来被打造成中国第一个实际投入市场的网上银行。这两个产品蕴含的巨大能量以及对招行乃至整个中国银行业产生的革命性影响，还要在若干年之后大规模为市场与客户所认识接受后才猛然释放。

在来到招行之前，我和大多数人一样，对于招行的印象是：虽然规模小，但是品质好。媒体也曾报道招行10余年的发展轨迹，并称赞为“招银模式”。

时间在沉思中过得飞快，不知不觉飞机降落在了深圳宝安国际机场，迎接我的招行的同事已经在旋梯下等候。跨出机舱门，仰望深圳的如洗碧空，令人豁然开朗，刹那间，对这座城市的喜爱之情油然而生。

风险考验的重重难关

至今仍让我感到有些奇怪的是，从与王世桢行长在深圳见面到我来深圳正式报到，前后有一年多的时间，但我对于来招行以后究竟会如何，没有太多的思考。也许这一方面是因为关闭海发行几乎占据了我全部的心力，另一方面是因为对招行的好印象让我朦胧地觉得去招行工作应该不会太艰难。

然而，招行给我的“见面礼”却出乎意料。

1999年1月2日，我前往位于蛇口沿山路一号的招商银行培训中心，以候任行长的身份参加了行长务虚会。

会后几天，一个令人震惊的消息传来。在亚洲金融危机造成国内银行的离岸资产大量成为不良资产的背景下，为防止产生系统性金融风险，中国人民银行将下令商业银行停办离岸资产业务。央行的决定或许有它的道理，但以我对招商银行的了解，这将是一次生死存亡的考验。作为国内第一个试水离岸业务的银行，招商银行的离岸业务规模在同业中最大。招行离岸资产占到全行总资产的近10%，离岸存款占全行存款的14%，离岸贷款占17%，离岸结算占1/3以上。当时，离岸存款11.48亿美元，头寸只有3亿美元左右。离岸贷款余额10.1亿美元，其中不良贷款6.8亿美元，占比高达67%。在这种情况下，如果客户知道消息，引发挤提，后果不堪设想，因为外币不像人民币，没有央行的再贷款支持。

为防止走漏风声，我专门到人民银行去汇报情况，在刘明康主席（时任人民银行副行长）的大力支持下，央行同意可以不下正式文件，改由手抄件传达。利用这一宝贵的喘息之机，我们采取了一系列举措：提高行内外币上存利率，充分利用利率杠杆，调动各分支机构组织外币存款和上存总行的积极性；在严格控制成本的前提下，积极开展与国内银行的本外币对拆、对放；努力争取境外代理行的融资额度；严格控制在岸外币贷款，并用在岸资产置换离岸资产；确保足够的外币头寸。经过半年左右的努力，全行外币头寸增加到了6亿多美元。我们终于松了一口气。此后，又开始了清收离岸不良资产的长期而艰苦的工作。

一波未平一波又起。1999年3月12日，距董事会正式任命我为行长还有6天，从沈阳传来了又一个坏消息——沈阳分行发生挤提。沈阳分行是招商银行乃至整个中国银行业的一面优质服务的旗帜，怎么会出现挤提呢？事后才知道，这还是一则有关我来招行任职的谣言引发的。

1999年3月初，沈阳一位区工商局干部去海南开会，听到“招行行长携款潜逃，马蔚华正奉命去接管招行”的谣言。于是，他赶紧打电话让家人把存在招商银行的钱取出来。谣言一传十、十传百，不断放大。从3月12日开始，沈阳分行经历了惊心动魄的13天挤提风波。

因为在海南处理过这样的事情，有些经验，而且招行有 70 多亿元存差，沈阳分行个人存款余额不到 20 亿元，总的头寸很充足，所以，心里还比较有底，并不惊慌。当时，总行制定的策略是保证支付。由于资金调度需要一定的时间，我们向人民银行总行报告，请人民银行紧急提供再贷款支持。准备好资金后，我们要求沈阳分行的所有网点，只要有人来提款，无论任何时候都要办理，而且不以任何方式挽留，只是告诉客户提前支取定期存款损失的利息。同时，将现钞在柜面上堆得高高的，让排在后面的客户也看得见，员工的态度像办存款一样热情。在那些日日夜夜，沈阳分行许多员工连续十几个小时工作，顾不上吃饭、喝水，上厕所也跟客户请求，一路小跑。回忆起这些工作场景，至今我仍感动不已，招行的员工确实是太可敬、太可爱了！

与此同时，我们与辽宁省沈阳市政府和中国人民银行沈阳分行商定，由中国人民银行沈阳分行负责人出面，以新闻发布会的形式，反击谣言，澄清事实，表明态度。在累计净付人民币将近 6.59 亿元、外币 1429 万美元之后，挤提风波终于被平息下来。不多久，沈阳分行的存款就回复到挤提前的水平。

两个意想不到的“见面礼”，让我对商业银行的风险有了更为感性、具体的认识。处理过程中的切肤之痛，让稳健发展的理念在我的心中扎下了根。

如果说处理两次流动性风险只是我初来招行经历的有惊无险的遭遇战的话，接下来开始的消化不良资产包袱则是一场浴血奋斗、艰苦持久的攻坚战。

1999 年 3 月底，挤提结束后几天，我出席了就任招商银行行长后参加的第一个全行性会议——全行信贷专业会议。我有些吃惊地发现，招商银行的资产质量已经不容乐观。按照“一逾两呆”的四级分类标准，招行的不良资产率已经达到了 13.96%，一个季度涨了 3 个多百分点。更让人忧虑的是，全行几乎没有多少准备金，而且按照当时的财务制度，应收未收利息 3 年内还计入损益，用于股东分红。家底如此脆弱，岂能长久？我不禁忧心忡忡。经过反复思考，我和管理层决定多管齐下，综合治理资产质量问题。

1999 年 7 月，我第一次参加招商银行董事会，就请求修改当年利润计划，从

20 亿元降到了 15 亿元，当年加大了计提拨备。年底计提拨备达 8.9 亿元，比前 11 年的总和还多。第二年，为了上市，招行董事会核准从公积金中拿出 20 亿元用于呆账核销。就这样，从 1999 年到 2001 年的 3 年间，招行先后从盈余公积金、利润和股东权益中拿出了 34 亿元用来核销不良资产。当时，四大国有银行已经剥离了 1.3 万亿元的不良贷款给新成立的 4 家资产管理公司。

要解决不良资产包袱，除了消化存量，还必须控制好增量。于是，我们从理念、制度、机制、体制、技术等多方面入手，一点一滴地强化信贷管理。2000 年起，在国内同业率先开始贷款“清分”，对贷款进行五级分类，彻底摸清家底。同年 10 月，建立并实行了三级审贷会制度。当年年底，针对“清分”中发现的各类问题，总行向全行公布了《加强信贷资产质量管理的若干规定》，即后来被招行内部称为“十个严禁”的“信贷铁律”。严厉的规定，当时一些分行行长们并不适应，提出反对意见，强调在当时的市场环境下，招行这样要求自己，等于退出竞争。我肯定地表示，资产质量是招行的生命线，对此不能有一丝半点的含糊，对总行制定的信贷纪律，大家理解要严格执行，不理解也要不折不扣地执行，而且要通过这个过程，营造深入人心的风险文化。

为了进一步解决大家的思想问题，提高强化信贷管理的自觉性，2001 年中，我们又在北京召开现场会，请质量好、效益好、发展快的北京分行现身说法。当时，北京分行累计发放贷款 724 亿元，五级分类口径不良率仅为 2%。会上，我以北京分行为例，强调控制好资产质量，同样能够快速发展，关键是抓好管理，形成严格管理的文化。

除了讲道理，还需要动真格。于是，总行在内部分配制度中，将资产质量与各行的工资挂钩，而且逐步加大比重。同时，加大问责力度。总行每个月都要对不良资产增加多的特别是完成不良资产控制任务进度不好的分行，在全行通报，并要求一把手来总行讲明情况、明确措施。对大额贷款形成不良的，要求主管行长亲自带队到企业作现场调查，专题报告。

进入 2001 年，全行不良资产增长势头终于初步得到抑制，到年底，不良资产率终于从最高时的接近 20% 降低到了 10%。

从一开始到招行处理流动性风险、了解到全行资产质量的状况，我就在思考，要解决招行的问题归根结底是加快发展，让招行在新一轮发展中强身健体，这才是治本之策。正如一个虚弱的人，暂时治好了感冒不等于就没事了，体质没有真正强健，随时都可能再感冒，甚至引发并发症。从外部环境看，步入 21 世纪，中国市场经济的发展，入世和信息技术革命的冲击将极大地改变中国金融业的发展格局，引发一场银行业的深刻变革，作为规模偏小的新型商业银行，招商银行必须认真审视自身所处的竞争地位，从战略高度谋取新的竞争优势。所以，从 1999 年下半年开始，我和管理层即着手研究制定新的发展战略。

经过深入细致的调查研究，招行制定了面向 21 世纪的新的“三步走”发展战略。第一步网络化，即进一步发挥招行科技领先的优势，以电子银行为重点，构建“水泥”加“鼠标”的业务模式，以此弥补物理网点的欠缺，形成自身的业务特色；第二步市场化，即进入资本市场融资，建立有效的资本补充机制，保证业务发展的资本需求，同时推动自身管理素质的提升；第三步国际化，即学习、借鉴国际先进银行的经验，使自身的经营与管理模式逐步与国际接轨。

2000 年 3 月，在时任董事长刘松金的主持下，董事会通过了管理层提议的中期发展与管理战略。董事会认为，这一战略反映了处于世纪之交的全球银行业与我国银行业正在发生的根本性变革，是招行未来的行动纲领，对招行的中长期发展具有深远影响。

10 年来，在董事会的大力支持下，我和管理层一起率领全行员工围绕这三步，坚持不懈地努力和拼搏着，一步一步迈出坚实的步伐，使招行的发展不断迈上新的台阶。应该说，正是这一正确的战略选择，正是全行强有力的执行，招行才有了今天。

网络时代的重新起跑

1999 年，网络热潮开始在全球弥漫。互联网这一事物的兴起，对全球银行业提出了严峻挑战，比尔·盖茨甚至预言商业银行将因此成为行将在 21 世纪灭绝的恐龙。然而，我们从中也看到了机会。

在传统的银行模式下，招行是没有什么优势可言的，无论是规模、影响，还是网点、资金量，我们都无法和国有银行相提并论；至于资历、品牌、管理和效益，招行则无法望百年花旗、百年汇丰等国际银行的项背。但在新兴的互联网面前，所有银行不论规模大小、不论出身先后，都在一个起跑线上，面临同样的机遇，小银行甚至有机会后来居上！

这一判断，促使我们决定在“三步走”战略中首先实施网络化。

综合考虑招行的优劣势，网络化的第一步棋落在了一网通上。一网通在此以前已经有局部开发，但没有形成系统，用户也不多。我们决定要将一网通推向市场，让它精彩亮相。当时的目标是：通过一年的努力，让中国的老百姓一提到招商银行就想起网上银行，一提到网上银行就想起招商银行。

1999 年 9 月，我们决定在北京举行一场盛大的新闻发布会，宣布招行在全国率先全面启动由企业银行、个人银行、网上证券、网上商城、网上支付组成的网络银行服务系统，推出“一网通”品牌。在发布会前一天，当一切准备就绪的时候，我的身体却出了状况，突然间觉得腹部疼痛难忍，同事们把我送到 301 医院检查，结果是患了急性胆囊炎，需要立刻住院治疗。连续打了 12 个小时的吊针之后，第二天我准时出现在现场时，同事们既惊诧又高兴。新闻发布会取得了圆满成功，各大媒体对一网通作了广泛的报道。

随后，招行与联想、新浪、搜狐、网易等举行“奔向新世纪、精彩网上行”网络生活宣传推广活动。3 个多月的时间里，我们联合这些 IT 企业和初具网上销售能力的 70 多家企业，推出一系列电子商务推广活动。通过面向特定的目标市场和客户群，以网上购物的形式，以促进支付、配送等与电子商务相关的各个环节的完善与成熟为方向展开活动，竭尽全力促进消费者对网上购物这一新生事物的认识。这样的付出获得了丰厚的回报，此后较长时间，招行“一网通”几乎垄断了国内电子商务的支付市场。

事有凑巧，正当我们大力推广一网通的时候，有机构组织了“72 小时网络生存测试”的活动，旨在检验利用电子货币（银行卡等）进行网上购物以维系生存的能力。一位广东选手成功地使用招行的“一卡通”和“一网通”购买了一杯豆浆，成为测试者中第一个使用电子货币进行网上购物的人。这次生存测试在国内外震动很大，给很多人留下了“招行的‘一卡通’‘一网通’最好用”的印象。

1999 年底，招行“一网通”的发布被评为当年中国互联网发展十件大事之一，“一网通”也入选中国“百佳网站”。

虽然前期取得了一些成绩，但要使一网通最终成为有价值的品牌，必须建立有规模效益的客户群。我们想到了到大学校园去营销，因为一般的客户不太容易接受这个新产品，而大学生是最愿意接受新事物的。

经过周密的策划，招行的网上银行借助由教育部和人民日报社共同主办的“中国大学生电脑节”，开始了进军校园之旅。

2000 年 3 月，招行全程赞助的“中国大学生电脑节”在广州拉开帷幕。不出我们意料，从南到北、从东到西，电脑节展示会所到之处，在一所所高校中刮起了科技旋风。作为唯一全程赞助电脑节的企业，招行成为备受瞩目的焦点。

我在北京大学的演讲被安排成了“压轴戏”。

“北大是中国五四运动的起源地，北大学生有善于思考、善于接受新事物的传统。营销网上银行，也要像当年革命一样抓住最能接受新事物的这些地方、这些人群。”2001 年，我在中央电视台的《对话》节目中，曾经这样阐述此次校园营销。

但真到了去北大演讲的时候，我心里还是有点不踏实，怕北大学生只关心国家大事，一个小银行的新产品介绍没人去听。忐忑间，我拨通了老同学——北大党委书记闽维方的电话，请他帮忙组织一下。老同学回答："不论什么演讲，北大的传统都是只贴海报，不能组织，学生感兴趣就去听，不感兴趣就不去听，学校不会强制；我能做的就是叫人把海报贴得大一点、醒目一点。"

当晚7点半，北大电教报告厅。令人感动且意外的是，这里座无虚席，还有很多同学站在走廊上。在热烈气氛的感染下，我就网上银行的背景和未来发展侃侃而谈。演讲相当成功，讲完了又进行了一个小时的互动。互动完了，有的同学还不走，围着我让我留电话，并表示想在毕业后到招行工作。

接下来，我在清华大学的演讲也反响热烈，这也使得我深刻地认识到网上银行的生命力，坚定了推动网上银行的信心。

在大张旗鼓地进行品牌营销的同时，我们也在行内加大了对分行拓展网上银行客户与市场的组织推动力度，新开户、交易笔数、交易量不断创出新高。2000年中，我们携手中国南方航空公司率先推出航空电子客票服务，开辟了全新的航空售票模式。

2000年底，正当一网通的营销如火如荼地进行的时候，中国的互联网却骤然进入了冬天。令人欣慰的是，前期的投入已经开始收获回报。经过一年多不遗余力的立体式营销，招行的网上银行已经被业界公认为国内最先进、最完善的网络银行体系，客户数、交易量在同业中遥遥领先，引起了广泛的关注和好评。英国《金融时报》把招行称作中国银行业的电子化领头羊，李嘉诚先生也表示有意与招行长期合作开展网上业务。《IT经理世界》这样评论："在互联网的冬天，电子商务在中国，幸亏还有招商银行。"还有一家媒体说："在中国，人们一提到网上银行就想到招商银行，一提到招商银行就想到网上银行。"而这正是我们的初衷。

如今，"一网通"已经成为了一个国际国内知名的金融品牌，其技术性能、客户满意度、柜面业务替代率等指标一直领先国内同业。

尽管在国内银行业逐鹿网上银行的过程中，招商银行取得了一些成绩，但网络化的脚步不能就此停留。继一网通之后，我们又将目光瞄向了资金汇划时滞这一问题。

一直以来，国内银行业异地的资金汇划都不能即时到账，资金在途并不计息，这就相当于客户承担了利息损失，而这一切被认为是理所当然的，客户也对此习以为常。本着为客户考虑的宗旨，招商银行决定率先行动，改变这个不公平的行业现状。

2001 年 4 月，经过技术部门几个月的鏖战，招行在全行网点完成了资金汇划系统前期测试，率先在国内银行业启动“资金汇划零在途”系统，成为国内银行业第一家在全国所有营业网点都可以为客户提供异地资金汇划实时到账的银行。

伴随网上银行、一卡通的发展，招行电话银行的建设也一路领先。从 1999 年开发成功、2000 年正式在深圳地区推广开始，历经 10 年的努力，95555 由当初只有几个人、几部电话的小部门，成长为中国最优秀的呼叫中心之一，多次获得“全国呼叫中心服务质量管理十佳满意品牌”奖项，连续四度蝉联“中国最佳呼叫中心”，并问鼎“中国呼叫中心十年成就奖”，奠定了自己在行业中的重要地位。2008 年北京奥运会和残奥会期间，招行电话银行中心各项指标均创历史最好水平，接通率高达 99.26%，推出了粤语、英语、日语、韩语等多语种服务，并成功实现“零投诉”，受到北京奥组委的表彰。

此外，我们还将一网通终端扩展到手机上，在国内率先推出“手机银行”服务。大力发展 ATM，数量不断翻番。

渠道网络化战略的成功实施，对招行的发展有着不可替代的深远意义。10 年来，招行的个人银行客户数从近 300 万增加到了 4039 万，增长 13 倍，而物理网点从 164 家增加到了 672 家，只增长了 3 倍，客户满意度却一直保持领先同业的水平。这一令国外同业和媒体感到惊奇的巨大成就，正是网络化有效地弥补了招行物理网点不足的缺陷的结果。更为重要的是，网络化还为招行的第二步战略——资本市场化奠定了基础，因为它提升了招行的品牌形象，使招行有了在资本市场上讲述自己与众不同的故事的资本。

资本市场的精彩亮相

网络化初见成效后，我们开始更深刻地审视招商银行长远发展需要解决的新问题。当时我们感到，比较突出的矛盾可以归结为三个方面：一是缺乏有效的资本补充机制，虽然三番五次地扩股增资，却难以跟上发展的步伐，很大程度上制约了规模扩张和风险防范的能力；二是整体管理素质还有待提高，运作相对现代商业银行的要求还较为粗放；三是入世之后必然要走国际化的道路，而这个发展战略又深受前两个问题的制约。怎么办？资本市场化是必由之路。

此后，在秦晓董事长和董事会的领导与支持下，招行在资本市场演绎了 A 股上市、发行可转债和 H 股上市的精彩“三部曲”。

2000 年 1 月，我们确定了公开上市的策略，并成立了专门的研究小组，进一步深入论证。当时，有三种方案可以选择：A 股、H 股、A 股和 H 股同时发行。三种方案都有利弊，经过论证，董事会批准优先研究在国内 A 股市场整体上市的方案，同时不放弃在港发行 H 股的努力。

在这之前，董事会还做出了分拆网上银行上市的决议，我们心里对分拆上市却一直没有底，于是决定要认真作一番论证。为此我专程带队赴美考察了网上银行的几种模式，经过周密的实地考察后发现，纯网上银行很难立足，只有把网上银行同传统银行业务相结合的这种“水泥加鼠标”的做法才是现代商业银行发展的正确方向。

最终，我们说服董事会，停止网上银行分拆上市计划，专注于 A 股整体上市。

2001 年，秦晓从中信调任招商局和招商银行董事长，上市一事得到了他的大力支持。在他第一次主持的董事会会议上，就上市问题进行了深入的讨论。按照证监会的要求，在银行上市时，老股东要承担上市前的不良资产损失。我们向董事会提出放弃 2000 年的利润分配，在 120 亿元净资产中增提 49 亿元拨备、通过冲减公积金核销 25 亿元呆坏账的动议。由于其中涉及 74 亿元的权益损耗，提案的辩论几近白热化。

秦晓董事长对管理层的观点表示了大力支持，他跟股东们讲："在法律构架中，董事不仅代表股东，还是银行的董事，有责任关注银行的长远利益，这也是董事会区别于股东大会的地方。从不同的角度和立场看问题会有一定差异，我们会尽力协调董事会和经营班子、大股东和小股东的关系，但如果董事会开成一个股东代表会，就不是一个完善的法人治理结构。虽然中国国情有一些特殊的地方，但希望能相互配合，形成一个经营班子、董事会、股东大会互相制约、协调配合的良好架构。"

秦晓董事长的这席话奏了效，原先不愿意承担剥离不良资产代价的老股东愉快地接受了这一提议，将当年的分红留存银行，确保了上市决议的通过。后来，每当回忆起这次会议，我总是想：如果没有秦董事长的高瞻远瞩，没有董事会的果断决策，招行的历史会是怎样的呢？内部的难题解决了，可外部的难题又接踵而至。2001 年 4 月 29 日，招商银行股份有限公司股东大会正式审议通过《关于招商银行公开发行股票并上市的议案》，进入上市准备期。可就在此时，中国证券市场发生了近十年最大的灾难性事件：股指跌宕起伏，变化剧烈，从 2001 年 6 月的 2245 点大幅下跌至 2002 年 1 月的 1339 点，大部分股票跌幅超过 50%，投资者损失惨重，理论研究界甚至出现了"崩盘论"和"推倒重来论"。举步维艰的市场环境成为招商银行上市面临的第一道难关。

政策层面的挑战是招商银行上市的第二道难关。2001 年，恰逢资本市场法规建设开始提速，主管部门根据国际标准，连续改革商业银行披露规则，上市所依据的规则变化频繁，使招商银行的准备工作不得不一而再、再而三地进行重大调整。

监管意见函是招商银行上市的第三道难关。由于银行的特殊性，证监会要求将人民银行的监管意见函作为招行上市的要件。我们就此与人民银行沟通，结果碰到两个难题。其一，之前虽然已经有深发展、浦发银行和民生银行上市，但人民银行从来没有出具过监管意见函，招行是第一家，他们也不知道应该怎么出具；其二，人民银行与证监会之间，就提供监管意见函一事尚未形成一致意见，而招行又必须尽快拿到监管意见函，时间非常紧迫。为此，我们在两家监管机构之间进行了反复沟通，人民银行终于在 2001 年上半年为招行出具了一份监管意见函。

经过这些难关之后，招行上市的磨难却仍未结束。2001 年 7 月初，银广夏造假事件曝光，引发了股市的强烈震荡。银广夏并没有给招行带来任何信贷损失，但是城门失火殃及池鱼，为银广夏提供虚假财务报告的中天勤会计师事务所崩塌，又耽搁了招行的上市进程。最后，我们换成毕马威华振会计师事务所重新进行审计。

招商银行上市的艰辛，从准备的材料上可窥一斑。光是回答证监会的问题就达 300 多个；主承销商中国国际金融公司对招商银行的调查历时 10 个月，搜集的资料堆了几十米高，调查报告厚达 3000 多页……

面对一波三折，我们心志弥坚，以不懈的努力化解了一个接一个的难题。终于，2001 年 12 月 28 日，招行上市申请获得证监会的批准；2002 年 3 月进行了旋风式的路演；4 月 9 日上午 9 点 30 分，秦晓董事长和我一起在上海证券交易所敲响了招商银行 A 股挂牌上市的锣声。这一声锣响，宣告招商银行正式成为一家公众公司。

招行 A 股上市筹集资本金 107.43 亿元，有效缓解了业务发展与资本充足率之间的矛盾。而且，一举创下了三个国内之最：国内总股本最大的上市银行，筹资额和流通盘最大的上市银行，同时，也是国内第一家采用国际会计标准上市的公司。各大媒体都以显著的位置对招商银行上市的情况作了大量积极的报道。

然而，上市的意义远不止于此。从一开始，我们就下决心要把上市的过程当作一个提升管理的过程、当作一个向国际规范靠拢的过程、当作一个彻底解决历史包袱的过程。现在看来，当初的目的达到了，上市给招行带来了脱胎换骨的变化。它使困扰招行多年的不良贷款问题得到比较彻底的解决，招行从此走上了资产质量根本好转、最终达到国际国内先进水平的道路；它使招行发现和弥补了管理方面的诸多差距，在会计标准等方面率先与国际接轨，管理水平得到提高；它使招行成为各界关注的焦点和媒体报道的重点，品牌知名度和美誉度大大提升。

A 股上市之后，招行资本充足率高达 17.59%。但由于业务发展速度快，仅仅一年后，就锐减到 10.56%。招行再次面临着资本不足的问题。

2003 年 4 月 3 日，招行董事会执委会进行了专题研究。秦晓董事长在明确支持招行再融资的同时，也要求：第一，融资必须带来效益；第二，要在发展中不断提高资本收益率；第三，要以尽可能低的融资成本获取最大效益。

经过反复研究，这次会议做出了发行可转债的决策。除可转债，当时其他的补充资本渠道还有引进战略投资者、境外上市、配股增发等其他形式。对于引进战略投资，秦晓董事长和我的态度一直是非常明确的：招行目前不会跟风，而是希望维护住本土银行这一品牌。对于境外上市，当时境外发行溢价水平与国内市场有较大差距，会压制 A 股上市空间。而对于配股增发，当时国内资本市场仍未摆脱低迷状态，市场接受的难度更大。相对而言，可转债当时在资本市场上还是新生事物，还比较受欢迎。对于投资者而言，可转债不仅本金有保障，而且还有保底利息，可转债上市后如果市场好可随时脱手获取差价收益，同时还有期权价值存在，在适当时候可转股获利。

然而就是这样一个对于各方都比较有利的方案，却引发了一场巨大的市场风波。

在 2003 年 9 月 12 日举行的中期业绩交流会上，我们原准备就可转债发行问题与重仓持有招行股票的基金及其他机构投资者进行交流沟通，争取达成共识。但是部分基金公司有备而来，建立了联盟，提出了质疑，并向媒体曝光。

为澄清事实，消除误会，我们会后组成两个小组，对有关基金进行了一对一走访。通过沟通，基金联盟不再反对发债，转而反对可转债融资方案。

10 月 15 日，招行 2003 年第一次临时股东大会如期召开。部分法人股东、40 多家基金公司代表、其他机构投资者、个人投资者及众多记者云集在 5 楼会议室。我以“爱之愈深，恨之愈切”这句话，对前一段时间大家对招行的关注、批评，表示了理解，并对本次可转债发行方案做了进一步说明。但我话音刚落，立即有基金代表要求发言，并抛出了两个质询案、一个否决提案和一个分类计票的要求。会议议程因此改变。虽然基金强烈反对，投票结果还是通过了可转债融资方案。但在中午休会期间，几家基金公司私下统计了流通股东的表决结果，并在股东大会结束后举行了新闻发布会，宣读了《联合声明》。随后，各家媒体再度掀起了报道高潮。

面对这一形势，我们决定暂缓向证监会报送材料，进一步与基金和社会各方沟通，并对可转债方案做进一步的修改调整。从 11 月开始，我亲自带队，上门走访主要法人股东单位和基金公司，与其高层进行沟通。终于，大家的分歧逐步缩小。

在此期间，证监会发布了《关于将次级定期债务计入附属资本的通知》，为银行补充资本提供了新的渠道。在综合考虑了法人股东、基金、证监会的意见和市场形势之后，我们对可转债方案进行了调整：发行规模由 100 亿元调整为 65 亿元，另外发行 35 亿元次级债补充附属资本，并相应调整了配售方式。

2004 年 2 月 18 日，可转债修改方案公告后，基金、市场分析人士、媒体等各方面都给予了积极正面评价。3 月 19 日，在 2003 年度股东大会上，以 95.55% 的赞成票通过了可转债修改方案。至此，沸沸扬扬的招行“可转债风波”终告平息。2004 年 11 月配售时，招行的可转债认购火爆，超额认购达 164 倍，创下中国股市转债发行之最。曾经极力反对和阻拦招行可转债发行的基金，也重兵参与认购，成为保险公司和机构之外的又一支申购主力。

从 2003 年 6 月份准备，到 2004 年 11 月发行上市，市场从强烈反对到热烈追捧，招行可转债可谓历经坎坷曲折。最白热化的时候，我在搜索引擎上点击“可转债风波”，出现的几千条新闻都是对我和管理层的批评与责骂。然而，当后来各家基金又疯狂抢购招行可转债时，是非曲直就一目了然了。不经历风雨，怎么见彩虹？正是这道绚丽彩虹，让我进一步深刻认识了资本市场的规律与魅力。这一经历也为我们后来的 H 股上市打下了较好的基础。

由于现有的业务结构对资本的消耗相当快，从2005年中期开始，补充资本的问题又开始浮出水面。经过和董事会的多次讨论和反复论证，我们最终决定在香港H股上市。

因为总部在深圳，招商银行自诞生起就与一水之隔的香港有着紧密的联系，选择在香港上市不仅审批环节相对简单，而且通过10%对香港公众、其余90%对全球机构投资者配售的发行方式，有助于提高招行的国际知名度与品牌形象。

然而，从操作层面来讲，首要的并不是H股上市本身的问题，而是国有股减持。2005年4月30日，证监会发布了《关于上市公司股权分置改革试点有关问题的通知》，启动了股权分置改革试点工作。监管当局规定，上市公司未完成股权分置改革前不得在资本市场进行融资活动。

有了可转债方案的经验和教训，招行和大股东招商局把股权分置改革视为促进与机构等流通股股东沟通、改善投资者关系的重要步骤。为此，我们对股改作了精心准备。

与两年前相反，这一次招行获得了流通股股东和媒体的高度认同。由于股改的成功，秦晓董事长被评为2005年度上市公司最佳董事长。

2006年2月，秦晓董事长对招行境外上市提出了要求："快速启动、抓紧时间、争取9月份完成。"这无疑是一场十分艰难的挑战。要在6个月的时间里完成所有上市准备，谈何容易？但富于挑战精神的招行人还是义无反顾地踏上H股上市的征程，一系列工作迅速全面铺开。

3月2日，招行H股上市启动大会召开。当日，中介机构开始进场工作，在短短几个月的时间里，我们和中介机构密切配合，完成了尽职调查、资产评估、董事会和股东大会材料准备、境内外报批、招股说明书起草工作。

由于该次发行的H股有95%都是由全球的机构投资者认购，所以全球路演成为H股上市招股的重头戏。9月4日，招行国际路演正式拉开帷幕，开始接受机构的认购订单。

9月7—15日，秦晓董事长和我分别率路演团队赴欧洲和美国进行路演，每天分别要会见七八批机构投资者。整个路演期间，招行共举行 105 场“一对一”会议，“一对一”会议下单率为 97%，创造了路演下单率的最高纪录，明显高于以往大型中资公司海外 IPO 下单平均 82% 的水平，且基本没有价格敏感性。

由于招行的良好业绩和路演的成功，到了 9 月 14 日，招行在中国香港、欧洲和美洲市场的国际配售冻结资金约 964 亿美元，获 51 倍认购额，开创了中资企业 H 股上市的新纪录。

9 月 22 日，招商银行 H 股正式在香港联交所挂牌交易，成为第一家在股改后以 A+H 形式到香港上市的内地企业，也是第一家上海证券交易所挂牌企业到香港上市的内地企业，创立了从 A 到 H 的新模式。

招行 H 股在香港的成功上市，再一次掀起国内外媒体的报道高潮。挂牌上市当日，中央电视台、凤凰卫视等电视台在黄金时段报道了招行 H 股成功上市的盛况。新华社连发 4 篇通讯，高度评价招行开创了新模式。次日，国内各主要媒体都在头版醒目位置深度报道招行圆满上市，并配发大幅现场照片。“招行：续写成长的故事”“完美得令人难以置信”“招行 H 股受热捧”“招行 H 股幻彩‘秀’香江”……媒体毫不吝惜赞誉之辞。《华尔街日报》《英国金融时报》、路透社等海外媒体也对招行 H 股上市给予了非常积极正面的报道，肯定招商银行是基金经理眼中质量最好的国内银行，招商银行运营效率更高，尤其在中国银行业快速增长的零售银行业务方面，表现非常突出。

H 股成功发行，对招行影响深远。首先，提升了股东价值，H 股发行前，招行每股净资产是 2.71 元，发行后增加到 3.66 元，增幅 35%；在招行发行 H 股阶段，A 股股价不断上涨，从 3 月 2 日首次中介机构会议到 9 月 20 日，增幅 49%。其次，招行进一步成功地塑造了“领先的零售银行业务、资产质量好、管理层素质高”的市场形象，形成了更为鲜明的差异化特征，在境内外特别是境外的品牌影响力再次得到了提升，投资者关系也得以巩固。

招行经历的资本市场“三部曲”，可谓亮点纷呈，在我的心中留下了深刻的印象：A 股上市是脱胎换骨的过程，它使得招行甩掉了历史包袱，全面改善了经营管理素质，得以强身健体，再添活力；发行可转债是经受洗礼的过程，它使我们切身体会到了国内资本市场的游戏规则，获得了与投资者建立良好互动关系，融入市场的经验；H股上市是更上层楼的过程，它使我们深刻认清了自身的优势以及与国际标杆银行的差距所在，进一步明确了未来发展的方向与量化目标，为招行真正步入国际化发展的轨道开创了全新的起点。

国际化的漫漫征程

在董事会的领导和支持下，我们在持续推进网络化、市场化战略的同时，开始考虑着手实施国际化战略。2002年A股成功上市、香港分行开业后，管理层将国际化发展的问题提上正式日程。我们分析，对于招行来说，国际化发展是一个必然的选择。一方面，随着国内金融市场按照“入世”承诺加速开放，本土市场的竞争实际上已经国际化，国内银行即使身在国内面对的也是国际竞争；另一方面，随着金融脱媒的加剧和中国的金融政策与监管迅速与国际接轨，国内金融业的游戏规则也日益国际化，国内银行只有与之相适应才能不被淘汰出局。国际化发展的内涵与外延是广泛的，很多人把它简单地理解成走出去建机构，事实上，管理、业务、产品、股权、人才等都有国际化的问题。

当然，走到境外，走出国门，通过兼并收购或开设机构，实现跨国经营，是国际化的最终目标。但对招行而言，现阶段国际化发展的主要任务是管理国际化，原因很简单，如果管理达不到国际先进水平，出去建机构就很难获得批准，即使侥幸建起来了，也管不好、经营不好，反而可能成为包袱。

基于这些认识，我和管理层经过研究提出，要在新的形势下大力推进管理国际化进程，并组织研究制定了实施方案，开始了在理念、制度、技术和行为等多个层面的探索。随着实践的深入，我们越来越体会到，招行与国际先进银行的最大差距在于管理，而提升管理的关键在于先进的理念。因此，针对管理中的薄弱环节，我们总结了一系列管理理念，通过各种形式反复地在员工中宣传灌输。

因势而变、因您而变是最早强调的理念。这是管理层对银行业发展一般规律的把握。2002年初，在招行首次启用全行视频会议系统进行的培训课上，我代表管理层比较系统地阐释了因势而变的理念，它随后成为全行创新与改进工作的响亮口号。不久，为总结提升招行的客户服务文化，又提出了因您而变的理念，强调因您而变体现了招行作为服务业的定位，代表了招行不断满足客户不断提高的需求的创新精神，浓缩了招行永不满足、追求卓越的高远目标。此后，我们将因您而变作为招行的品牌口号，与招行的象征葵花和代言人郎朗一起进行持续的传播，因您而变逐渐成为招行的代名词而为社会广泛知晓并赞誉。

另一个如今在招行上上下下都耳熟能详的理念是“一三五”。这是管理层总结招商银行十几年经验教训提炼出来的自己的原则。“一”是指坚持一个思想，就是在经营和发展过程中，必须坚持效益、质量、规模协调发展的战略指导思想。“三”是指坚持三个理性：理性地对待市场、理性地对待同业、理性地对待自己。“五”是指处理好五个方面的关系，具体说来，就是在经营和发展过程中，要正确把握和处理好管理与发展、质量与速度、长远利益和短期利益、股东客户与员工利益、制度建设和文化建设之间的关系。

最集中体现对传统银行经营管理观念与模式颠覆的理念是“十变”。这是在管理国际化过程中对新的经营管理观的理解。具体包括：变“规模导向”为“价值导向”；变“账面利润”为“经济利润”；变“粗放营销”为“精准营销”；变“以大论优”为“以质论优”；变“控制风险”为“管理风险”；变“单一盈利”为“多元盈利”；变“被动定价”为“主动定价”；变“比例管理”为“资本管理”；变“部门银行”为“流程银行”；变“行政调节”为“利益调节”。回过头来看，招行近几年能够保持稳健快速发展的势头，管理方面的差距逐渐缩小，品牌影响力不断扩大，理念的传导与实践起到了至关重要的作用。也正因为如此，招行的这些理念为国内许多同业所重视和借鉴。

如果说管理的国际化是招行为了未来发展主动做出的选择的话，那么经营的国际化从某种意义上来说是招行面对现实不得不做的抉择。一方面，自银监会

2004 年颁布《商业银行资本充足率管理办法》以来，国内银行面临日益刚性的资本约束，过去那种没有资本、不计资本也能办银行的时代已经一去不复返了；而国内银行主要依靠对公贷款盈利的经营模式对资本的消耗大，资本补充的需求频繁，这对于股东和资本市场来说是不愿看到的，招行的可转债发行风波让我们有了切肤之痛。另一方面，金融脱媒正在加速，企业直接通过资本市场融资、IT 企业蚕食银行支付业务，越来越严重地威胁着银行的传统市场，过去以大企业为主的客户结构难以为继。此外，央行在稳妥而积极地推进利率市场化进程，这对于习惯于利差保护的国内银行来说，可以说是一个生死考验。

面对这些新挑战，管理层意识到必须进行经营调整和转型，否则招行的路就会越走越窄，甚至步入死胡同。2004 年 8 月，在南昌举行的招商银行个人业务座谈会上，我代表管理层强调要把零售业务作为未来发展的重中之重，并形象地归纳为：不做批发业务现在没饭吃，不做零售业务将来没饭吃。在几个月之后的全国分行行长会上，又系统地提出了招行实施经营战略调整的方向、目标与举措，由此揭开了招行经营转型的序幕。

经营转型的第一枪在零售业务打响。之所以选择零售业务，是因为相对其他股份制银行，招行有了一定的基础和优势。经过全行几年如一日的全力推动，一卡通发卡呈几何级数增长，由此形成了比较优质、有一定规模的个人客户群，并初步进行了细分，于 2002 年推出了针对高端客户的金葵花服务体系；招行个人业务的服务、品牌、技术、创新优势得以保持和扩大；2002 年推出了国内第一张国际标准的信用卡，经过两年的跑马圈地，占据了国内市场的领先位置；机构网点建设在加速进行，从 1998 年末的 23 家分行 166 个网点，增加到了 2004 年末的 33 家分行 417 个网点。

零售业务调整的目标是要将局部领先优势巩固并扩大为全面领先优势，从广度、跨度、深度三个维度构建高客户满意度、高忠诚度的服务体系。这无疑是一项复杂的系统工程，为此，全行在多个方面进行了不懈的努力。一是以客户需求为导向，不断对客户细分，提供有针对性、差异化的金融服务，形成了涵盖一卡通普卡、金卡、金葵花、钻石、私人银行客户，信用卡普卡、金卡、白金卡、无限卡客户的客户分层服务体系。二是顺应市场和客户需求变化，持续加大创新力度，财富管理产品、个人信贷产品、信用卡产品等现代零售银行产品不断丰富与发展，形成了一个较为完整的零售银行产品体系。三是建立了较为完整的个人资产管理体系，形成了专职审批、审贷分离的个贷审批体制，审批效率和质量得到大幅提升，个人贷款迅速发展，不仅在股份制银行中领先，还超过了有的国有银行。四是信用卡业务在前期跑马圈地的基础上适时实施业务转型，着力提高卡均、客均的价值贡献度，使信用卡的发卡量、客群质量、经营效益、品牌形象、产品体系、服务水准均衡推进，保持了市场领先位置，被国内外业界视为国际信用卡发展史上的一个奇迹，哈佛大学等国内外名校为此专门编写了 MBA 教学案例。五是着力打造一支业务知识专、营销能力强、综合素质高的零售银行专业团队，加强贵宾理财经理、个贷客户经理、低柜理财经理、私人银行客户经理、产品经理等零售专业队伍的人员配置和培训力度。六是积极引进开发了个人贷款评分卡、数据挖掘与数据库营销管理平台、财富管理系统等多项现代管理技术，为业务发展提供了专业技术支持，大幅提高了经营管理水平。

经过几年努力，招行零售业务的竞争优势得以巩固，成为招行更为响亮的品牌和领先的特色。国际权威媒体连续授予招行“中国最佳零售银行”“中国最佳私人银行”“中国千万富豪最青睐的信用卡”等殊荣。

中小企业业务是经营转型的另一个重点。作为中小银行，我们越来越感到在与大客户的合作中难以改变被动的局面，不仅忠诚度低，而且利率经常被迫下浮。为此，管理层提出，要在控制风险的前提下，大力发展与招行门当户对的中小企业，以此来建立基础客户群，提高贷款定价水平。总行按照银监会关于中小企业业务“六项机制”的要求，确定了中小企业业务发展的区域重点，对分行实行分类管理与指导；加大了对中小企业业务的考核力度，与工资分配挂钩；创新了一系列特色产品。特别是在银监会刘明康主席的亲自关心与推动下，建立了国内第一家准法人银行的小企业信贷中心，探索了小企业信贷的经营模式，得到国务院、银监会及各界的肯定。在全行的努力下，招行的中小企业业务发展迅速，占比领先国内同业。与此同时，招行对传统的大型企业，重点依靠现金管理、网上企业银行、企业年金、资产托管、离岸金融等特色产品深度开发，从而有效地拓展了客户和市场。

由于不消耗或很少消耗资本，提高中间业务收入占比理所当然地成为经营转型孜孜以求的目标。为此，我们在总行成立了专门的中间业务管理委员会，制定了中间业务发展的中长期规划，建立了预算管理、平衡计分卡、战略绩效工资三位一体的多维度中间业务考核体系，分零售和批发条线加大了中间业务的营销力度。零售条线，重点发展刷卡消费、支付结算以及基金、保险、信托产品代销、理财产品发售等手续费收入，取得了遥遥领先于股份制银行甚至可以与国有银行一比高下的骄人业绩。批发条线，在巩固国际结算与结售汇业务的同时，大力拓展企业年金、资产托管、财务顾问、债券承销等新型中间业务，开创了股份制银行的多项第一。通过这些举措，几年来，全行的中间业务收入连续高速增长，在营业收入中的占比不断提升，在国内所有银行中名列前茅。

与许多拥有综合化经营平台的国际银行相比，国内银行受监管制度的限制，只能分业经营，在竞争中处于明显劣势。我先后以全国人大代表、全国政协委员的身份，积极呼吁修改有关法律法规。在国家政策放宽后，招行经过努力争取，设立了全资的投资银行、金融租赁公司，收购了一家基金公司、一家信托公司的股份，成为了第一大股东。综合化经营平台的构建，为招行提升服务客户的能力和水平，增加盈利的来源与稳定，从而直面外资银行的竞争创造了必要条件。

功夫不负有心人，招行率先在国内银行业进行经营战略调整，取得了明显成效，效益、质量、规模协调发展，业务结构得到优化并逐渐形成自身的特色。在2004年至2008年的五年间，招行净利润年复合增长率达57.4%，股东权益复合增长率达37.2%，总资产收益率和净资产收益率年均分别为0.98%、20.2%，资产总额和税前利润总额增长分别超过2倍和7倍，不良贷款率从3.15%持续下降至1.14%，准备金覆盖率由97.39%持续上升至223.29%，成为中国境内盈利能力最强、经营风险最低、剔除风险后资本回报率最高的银行之一。截至2009年6月末，招行零售贷款占比27.36%，中小企业贷款占比44.73%，储蓄存款占比36.75%，非利息净收入占比23%，在国内同业均居前列。

成绩固然可喜，但前进的脚步不能停止。针对目前经营中与先进银行的差距，近期我们又提出在深化经营战略调整的基础上，加快转变经营方式，变外延粗放型经营为内涵集约型经营，提高风险定价水平、资本使用效率、费用效率、员工效能和高价值客户比例与贡献度，以进一步减少资本、费用等资源的消耗，改善投入产出和股本回报水平。这是使招行未来成为真正优秀的国际化商业银行的必由之路。我们已经起程，必将在这条充满挑战与艰辛的道路上义无反顾地前行。

在招行国际化发展战略中，机构的国际化虽然受到内外部条件的限制举步维艰，但仍是必走的一步棋。为此，我们历尽艰难、痴心不改。

相对来说，香港分行的设立经历的波折最少。在招行A股上市、资本充足率达到香港金管局的要求后，招行香港分行很快获批，于2002年8月28日正式开业。

而纽约分行的诞生却历时近10载，其间一波三折。早在1999年，我们便把目光首先锁定在被称为世界金融“心脏”的纽约，开始考虑筹建美国代表处。然而梦想与现实阻隔何止万水千山？中美银行业在法律环境、会计准则、内控制度等方面存在的差异，使得招行的闯关之路道阻且长。在经历了多轮次的磋商会谈，递交了以公斤计量的书面材料，回答了美联储上百个问题之后，2003年10月10日，这场持续了四年之久的马拉松终于以美国代表处高规格的开业仪式完美收场。当天夜里，有着百年历史、接待过无数外国元首和政要的华尔道夫酒店18楼星光大厅，流光溢彩，金碧辉煌。包括美国前国务卿基辛格博士、AIG主席兼首席执行官格林伯格、时任花旗银行首席执行官兼总裁普林斯、世界银行常务副行长章晟曼、中国驻联合国大使王光亚等中外名流齐齐亮相。“中国红”漆成的大门、红色绸缎围绕的圆桌、水晶花瓶里摇曳的红烛……招行的昂扬意气和绰约风姿吸引了美国金融界、政界、商界几乎所有的头面人物，具有震撼力的“中国红”更是让前来参加庆典的老外大开眼界。秦晓董事长和中国驻纽约总领事刘碧伟揭牌的那一瞬间，全场掌声雷动。此时的激动是言语不能表述的，我只是说："美国代表处的成立绝不是一个句点，只是升格分行的一次前奏。"

2005 年 7 月，我们正式启动了纽约分行的申报工作。但是，我们提交材料的申请一再被美联储理事会以各种理由婉拒。申请工作几乎陷入僵局。直到 2006 年才转机乍现。那年 12 月 14—15 日在北京要举行中美首轮战略经济对话，金融开放是重要议题。我们及时向监管当局和有关部门汇报了纽约分行的申报工作，得到了吴仪副总理、周小川行长、刘明康主席的认同和支持。于是，"招行在纽约设立分行"成为本轮战略经济对话的一个议题，被专门提出，引起了很多人的关注。果然，一个月后，2007 年 1 月 17 日，美联储就来电通知，同意我行正式提交申请，但是要求我行务必于 1 月 23 日之前提交所有申请材料。前后不到一周的时间！需要回答的问题涉及运营状况、财务信息、监管情况、反洗钱情况等诸多方面。我们负责申请的同事们没日没夜地加班工作，挑战体力与脑力的双重极限，最终在截止日期前成功交卷，并得到了美联储的赞许。对方表示，招行在如此短的时间内完成了所有申报材料，且材料全面而详细，是他们收到的最具专业水准的申报材料之一，决定将 2007 年 1 月 23 日作为收到我行正式申请的日期。以第一次提交材料的日期作为正式申请材料日期是非常少见的。

在随后几个月内，我们回答了美联储和纽约银行厅在股权结构、反洗钱、并表监管、内控与合规、风险管理等方面提出的多轮次质询。我也多次率团赴美，通过多年来积累的人脉，与盖特纳、基辛格等美国各界人士进行了大量沟通，美国朋友们也给了我们很多真诚而有建设性的建议和意见。

其间，申请工作遭遇了一系列难题：2007 年 6 月 22 日，美国国会出现反对论调，要求中资银行在美设立分行与中国进一步开放金融业挂钩；2007 年 6 月 29 日，《华尔街日报》刊登了中国国家审计署审计招行的报道；2007 年 9 月 30 日，美联储理事会认为我们的大股东对招行有控制性影响力，必须由大股东承诺未来不得在美国从事未被美联储许可的业务……在我及我的同事们的积极努力和与美国监管当局的坦诚沟通之下，这一切最后都化险为夷。

2007年10月，纽约分行成功获批。八千里路云和月，历经九年的坎坷申请历程，个中滋味只有亲历者才能深深体会。获知纽约分行获批的那一刻，我的内心百感交集，既有大功告成的喜悦，也有如释重负的欣慰。曾经在不同场合，我都明确表示过：招商银行能够获得美联储的准入，不仅符合预期，而且是义不容辞的使命。

作为首开先河者，招行的这一世纪之旅，结束了中资银行自1991年《加强外资银行监管法》颁布以来长期被美国拒之门外的历史，已经超越了自身的范畴，成为中国银行业进军美国金融市场的先锋。有美国专家评论："招行获批纽约分行是一次真正意义上的分水岭事件，在招商银行的带动下，更多的中资银行可能会寻求进军美国的方式。"

2008年7月14日，纽约州银行厅特地为招商银行纽约分行举行了简短而隆重的签字和发照仪式，还邀请了多家新闻单位采访。以新闻发布会形式颁发外国银行执照，对纽约州银行厅来说还是第一次。仪式上，纽约州银行厅厅长纽曼亲自出面介绍了批准招行设立纽约分行的原因以及此次发照的重要意义。受到这种前所未有的特殊礼遇，招行员工都感到自豪。

经过精心的准备，2008年10月8日，纽约分行在曼哈顿麦迪逊大街535号18楼正式开业。时值全球金融风暴最激烈的时刻，纽约分行的逆市诞生被纽约市长彭博喻为"冬天里的春风"。一个多月后，在广场酒店举行的盛大开业答谢酒会上，我这样表示："纽约分行的诞生是招行迈向国际化最重要的一步！也许生不逢时，它历临严冬；也许正是机会，因为冬天之后必定是明媚的春天！"

2008年，招行还在香港市场留下了浓墨重彩的一笔，完成了对拥有75年历史的香港永隆银行的收购。本次招行历史上最大的并购是我们迈向国际市场的又一重要里程碑。在全球化的今天，中国企业走出去是必然趋势，银行也必将跟随企业客户走出去为他们提供金融服务。实现这个“走出去”，要么开分行，要么并购。无论哪种选择都应该首选香港。一方面，因为招行总部在深圳，与香港一界之隔。香港作为全球金融中心，拥有全球最成熟、效率最高、国际化程度最高的金融体系。香港的银行应该说都是在国际化环境中，在充分的市场竞争中成长起来的，通过并购香港的银行完全可以积累国际化经验。另一方面，香港与内地同根同文，特别是与深圳习俗相同，文化相近，沟通交流方便，并购后的整合相对难度较低，成功率较高。另外，招行是以零售业务见长的银行，香港的市场对我们而言很有吸引力。

其实，最开始对于这桩并购，管理层曾有过这样那样的顾虑。在这个过程中，董事会高瞻远瞩的果断决策和秦晓董事长对我们这桩并购的坚定支持，使我们彻底打消了疑虑。9 月 30 日，招行和永隆在香港完成了股权交割仪式，向着整合迈出了坚定的步伐。

时隔一年不到，招行的伦敦代表处又隆重开业。2009 年伦敦当地时间 7 月 16 日晚，开业庆典酒会在伦敦金融城历史悠久、金碧辉煌的德雷普大厅举行。这是在金融危机爆发以后，继 9 个月前纽约分行开业以来，招商银行在全球最成熟的金融中心呈现的又一次精彩亮相。

秦晓董事长在开业庆典酒会的致辞中表示：“在全球金融危机的影响还在蔓延之际，我们在英国设立伦敦代表处，显示了招商银行坚定不移地推进国际化的决心和信心。伦敦代表处的设立，是招商银行在国际化进程中迈出的重要一步。”

目前，中国是英国在亚洲的最大贸易伙伴国，英国是中国在欧盟的第三大贸易伙伴国，英国对华投资近年来稳居欧洲首位，累计合同金额已突破 300 亿美元；中国对英投资也驶入快车道，含香港地区在内在英国投资的中国企业已达 500 余家。伦敦代表处的设立，正是顺应了中英两国经贸往来蓬勃发展的趋势，必然为招商银行的国际化发展创造新的机遇。

伦敦代表处开业前夕，英国《金融时报》副主编采访我时曾问道：“招商银行为什么会在这个特殊时期选择伦敦？”我回答：其一，有助于我们把握市场趋势。过去的经验证明，在伦敦发生的，也必然会在中国发生。设立伦敦代表处，将视野放在全球，了解成熟金融体系的最新理念，提供市场和消费变化的触觉，将为我们的趋势性分析和判断提供依据。其二，有助于提升管理。西方的经营管理模式经过 100 多年的发展沉淀下来的优质的东西值得我们学习和借鉴。其三，有助于提升抗风险的能力。中国银行业受到本次金融危机波及有限，但并不表示我们风险管理的能力有多高，而是因为我们没有下海去游泳。不游泳不会被淹死，但也学不会游泳；到大海里去游泳，是中国银行业国际化征途中不可避免的一件事。

从管理国际化，到经营的国际化，再到机构的国际化，招行在走向世界的过程中，经历了无数次波谲云诡、浮沉起落、柳暗花明，但从来都“痛并快乐着”，步伐一刻也没有停息……22 年前招行在蛇口诞生时，只有 1 亿元资本金、30 多名员工、一个网点；如今，招行的资本净额达 1170 多亿元，资产总额近 2 万亿元，员工总数 37000 多人，在中国大陆的 60 个城市设有 700 余家网点，并成功登陆中国香港、纽约、伦敦等国际市场。近年来，更是被境内外投资者视为国内最具成长性的银行，获得了境内外权威媒体与机构授予的中国最佳商业银行、中国最佳零售银行、中国最受尊敬企业、中国最具价值投资公司、中国最具综合竞争力银行等一系列殊荣。尤其是 2008 年的表现不仅在国内，而且在国际上也堪称出众，被美国 BOSTON 咨询公司评为全球银行业资本回报率第一名、被《华尔街日报》评为中国最受尊敬企业第一名、被英国《金融时报》评为全球企业品牌价值增幅第一名。

品尝着收获的喜悦，回望走过的风雨历程，我的内心充满着无限感激。我感激新中国和改革开放，正是生在这样一个伟大的国家、伟大的时代，招行这个市场化的初生儿才得以茁壮成长，成为西方人眼中一个典型的“中国梦”。我感激深圳这片改革开放的热土，正是由于这座大气磅礴、锐意进取、敢于创新的城市，从这里诞生的招行才得以在波涛汹涌的竞争大潮中勇立潮头，扬帆远航。我更感激招行的员工，正是他们多年来矢志不渝地拼搏、奉献，付出点点滴滴的心血与汗水，才造就了招行的辉煌。

中华民族的伟大复兴，一如滚滚的黄河长江之水，势不可当地奔涌向前。我深深地相信，顺应历史发展的浩荡潮流，招商银行一定能够开创更加灿烂的明天，为成就中国银行业新的梦想贡献自己的力量。

（作者时任招商银行行长）

第五章

创造奇迹，破茧高飞

孙永福　中国高速铁路成功之路

发展高速铁路是必然趋势

我国为什么要发展高速铁路？很多人都问过这个问题。我认为，最大动力是需求牵引加创新驱动。

随着我国经济持续快速增长，全社会客货运输需求旺盛。发展高速铁路，形成大能力客运通道，可从根本上解决旅客购票难问题，为人民群众提供安全、经济、舒适的服务。同时，也可使既有线货运能力得到释放，缓解货运紧张状况。这是完善全国铁路网、实现铁路现代化的重要举措。我国铁路运能一向紧张，旅客买票很难，节假日更是难上加难。虽然把单线改造成复线，再加上电气化，可使运能有一定提高，但不能从根本上解决运输紧张问题。客车货车要求不同：货物列车不要求跑太快，但希望拉得多；旅客列车希望跑得快，能早点到达。这就给曲线轨道设置带来困难，因为曲线轨道欠超高会影响旅客列车的舒适度。客货列车速差增大，也会影响线路的通过能力。解决旅客运输的根本出路还是要加快铁路网建设，在繁忙干线上实现客货分流。

从可持续发展的要求来看，高速铁路在节能减排方面具有明显优势，是发展绿色低碳交通运输的必然选择。欧洲很重视这方面的研究，他们对航空、公路、铁路三种交通工具进行比较，认为铁路的能源利用效率是最高的。1995 年对欧洲 17 国交通运输业外部成本进行统计，外部成本总额为 5300 亿欧元（不含交通阻塞），其中包括应对大气污染和气候变化的费用（占 48.3%）、处理交通事故（占 29.4%）、应对自然景观和城市影响（占 4.7%）、从源头上治理环境污染和交通事故（占 10.7%）。各种运输方式外部成本所占比例分别为：铁路占 1.94%，公路占 91.51%，航空占 6.1%，水运占 0.45%。按单位周转量计算，铁路客运外部成本为最低。国家发改委能源研究所 2005 年对中国各种运输方式能源利用率比较结果表明，在旅客运输中人均能耗最低的是铁路，约合 41.5 千卡 / 人公里。营业性汽车约 155 千卡 / 人公里，是铁路的 3.7 倍。航空为 481 千卡 / 人公里，是铁路的 11 倍。小汽车能耗更高，约为 950 千卡 / 车公里。中国各种运输方式用地运输效率比较（2010 年）显示，我国每公顷铁路用地客运周转量为 164.8 万人公里，每公顷公路用地客运周转量为 29.13 万人公里，铁路为公路的 5.66 倍；每公顷铁路用地货运周转量为 518.92 万吨公里，每公顷公路用地货运周转量为 84.16 万吨公里，铁路是公路的 6 倍。不论是客运或货运，铁路用地运输效率都比公路高很多。我国石油对外依存度很高，铁路可以使用电力，减少 CO_2 排放，减轻石油供应压力。

发展高速铁路还可以培育具有发展潜力的战略性新兴产业。高速铁路涉及材料、机械、电子、信息、环保等一系列高新技术领域，形成了一个庞大的高新技术研发制造产业链。现在全国有 22 个省的几百家企业在从事与高铁相关的生产，发展高速铁路可带动上下游产业的协同创新及产业集群的快速发展。

另外，高速铁路对经济社会发展能产生巨大的拉动效应。中国大陆人口众多，幅员辽阔，资源能源与产业布局不均衡。发展高速铁路，可以建立长距离、大运量、高速度、低成本的运输通道，充分发挥高速铁路对区域经济社会发展的拉动效应、集聚效应和扩散效应，有利于调整经济结构，转变经济发展方式，加快工业化、城镇化步伐，促进区域经济社会协调发展。2008 年北京到天津的城铁开通后，同城效应凸显，改变了人们固有的时空观念，过去不可能办到的，现在变成了事实。

铁道部部长李森茂、韩杼滨、傅志寰等几届领导班子成员都一致认为，中国需要发展高速铁路。把高速铁路作为中国铁路发展战略的重要组成内容，作为中国铁路现代化的必由之路，坚持不懈地积极推进。20 世纪 90 年代初，我们还没有来得及构想中国高速铁路网，先提出了建设京沪高速铁路这一个项目。京沪铁路连接环渤海和长三角经济圈两个经济区域，全线纵贯京津沪三大直辖市、冀鲁徽苏四省，整个区域面积占国土面积 6.5%，人口占全国 26.7%，人口 100 万以上城市 11 个，国内生产总值占全国 43.3%，是中国经济发展最活跃和最具活力的地区，也是中国客货运输最繁忙的地区。我们认为京沪高速铁路应该做首选建设项目。从 1990 年 12 月铁道部写了《京沪高速铁路线路方案构想报告》提交七届全国人大三次会议讨论，到 2008 年 1 月份京沪高速铁路正式开工，整整走过了 18 年。这个时间的确太长了，但这段时间没有白过，我们对高速铁路技术研究更深，为后来优质高效发展打下了坚实基础。就在 2008 年 8 月喜迎奥运会召开之际，我国第一条高速铁路——京津城际铁路开通，标志着中国进入了高铁时代。

高铁技术的研究历程

我把中国高铁技术研究分为三个大阶段。第一阶段就是工程技术研究阶段（1990—2002）。这个时期主要是跟踪世界高速铁路技术，并开展高速铁路基础性研究。

铁道部刚一提出修建京沪高速铁路构想时，外界就有反应了，一些专家有不同看法。于是，1993 年 4 月由国家科委、国家计委、经贸委、体改委和铁道部（简称“四委一部”）联合开展了一个课题研究——《京沪高速铁路重大技术经济问题前期研究》。1994 年 12 月以后，开展京沪高速铁路预可行性研究，一面研究高速铁路有关专项技术，一面进行京沪高速铁路勘测设计，组织出国考察、技术交流、科技攻关、科学试验等等。1997 年完成了京沪高速铁路预可行性研究，编制了《新建北京至上海高速铁路项目建议书》。报上去很长时间，国务院没有批复。对要不要建京沪高速铁路，仍有不同看法。1998年以后又提出了新问题：京沪高速铁路是采用轮轨技术，还是采用磁浮技术？争论也很激烈。1999年10月铁道部成立京沪高速铁路办公室，由我兼任办公室主任，加强京沪高速铁路前期工作，积极组织研讨、论证，推动高速铁路技术研究，优化京沪高铁设计。

由于存在不同意见，国务院没有作出决策。但是铁道部的高铁技术研究工作一直没有停止，组织各方面科研力量全面深化高铁技术研究。截至2003年，完成高速铁路科研项目353项，其中铁道建筑及设备115项，机车车辆及供电121项，通信信号54项，运输经济43项，新材料新工艺10项，综合技术10项。有些成果已应用于既有线路提速和客运专线建设。应该说，深化研究成效显著，使我们逐步掌握了高速铁路技术。

第二阶段是重大技术突破阶段（2003—2007）。我们在提出《京沪高速铁路设计暂行规定》并完成京沪高速铁路初步设计之后，组织国内专家多次研讨修改，并请日、德、法等国高铁技术专家进行国际咨询。同时在既有线6000公里提速地段进行了提速试验，速度达到200公里/小时。高速铁路重大技术陆续取得突破。2007年8月国务院批准京沪高速铁路可行性研究报告。

从2008年至今，中国高速铁路进入了跨越式发展阶段，也即第三个阶段。这期间，成功建成了北京到天津的城际铁路及其他干线高速铁路，一批200—250公里/小时及300—350公里/小时的高速铁路陆续开通运营，表明我国高速铁路技术总体上已跨入世界先进行列。大规模修建高速铁路新高潮逐步形成。2010年10月26日沪杭线最高试验速度达到了416.6公里/小时，2010年12月3日京沪线最高试验速度达到486.1公里/小时，高速铁路技术成果通过了实践检验。

争论一：要不要修建高速铁路？

有关高速铁路的争论很多，主要集中在三个问题上。第一个就是要不要修建高速铁路。对于铁道部提出的京沪高速铁路线路方案构想，有些专家不赞成。有的专家说既有京沪线技术改造潜力还很大，不需要新建铁路。这个看法不符合实际，20 世纪 90 年代京沪线运输能力使用达到了 98%，部分区段运输能力使用在 98% 以上，已经饱和甚至超饱和了。也有专家认为，高速铁路不符合中国国情。中国经济不发达，人均 GDP 远未到 1000 美元，消费水平低，老百姓坐不起。针对这些意见，1993 年 4 月，“四委一部”联合课题组就京沪高速铁路重大技术经济问题开展项目前期研究，共有 47 个单位 120 余位专家参与。研究结果认为，中国不仅需要修建高速铁路，而且技术上是可行的，经济上是合理的，资金筹措是可能的。

1994 年 6 月 8 日，江泽民总书记在中南海勤政殿主持召开中央财经领导小组会议。铁道部部长韩杼滨和我到会把“四委一部”的研究成果简要地作了汇报，同时也汇报了铁道部的态度，我们认为修建京沪高速铁路很有必要，也有技术和经济实力。最后江泽民总书记在讲话中指出，这份研究报告很有意义，中国应该发展高速铁路，修建京沪高速铁路是有必要的。同时也指出，这不是说马上就可以干，还有很多准备工作要做，需要开展预可行性研究。可以说，这是中央领导层首次就发展高速铁路明确表态。

1996 年铁道部完成了“预可研报告”，1997 年国家发改委又要求铁道部和中国国际工程咨询公司作了“补充报告”。在“预可研报告”和“补充报告”的基础上，形成了《新建北京—上海高速铁路工程项目建议书》，报送国务院。

1997 年 12 月 26 日，朱镕基副总理视察京九铁路时，在专列上同我谈京沪高速铁路建设。朱镕基副总理强调，一定要充分论证，听取各部门不同意见和不同方案，不能够仓促上马。要用世界先进技术，不能跟在别人后面跑。朱镕基副总理要我先搞一个机构，花三年时间开展准备工作。他语重心长地说，这是一个重大的战略决策，一个重大的历史事件，将载入史册。

争论二：磁浮还是轮轨？

1998 年，中科院有院士致函朱镕基总理，建议京沪高速铁路不要采用传统的轮轨技术，而应采用速度更快的磁浮技术。对于磁浮技术，我知道一些情况。20 世纪 90 年代以后，我曾率团考察日本、法国、德国、意大利、西班牙等国高速铁路，也考察过德国常导磁浮（EMS）和日本超导磁浮（EDS）铁路。当时我国研究磁浮技术的主要有四个单位——铁道科学研究院、西南交通大学、国防科技大学和中国科学院电工所。我同这四个单位的专家教授多次进行交流，共同探讨这个问题，并带领由这四个单位专家教授组成的考察组再次赴德国考察。2000 年我们获悉，德国政府原计划修建的柏林至汉堡磁浮线（292 公里），虽经多年准备，终因旅客流量少、投资增加多而宣布取消。后又提出 3 条连接火车站和机场的短线，至今一条也没有修建。2002 年 10 月我参加在西班牙举行的第四届世界高速铁路大会后，再次对磁浮技术进行过调研。

国际上最有代表性的是德国的常导磁浮和日本的超导磁浮，其他国家都不成气候。几十年来，德国常导磁浮和日本超导磁浮都建设过多条试验线，但始终没有建设商业运营线路。美国成立了磁浮铁路公司，但也只是挂牌而已，没有具体工程项目。可见，高速磁浮技术真正变成工程实践有多艰难。

简单地说，磁浮技术利用的是异性相吸、同性相斥的电磁感应原理，以直线电机驱动车辆，运行时车体悬浮或吸浮于导轨上面，并保持一定间隙。在控制悬浮、导向的同时，直流电机驱动车辆前进。磁浮技术最大优点就是速度比轮轨快。日本低温超导磁浮为排斥型（EDS），可使列车悬浮高度达 10 厘米，最高速度 500 公里 / 小时。德国常导磁浮是吸力式（EMS），吸浮高度为 1 厘米，最高速度 430 公里 / 小时。磁浮技术优势还表现在爬坡能力强，纵坡可以达到 10%，曲线半径小，容易转弯。半径小、坡度大对铁路选线很有利，修建时可少受地形影响，能够减少工程量。另外，因为没有轮轨之间摩擦打击声音，同样速度下磁浮列车噪音稍低些，安全适度更好。

然而磁浮技术的缺点也是显而易见的，最主要的问题就是没有投入实际运营。德国埃姆斯兰磁浮试验线 TR 型常导磁浮列车是对外开放的，世界各地的人感到好奇，都可以买票坐一趟。全程 31.5 公里，南北为环线，只有中间直线段 6 公里能跑到 430 公里 / 小时，时间只有 6 秒，然后马上就减速了。每天只运行几趟，其余时间为分析试验数据，进行设备检查。日本山梨磁浮试验线 18.4 公里，MLX 型超导磁浮列车最高速度 500 公里 / 小时，直到今天都没有商业运营，只是展示高速成果而已。我们考察的时候得知，他们技术上还有一些问题，有待深化研究。另外，磁浮技术的造价要比轮轨高，还有就是它和现有轮轨体系的兼容性差，比如说修了北京至上海磁浮铁路，那么从上海到东北或到西北去的旅客，必须要换乘别的轮轨技术列车才能到达，这就给旅客带来不便，也会因此丢失一部分客流。

调查后，我专门写了这方面的文章，论述磁浮和轮轨两种技术的优劣。2000 年 6 月 12 日下午，铁道部、科技部、国家计委、中国科学院、中国工程院、中国国际工程咨询公司等部门有关同志到朱镕基总理办公室，研究京沪高速铁路问题。总理让我先汇报。

我汇报了磁浮技术与轮轨技术各自优缺点之后，表明了铁道部的态度，就是建议采用轮轨技术。轮轨最大优点是技术成熟、安全可靠、互通性好。从 1964 年 10 月 1 日东海道新干线开通运营，日本新干线都是采用这种制式，不断发展提高，一直保持着良好水平。20 世纪 70 年代以后，法国搞了 TGV，德国搞了 ICE，后来意大利、西班牙等国家也修建了高速铁路，都是采用轮轨技术。所以说，轮轨技术能够保证安全、准时、高速，可以跨线运行。磁浮技术速度更快，而且具有爬坡能力强、曲线半径小等优势。在京沪高速铁路采用磁浮技术，我们最担心的是没有实践经验，因为德国、日本都没有把磁浮技术投入商业运行。磁浮列车救援方案有待完善，形成磁浮网络难度很大。如果我们把磁浮技术直接用在长达 1300 多公里的京沪高速铁路上技术风险、经济风险太大了。因此，建议京沪高速铁路采用轮轨技术。对于磁浮技术可以进行跟踪，先在经济发达的大城市修建一条运距较短的示范线，经过商业运营验证稳定可靠以后，再视情况扩大范围。

2000 年 6 月，朱镕基总理访问德国。张国宝、徐冠华和我作为先遣团成员，提前去考察德国第三代高速列车 ICE3（330 公里 / 小时）以及德国埃姆斯兰 TR 型常导磁浮列车试验线（31.5 公里，430 公里 / 小时）。我们同德国磁浮公司（TRI）商谈合作事项，德方表示了极大的热情。后来上海市市长徐匡迪到德国汉堡参加世博会时，与德国磁浮公司（TRI）总经理 Wahl 签署协议，中德同意合作开展上海市磁浮列车示范运营线（约 30 公里）可行性研究，为上海市陆家嘴至浦东机场磁浮示范工程做了准备。

同年 10 月份，朱镕基总理访问日本。张国宝、徐冠华、屠由瑞和我作为先遣团又去"打前站"。我们先后考察了日本东海道新干线 700 系列（270 公里 / 小时）、山阳新干线（300 公里 / 小时）、山梨 MLX 型超导磁浮铁路试验线等。日本 MLX 低温超导磁浮列车最高速度 500 公里 / 小时，相会速度是 1006 公里 / 小时。但也只是 18.4 公里试验线路，他们还在继续努力降低能耗、降低噪音。近来，日本报道了磁浮中央新干线计划，2027 年从东京修到名古屋，2045 年修到大阪。我跟日本朋友说，在中国要这么干肯定行不通。几十年以后，技术进步不知道会到什么程度。

到 2002 年 11 月 18 日，铁道科学研究院组织召开中德高速铁路轮轨技术与磁浮技术研讨会，对有关磁浮技术进行了深入交流。国家计委委托中国国际工程咨询公司对轮轨技术与磁浮技术进行论证，得到的结论是：高速轮轨技术是现阶段的必然选择。发改委将此意见上报国务院。2004 年 1 月 7 日，温家宝总理主持国务院常务会议，批准京沪高速铁路采用轮轨技术。多年争论总算有了定论。

争论三：要不要引进动车组技术？

到 21 世纪初，我国已有大量的高速动车组技术研究基础，制造出了不同型号高速动车组，包括先锋号（动力分散型动车组，200 公里 / 小时）、中原之星（动力分散型动车组，200 公里 / 小时）、中华之星（动力集中型动力车，270 公里 / 小时，最高试验速度 321.5 公里 / 小时），等等，大长了中国人的志气。2002 年 11 月 27 日，我们到秦沈客运专线准备乘坐“中华之星”试运行。后因发生轴温过高事故，改乘“先锋号”动车组在山海关至绥北段试运行。这件事使我们感到动车组技术还存在一些值得改进的问题。

大家都在思考这个问题，怎样才能尽快赶上国际先进水平。可以走以往的路子，但是耗时要长一点，因为这是一个系统工程，不是单项技术问题。当时我国已经形成了自主研发机车车辆工业体系，制造水平有很大提高，但是总体水平只相当于发达国家 20 世纪 70 年代水平，高速关键技术还不成熟，材料工艺都有待提高，难以满足 250 公里 / 小时以上要求。另一条路就是引进动车组技术，以此作为平台，实现再创新。

在引进动车组技术上争论非常激烈。有些专家给国务院写信，呼吁支持民族工业，完善提高“中华牌”，而不应引进外国动车组技术。对于这个问题，党中央、国务院十分重视，多次听取专家意见，最后作出重大决策，同意引进动车组技术，通过引进掌握 200 公里 / 小时及以上动车组生产核心技术，兼顾开发 300 公里 / 小时动车组（《2004 年 4 月 9 日国阅 58 号文研究关于机车车辆装备有关问题的会议纪要》）。引进技术总体要求是：引进先进技术，联合设计生产，打造中国品牌。这三句话非常精辟，对技术引进成功起了决定性作用。实践证明，这个决策是完全正确的。

高铁论证时期的三大工程实践

虽然有关京沪高速铁路的争论持续多年，但我们该做又能做的事情没有停滞。这期间，铁道部在深化高速铁路技术研究的同时，组织进行了三大工程实践。

第一个是广深准高速铁路。广州到深圳既有线全长 147 公里，地处改革开放前沿，客流增长非常快。这条铁路建成于1911年，技术标准低，设备也简陋，1987年复线技术改造后，仍不能满足运输需求。经过一段时间技术研究和勘察设计，铁道部提出了提速扩能方案，1992年9月国务院批复了广深准高速铁路技改可研报告。1994年12月23日广深准高速铁路开通运营，把中国铁路干线运营速度从120公里/小时提高到了160公里/小时，这在当时是最快速度，为广州、深圳间旅客往来提供了快速、便捷的运输，取得了良好的经济效益和社会效益。更为重要的是它开创了我国铁路大幅度提速的先河。

第二个是既有线大面积提速。从1997年至2007年先后有六次既有线改造提速，主要干线最高运行速度从120公里/小时提高到140公里/小时、160公里/小时、200公里/小时（少部分区段达到250公里/小时）。120公里/小时以上的提速线路总里程达2.2万公里。铁道部把为京沪高速铁路研究的部分技术和设备应用到这些线路上，让这些新技术、新设备在实际运营中经受检验。开行了一站直达、夕发朝至、朝发夕至旅客列车，使大城市之间列车运行时间大幅度压缩。同时，将货运列车速度由80公里/小时提高到120公里/小时，开通了“五定”（定点、定线、定车次、定时、定价）班列，提高了运输效率和质量。

第三个是新建秦沈客运专线。为缓解进出关能力不足问题，在既有铁路沈山线运能已经饱和的情况下，需要建设新的干线。对于这条新线方案，有的说再修一条客货混跑的线路，有的说应修货运专线，也有的说应修客运专线。铁道部经过充分论证，从“客运快速化”发展战略出发，决定修建客运专线（全长404.6公里）。设计之初，铁道部就想把目标定在200公里/小时，鉴于当时京沪高速铁路尚未获准建设，所以1998年铁道部在秦沈客专可行性研究报告中把速度定在160公里/小时以上，没有出现“高速铁路”这个敏感词语。1999年4月国务院批准新建秦沈铁路客运专线可研报告，行车速度定为160公里/小时以上。秦沈客运专线1999年8月开工建设，2003年1月开通运营，不仅在桥梁、路基、轨道等工程技术方面取得了新成果，而且在运输组织方面也总结了新经验。经过这次重要的工程实践，为我国后来建设300—350公里/小时高速铁路提供了重要平台。

规模之大、速度之快绝无仅有

1999 年至 2000 年，铁道部在研究编制“十五”规划时就提出一个想法：不能只搞五年规划，应该把眼界放长远一些，对未来 20 年铁路网有个总体考虑。于是有了 2020 年铁路网规划，即《中长期铁路网规划》，2004 年经国务院批准正式公布。

这是我国第一个中长期铁路网规划。规划明确中国铁路发展的主要目标是：扩大路网规模，完善路网结构，提高路网质量。同时，确立了“客运高速化，货运重载化，管理信息化”这一战略方向。在研究高速铁路规划时特别强调，根据国家经济社会发展需要在运能紧张的繁忙干线实现客货分线，在经济发达、人口稠密的地区修建城际铁路，加强区域之间便捷客运通道建设，使高速铁路网与其他运输方式协调、衔接，在综合客运网中发挥骨干作用。我们研究了高速铁路网总规模，确定以北京、上海、广州、武汉、成都、西安这六个城市作为路网性客运中心，以 100 万人口以上的城市和省会城市为路网区域性客运中心，城市群内城际铁路可以连接人口超过 50 万的大城市。

中长期铁路网规划公布后引起了强烈反响。各地修建铁路积极性特别高，很多省都要求修建高速铁路。有的省长、省委书记看到别的地方有高速铁路规划就急了，纷纷找铁道部要求增加新线，并表示省里可以出钱，在征地拆迁等方面全力支持。于是，2007 年对这个规划进行了修改。2008 年经国务院批准颁布了调整规划，最为显眼的是铁路网规模大幅度增加了，其中客运专线从 1.2 万公里增加到 1.6 万公里。

从 2020 年铁路网规划可以看出，我国高铁建设规模大、标准高。从规模上讲，新建干线高速铁路达到 1.2 万公里以上，城际铁路 7000 公里左右，规模达 1.9 万公里 / 小时。从标准上讲，规划新建长大干线高速铁路按 350 公里 / 小时建设，部分以客为主兼顾货运的铁路干线按 200—250 公里 / 小时建设。这样宏伟的发展规划在世界上是绝无仅有的。

高速铁路规划突出“四纵四横”大通道建设。“四纵”就是北京—哈尔滨（350公里/小时）、北京—上海（350公里/小时）、上海—深圳（250—350公里/小时）、北京—广州（350公里/小时）。“四横”是指青岛—太原（250公里/小时）、徐州—兰州（350公里/小时）、上海—成都（200—350公里/小时）、上海—昆明（350公里/小时）。这“四纵四横”构成了高速铁路网主骨架。在这个基础上，进一步扩大高速铁路覆盖范围，新建有效缩短大城市间距离的高速铁路，如兰州—乌鲁木齐、大同—西安、西安—成都、成都—贵阳、重庆—贵阳、昆明—南宁、北京—沈阳、合肥—贵阳、贵阳—广州、南宁—广州等，以促进区域协调发展。

在经济发达和人口稠密地区的城市之间建设城际铁路，这也是规划的一个特点。如环渤海城市群、长三角城市群、珠三角城市群、海峡西岸城市群、武汉城市群、成渝城市群、长株潭城市群、关中城市群、郑州城市群、北部湾城市群、海南环线等。此外，新建和改造省会等大城市铁路客运站，与地铁、公共汽车、民航等交通实现无缝衔接，构建现代化综合交通枢纽。

“十一五”期间，我国建成客运专线4322公里。目前，我国高铁运营里程达1.18万公里，超过世界其他国家高铁运营里程总和，另有在建高铁1.1万公里，现在全路每日开行动车组列车达2600多列，成为世界上高铁运营里程最长和列车开行数量最多的国家。2013年动车组旅客发送量达6.7亿人次，同比增长32.1%；2014年1月至7月，动车组旅客发送量达5.0亿人次，同比增长33.7%。2015年，预计我国高速铁路运营里程将达到2.0万公里。

创出中国模式高铁发展之路

记得20世纪90年代末，很多媒体记者采访我时都会问：中国高铁采用哪一个国家的制式？是日本的新干线、法国的TGV，还是德国的ICE？我说中国不会照搬哪一个国家的高铁技术，一定是中国模式。我们的指导思想就是：以我为主，博采众长，瞄准世界一流水平，发挥后发优势，实现“弯道超车”，创出中国高速铁路发展新路子。

中国高铁技术创新模式，可以概括为五句话：政府部门统筹，市场机制引导，以企业为主体，产学研相结合，协同创新、开放创新。这里我想特别说一下政府的作用。发挥社会主义制度优势，集中力量办大事，这是我国高速铁路成功的重要法宝。中央政府主管部门采取了很多措施，整合各方资源，形成市场优势、资金优势、联合优势，有序推进自主创新，完全避免了低水平、重复性的研究开发。在一次全国政协常委会议上，一位核电公司老总充分肯定了高铁技术引进的成功之举。他认为许多行业在技术引进方面缺乏统筹，各自为政，多年未能形成中国技术体系，教训极其深刻。可以说，在高铁技术引进方面，政府作用发挥是得当的。

国务院研究同意引进高铁技术，并提出了明确要求：“引进先进技术，联合设计生产，打造中国品牌。”这就为成功引进高铁技术指明了方向。2004 年初夏，铁道部向外界宣布：中国铁路市场只有一个入口，只有一个买主，那就是铁道部。要想进入中国铁路市场的外国朋友，必须承诺全面转让关键技术、同中国设计企业合作、使用中国品牌、实行本土化生产。由于中国铁路是个大市场，需求量大，吸引力强，谁都不愿意错过这个大好机遇，所以外国厂商积极参加投标、合作。

2004 年第一次招标时，有法国阿尔斯通、德国西门子、瑞典庞巴迪、日本川崎重工（实际是日本六家企业联合，由川崎重工出面）这四家公司参加投标。当时西门子公司决策层错判了形势，他们认为中国铁路离不开它，所以就漫天要价，一列原型车要 35 亿元人民币，技术转让费要 3.9 亿欧元。中方提出，这个价格太高，必须降价。对方没有积极回应。鉴于西门子公司要价太高，在技术转让上设置障碍，不符合招标要求，中方没有接受。西门子公司跟踪中国铁路市场十多年，结果在第一轮竞争时就被淘汰了，受到很大震动。2005 年铁道部启动第二次招标时，西门子公司放下身段，承诺中方招标条件，联合唐山轨道客车公司参加投标。西门子公司把它最先进的车型拿了出来，以每列原型车 25 亿元人民币、技术转让费 8000 万欧元的方案最终中标。仅此一项，同此前一年西门子公司要价相比，中方就节省了 90 亿元人民币采购成本。在按照市场规则竞争选择中，发挥我们制度的优势，确实起了很好的作用。

可以说，高速动车组技术经过了引进技术（200—250 公里 / 小时）—主创新（300—350 公里 / 小时）—再创新（380 公里 / 小时）三个阶段。在引进西门子公司 300 公里 / 小时动车组技术基础上，中国自主研发、设计、制造 380 公里 / 小时动车组。短短几年时间，我国高铁技术已从“跟跑”提升到“陪跑”，再跃为“领跑”，走向世界最前列。

大家很关心中国高铁技术是不是有自主知识产权，可以肯定地说，我们拥有知识产权。前几年铁道部组织过一个调研，30 家高铁有关企业约 1147 项技术，自主创新占到 80% 以上。只有少数部件如列车牵引制动控制系统、神经网络及车轮、车轴等需要进口，而且不久之后也将会有我国自己研发的替代产品。现在正在研发 350 公里 / 小时中国标准动车组，将推出自主化、简统化动车组，在世界上展示动车组的中国标准。

评价高铁要重视综合效益

许多人对高铁效益十分关注。我认为，评价高铁项目效益如何，不仅要看项目本身的经济效益，而且要重视项目带来的社会效益和环境效益，用高铁综合效益进行全面评价。

高速铁路项目严格按照建议程序要求，在预可行性研究基础上提出项目建议书，获得国家批准后开展可行性研究，作为立项决策依据进行勘测设计。由合资公司实行项目法人责任制负责施工直到竣工投产，全面实现质量、安全、环保、工期、投资“五大控制”目标。每个项目都对技术上的可行性、经济上的合理性进行过评价，对项目财务效益和国民经济效益进行过评价。

影响高铁项目经济效益的因素很多，从投入—产出关系看工程造价和运量大小影响最大。在经济发达、人口密集地区，高铁开通后旅客运量很大，项目经济效益就好，如沪杭高铁；但有些高铁项目在运营初期旅客运量不大，当然旅客运量增长有个过程，逐年会有所好转，但经济效益就欠佳。对高铁项目而言，投资主体单一，融资渠道较少，普遍存在贷款太多、还本付息压力大问题，这就增加了工程造价和运营成本，会影响经济效益。改善这种情况就要深化铁路改革，特别是加快铁路投融资体制改革。2013 年，国务院发了 33 号文件，提出了一系列措施。基本思路就是：统筹规划，多元投资，市场化运作，政策配套。全面放开铁路建设市场，对新建铁路实行分类投资建设，设立铁路发展基金，完善铁路运价机制，建立公益性、政策性运输补贴机制等。要破除民间资本投资铁路的各种障碍，把“玻璃门”“旋转门”变成“开放门”。要利用改革开放给铁路增添活力，实现投资主体多元化，投资来源多渠道，吸引社会资金建设铁路，进一步加强经营管理，努力提高经济效益。

高速铁路项目带来的巨大社会效益和环保效益不可忽视，必须科学进行评价。高铁项目完善了国家铁路网，形成了大能力客运通道，使人们传统的时空观念和生活方式发生变化，极大地改善了人们的出行条件；高铁加快了我国工业化、城镇化进程，促进了区域经济协调发展，强化了中心城市的聚集、辐射、带动作用，形成了相邻城市的“同城效应”；高铁建设带动了建筑材料、机械电子等发展，推动了国家经济发展和产业结构优化升级（仅与动车组相关的配套企业就有 640 余家）；高铁在节省时间、节省能源、节省用地、减少排放、减少事故等方面所反映的社会效益和环境效益特别突出。从国家发改委综合运输研究所报告可以看出，铁路用地运输效率是公路的 5 倍以上，铁路客运能源利用率是公共汽车的 3.7 倍、小汽车的 22 倍、航空的 11 倍。

由于高铁开通运营时间较短，积累的资料有限，因此进行综合效益评价还有一定困难。我这里举一个普速铁路的实例。2007 年，在总长 250 多公里的京九铁路投入运营十年之际，我主持了《京九铁路对经济社会发展重大作用研究》，组织四个单位 30 多人历时一年半，对京九铁路沿线五个铁路局、九个省和直辖市进行调研。报告结论表明：京九铁路运输经济效益良好，运量年均增长 19.1%，运输收入年递增 17.3%，2008 年可以收回全部投资。京九铁路建设花了投资 400 亿元，运营十年又花了改造投资 150 亿元，这些投资加上贷款利息全部都偿还了。京九铁路国民经济效益也很好，在节约运输时间、降低运输成本、提高安全水平等方面产生了大量间接效益，经济内部收益率达 19.8%（高于规定的 10% 社会折现率）。京九铁路催生了沿线经济带，铁路每 1 元直接增加值拉动地方相关产业 5.7 元增加值；促进沿线社会进步，城镇化水平提高 12 个百分点；节约用地 3.81 万公顷，十年减少燃油消耗 1041 万吨，节约运输外部成本 1489.78 亿元。另外，国防意义也很大，增强了部队远程快速投送能力。看到铁路这么显著的社会效益、环境效益，大家一定会对铁路的重要作用有更加全面的了解。

高铁“走出去”发展战略

经济全球化是世界经济发展的大趋势，面对国际经济新形势，许多国家都把加强基础设施作为投资重点，把绿色低碳大众化的轨道交通作为首选项目，这就为中国高铁“走出去”提供了难得的机遇。我国继“乒乓外交”“熊猫外交”之后，现在又推出“高铁外交”，特别是国家主席习近平、国务院总理李克强在外交活动中亲自推介高铁，为我国高铁“走出去”发展开拓道路。

实施高铁“走出去”发展战略具有重要意义。高铁“走出去”可以展示我国的经济实力、科技实力、政治实力，有利于促进友好合作、共同发展，有利于提升我国对全球经济的影响力。高铁“走出去”有利于转变经济发展方式，有利于消化国内过剩产能，有利于企业转型升级。旺盛的市场需求将促进我国高铁技术不断创新，引领世界高铁发展。

我国高铁“走出去”有自己的优势。首先是技术优势，我国高铁技术处于世界先进水平。中国高铁技术是在借鉴世界高铁先进技术基础上博采众长再创新。其次是价格优势，我国高铁工程造价低。根据世界银行的研究资料，中国高铁工程造价要比西方国家低 1/3 以上。再次是融资优势。我国政府可以协调国内各部门为高铁“走出去”提供有力支持。不少国家想修铁路又缺资金，我国可以同东道国协商通过贸易合作提供优惠贷款等方式予以支持。最后一点，我国高铁具有工程承包能力，也有丰富的建设经验，这也是优势所在。1.18 万公里高铁遍布全国，有平原的，也有山区的，有高寒地区的，也有风沙地区的，经受了不同复杂地质和气候条件的考验。这些优势都会提升我国高铁的国际竞争力。

从另一个角度看，我们对高铁“走出去”发展战略研究还很不够，我们面临着许多国际壁垒，自身也存在许多障碍，所以挑战也很严峻，必须下功夫研究解决。譬如：“走出去”涉及国内多个部门，应有主管机构负责，建立有效的协调机制；高铁相关企业可成立联合体统一对外，避免各自为政、恶性竞争；中国高铁技术标准化要取得国际认可，专业队伍素质要适应国际化要求；重视国际市场调查研究，加强国际工程风险管理，包括政治、经济、法律、文化、技术等风险，增强判识风险、预防风险能力；此外，还要研究积极争取国家政权支持等。

经过 20 多年坚持不懈的努力，我国高速铁路走出了一条自主创新的发展新路，取得了举世瞩目的伟大成就。这是社会主义中国的亮丽名片，中国人民为之骄傲和自豪，世界人民也感到惊异和佩服。我们要认真总结经验和教训，针对发展需要和存在的问题，大力推进铁路改革和持续创新，创造高速铁路更加辉煌的业绩。让人民群众充分享受现代化高速铁路的优质服务，让中国高速铁路为世界铁路发展作出更大贡献！

（作者曾任铁道部副部长　高芳 / 整理）

张国航、孔晓燕

“我们也要搞自己的通信卫星”

——“331 工程”30 年往事

毛泽东在发展通信卫星的报告上重重地画了一个圈

100 多年前，美国总统林肯遇刺的消息 12 天后才能传到伦敦；100 多年后，卫星 1 秒钟便能将信息传遍地球。这是因为在离地球 36000 公里的赤道上空有一条地球静止轨道，只需发射三颗卫星，便可实现全球通信。

1970 年，为抢占赤道上空，力保我国的太空通信权，一支航天大军队从戈壁秘密开拔西昌，在当年的长征路上向赤道上空发起了一次长达 14 年的大远征，迈出了发射通信卫星的第一步。

20 世纪 70 年代初，电视机在北京市民眼中还是一件稀罕的东西。然而在 1972 年，美国总统尼克松来中国访问时，就有随同来的一大批电视记者守候在首都机场、天安门、长城的许多电视摄像点，把尼克松所到之处现场拍摄的影像传送到地球站，再通过距地球 36000 公里赤道上空的通信卫星实时转播给大洋彼岸的美国观众。

于是，1972 年 2 月 21 日，全世界观众在第一时间通过电视看到了这一幕：

中国总理周恩来和美国总统尼克松的手跨过了太平洋握在了一起。然而，把这一事件传遍世界的却是美国的通信卫星。当报纸等新闻媒体报道了这一消息后，北京市民议论纷纷，觉得不可思议，期盼着中国什么时候也能拥有这种技术。事后，周总理指示有关部门：

“我们也要搞自己的通信卫星。”

其实，中国的通信部门早在第一颗人造卫星东方红一号发射成功后，就已经提出了利用卫星进行通信的要求，卫星研制部门也展开了相应的预先研究，只是由于特殊历史原因，使通信卫星无法付诸工程实施。

1975 年 3 月 31 日，中央军委第八次常委会议讨论通过了《关于发展我国通信卫星问题的报告》，并报送毛泽东和党中央。毛泽东在报告上重重地画了一个圈。

由于批准日期是 1975 年 3 月 31 日，故将中国发射通信卫星这一工程称为“331 工程”。它的任务是“将一颗通信卫星通过发射、测控，最后定点在对地静止的轨道上，然后和地面站进行通信试验”。

1976 年 7 月 15 日，通信卫星第一期工程大总体会在北京召开。会议认为，在论证中既要考虑技术上的先进性，更要考虑可靠性，还要考虑经济性和合理性。这为今后包括通信卫星在内的各种应用卫星的发展进一步明确了原则和方向。

1979 年 8 月 28 日，第七机械工业部党组任命时任中国空间技术研究院副院长的孙家栋为第一颗地球静止轨道试验通信卫星东方红二号卫星的总设计师。他上任后，立即主持制定了卫星总体技术方案，确定了中国研制通信卫星选择“两个一步走”的设计原则：第一，在卫星轨道选择上“一步走”即不模仿国外试验通信卫星那种先完成中高轨道试验，再进行地球静止轨道试验的方法，而是将卫星直接发射至同步静止轨道；第二，在卫星技术方案上采取“一步走”原则，将卫星的研制指标直接定在当时具有第三代国际通信卫星的技术水平，同时把卫星通信技术试验与实际应用结合起来一次完成。这样，通信卫星可以由试验、实用很快转入使用，将尽快缩小中国通信卫星在技术方面与国外发达国家的差距，并减少我国通信卫星网络建设的成本费用。

这是一个庞大的系统工程，包括通信卫星、运载火箭、测控、发射场和地面应用五大系统，难度极大。

孙家栋（中国科学院院士、国际宇航科学院院士，原七机部五院院长）：因为钱学森同志当时提倡的就是系统工程，这个工程里头各个部分互相间都有紧密的联系，所以它一定要同时起步。但是“331 工程”启动时正好是我们国家航天工程刚开始的年代，卫星这一部分对我们来讲难点比较多、比较新。为了这个工程最后能同时完成，当时在五院有很多关键项目的工作都提前开展了。

由于 70 年代我国的电子元器件可靠性非常低，达不到卫星寿命的使用要求，加上我国当时没有对外开放，无法通过进口解决这一难题，所以中国空间技术研究院建立了全国第一个电子元器件可靠性研究分析中心，负责在全国范围内进行订货、制造、筛选电子元器件以及进行老化试验，从而通过自主研制元器件确保了卫星三到五年的寿命。与此同时，还对双自旋稳定、中频变换式转发器、固体远地点发动机、太阳能电池等核心技术进行了攻关研制，确保了卫星研制任务的顺利完成。

此外，为将通信卫星顺利送上 36000 公里的太空，研制团队历经各种艰难，突破了液氧发动机的研制难关，使我国成为世界上少数几个掌握这一技术的国家。

当时，由于测控系统的中心计算机运算不足，严重影响了卫星的发射任务，而当时计算机又难以进口，为了解决这一难题，研制人员想方设法将几台计算机连接在一起，从而提高了速度，奇迹般地满足了卫星测控的需要。当时的国防部部长张爱萍视察之后说：“人要立功，机器也要立功。”并将其称为“功勋计算机”。

孙家栋在关键时刻的大义凛然

1983 年 8 月，通信卫星工程的五大系统完成了配套建设，基本具备了通信卫星发射试验的条件，完成总装测试的卫星和运载火箭相继运抵西昌卫星发射中心。

1984 年 1 月 29 日，东方红二号通信卫星在西昌中心首次发射升空，然而三级火箭在第二次点火不久之后出现异常，卫星没能进入地球同步轨道。

4 月 8 日，经过改进的长征三号火箭携带卫星再次起飞。就在卫星顺利升空后，西安卫星测控中心却通过遥测数据发现，装在卫星上的镉镍电池温度超过了设计指标 45℃的上限，并且还有继续上升的趋势。遥测数据显示，卫星的外壳和其他部分仪器的温度也偏高，如果控制不住，温度继续升高，刚刚发射成功的卫星可能就要危在旦夕了……

此时的孙家栋心力交瘁、疲惫不堪，但他全然不顾这些，立刻投身到对卫星故障的应急处置中。他立即召集技术人员开会，大家群策群力，出主意想办法，孙家栋也简洁地谈了自己的想法，很快形成了解决问题的思路。而后，时任卫星副总设计师的戚发轫受命前往天津十八所进行电池温度耐受程度试验。

戚发轫（中国工程院院士，神舟飞船总设计师，第九、十、十一届全国政协委员）：卫星发射成功了，但二十六基地发现卫星电池温度越来越高，这不得了了，再要高的话，电池就要炸了。遇到这样的问题，首先要摸清楚电池温度高到什么时候卫星会坏掉。原来没做过这个试验。领导把这个任务交给了我，我和十八所所长陈金贵一起回到十八所，把一个卫星电池放到真空罐里头加热直到爆炸，罐子毁了，但是拿到了数据，是 72℃。我们赶快告诉孙部长说，72℃之前都没有问题。

有了这一可靠的试验数据，测控系统的专家们心里总算有了底。凭着对卫星及其飞行过程的分析，孙家栋初步判断卫星发热是由于卫星相对太阳姿态角的变化所引起的，于是果断地做出了对卫星进行大角度姿态调整，降低太阳能电池阵与蓄电池之间的电压差，减小充电电流，迫使蓄电池停止升温，进行降温的应急故障处置的决定。

西安卫星测控中心一接到卫星的处置通知，便及时在地面对 36000 公里高空的卫星发出了应急指令：将卫星上所有功耗仪器设备全部打开，尽可能地消耗电能，多次调整卫星姿态，改变太阳辐射角，以减少太阳能电池对卫星的供电，最大限度地增加镉镍电池放电量。在操作控制室听到的都是指挥人员和操作人员紧张的口令声。

实施技术措施后，卫星的温度立即得到了控制，但卫星还不能正常工作。孙家栋与技术人员又经过几个昼夜的模拟试验发现，当太阳照射角为 90° 时，卫星能源系统保持平衡，可以将温度控制在设计指标范围内。孙家栋果断命令对卫星姿态角再调整 5°。按照正常情况，“再调 5°”的指令需要根据精确的运算结果后形成文件，按程序审批、签字完毕才能执行。但在这种紧急情况下，任何审批手续都已经来不及了。这时，操作指挥员也感到压力巨大，尽管孙家栋的指令已经在录音设备中录了音，但毕竟没有经过指挥部会商签字。指挥现场的几个操作人员为慎重起见，临时拿出一张白纸，在上面草草写下“孙家栋要求再调 5°”的字据要孙家栋签名。孙家栋毅然拿起笔，在字据的下方签下“孙家栋”三个字。要知道这三个字的分量和风险，这是要把个人的一切顾虑抛到脑后，若在战争年代，这叫做“将生死置之度外”。

执行了地面发去的指令后，卫星温度停止上升，一点一点地回落，蓄电池热失控的现象被制服了。西安卫星测控中心对卫星姿态再次调整后，验证了这一措施的正确性，保证了卫星定点和长期稳定运行。卫星终于化险为夷。

对太空中“发烧”卫星的这种处理决策在世界航天界实属少有，同事们无不惊叹这一绝招。事后，对卫星故障处理的这种创造，引起了航天界人士的关注，人们纷纷说，这真为我国通信卫星工程立了一大功！

4 月 16 日，卫星成功地定点于东经 125° 赤道上空。

4 月 18 日上午 10 点，张爱萍通过东方红二号通信卫星，与新疆维吾尔自治区党委第一书记王恩茂实现了北京和新疆间的第一次卫星通话。电话接通后，张爱萍扔下事先准备好的讲稿大声说：“老王，哈密瓜熟了没有？”王恩茂幽默地回答：“我这就派人给你送过去！”当天，我国便进行了第一次卫星电视直播。

至此，我国国防科技事业发展史上著名的卫星通信发射等三大战役胜利完成，这是两弹一星成功的延续，是我国国防建设向现代化发展道路迈出的重要一步。

从试验走向实用的通信卫星

改革开放的中国刚刚展开腾飞的翅膀，席卷全球的高科技竞争已经触动了中国的神经。随后，中央及时启动了“863 计划”，标志着中国进入发展高科技和高科技产业的时期。

在此背景下我国又相继发射了三颗东方红二号甲实用通信卫星，开创了我国卫星通信的实用化时代。

戚发轫：我们的卫星一上天，整个电视覆盖率就超过了 90%，电视机供不应求，地面的“大锅盖”天线像雨后春笋一样，这就变成一个大的产业了。这个投效比特别大。那么谁受益最大呢？当然是老百姓。

东方红二号甲实用系列通信卫星为我国传送了 30 余路广播和电视节目，尤其促进了卫星电视教育的发展，开通了 8000 多条国内话路和石油、煤炭、水利等行业部门的专用卫星通信网，且全部超期服役，显著促进了我国通信事业的发展。

此外，东方红二号卫星平台还后续支撑了我国“风云”系列静止轨道气象卫星的研制，并沿用至今。

随着卫星通信事业的迅速发展，我国于 1986 年正式启动了研制中容量通信卫星东方红三号的研制工作。

范本尧（中国工程院院士、通信卫星三号原总设计师）：总的来讲当时难度比较大。我们没有预研基础，因为中容量通信卫星的研制工作是突然间起来的，原来我们都是按照东二的路子走，当时我们要一下子达到国外先进水平，但又不像咱们现在有很长一段时间用于预研攻关，所以难度就比较大了，没有这个技术储备。当时正好是邓小平同志实施改革开放政策，不能故步自封，所以中央指示我们将这项工作作为航天领域的一个试点工程。

东方红三号卫星在大量吸收国外先进技术和设计理念之后，于 1997 年 5 月

12日发射成功，定点于东经125°上空，促进了我国广播电视的产业发展。

东方红三号通信卫星的研制成功，实现了我国地球静止轨道卫星从自旋稳定型到三轴稳定型的飞跃，大大拓宽了东方红三号卫星平台的应用领域。

范本尧："东三"研制完了以后用了一段时间，真正把这个平台变成了东三公用平台，又做了两年工作完善了一下。接下来的"东三"系列卫星都是在这个平台基础上研制的。

东方红三号公用平台除已应用于"中星""天链"系列通信卫星外，还应用在"北斗"系列导航卫星和"嫦娥"月球探测器项目中，其中中星22号卫星，在轨运行时间超过12年，树立了国产卫星在轨运行时间新的里程碑。

我国的通信卫星从国内走向国际

20世纪90年代，我国对卫星通信的需求增长出现了一个新的高潮，国内卫星水平和运营规模已不能满足业务需求，外国通信卫星制造商及时抓住了这一机遇，向中国市场扩充。

为夺回中国赤道上空，中国空间技术研究院开展了东方红四号大型地球静止轨道卫星平台的关键技术研制攻关工作。

周志成（国际宇航科学院通讯院士、"东四"平台总设计师）：实际上，航天人、通信人很早就渴望"东三"之后的一个大平台的出现。但是由于当时我们没有把"东四"平台这种更大容量的卫星平台拿出来，所以很多卫星公司都去采购国外研制的卫星。那么可以回想一下，当时没有一颗我们航天人自己搞的民、商用的通信卫星在天上使用。

随后在老一辈航天人的带领之下，大型中心承力筒技术、大容量储箱技术、卫星电源及控制技术、星上综合数据管理技术、太阳电池翼二次展开等一批关键技术取得突破性进展。

2001年10月，国家正式批准东方红四号通信卫星平台立项。2002年5月，中国空间技术研究院与鑫诺公司签订了鑫诺二号卫星采购合同。2004 年 12 月，中国与尼日利亚签署了尼日利亚一号通信卫星的采购合同，实现了我国整星出口零的突破。

为落实中国空间技术研究院“十一五”发展战略，2008 年 7 月 18 日，中国空间技术研究院组建通信卫星事业部，向构筑国际一流宇航公司目标迈出重要一步。

航天事业的发展从来都不是一帆风顺的，在鑫诺二号卫星和尼日利亚一号通信卫星连续失利的重大压力下，委内瑞拉一号通信卫星于 2008 年 10 月 30 日成功发射，并于 11 月 10 日成功定点于西经 78° 上空。

委内瑞拉一号通信卫星全面应用并验证了东方红四号卫星平台及有效载荷技术，入轨以来，卫星运行稳定可靠，使得商业险费率逐年下降，更开启了国际商业通信卫星的广阔大门。

周志成：我们的通信卫星能够成功走到市场上去，国家的支持是必不可少的。从国家领导人到政府官员，包括我们集团公司、院领导等方方面面都在帮着推介我们的通信卫星。有一年，我有幸去人民大会堂参加元宵晚会，与吴邦国委员长坐在一起。他一听说我是五院的，就说：你们跟委内瑞拉那颗星赶紧签合同，它会供应我们资源。我们需要将各方力量结合起来，推动通信卫星走向市场。并且，要能真正得到国际市场的认可，我们还有很多路要走。包括一些运作模式，如现在提的履约的模式等，与国际市场要求相比还有很大差距。所以我们这个队伍，任重道远，要做的工作还有很多。

在此之后，东方红四号公用卫星平台厚积薄发，目前基于该平台已成功发射十余颗国内、国际通信卫星，在平台研制过程中，不畏挫折、攻坚克难，中星系列通信卫星相继成功在轨交付，一举扭转了我国通信卫星长期依赖进口、应用受制于人的被动局面。标志着我国通信卫星平台能力得到了跨越式的提升。

截至 2013 年底，共有 9 颗采用东方红四号卫星平台的民、商用等多领域通信卫星在轨，覆盖了亚洲、非洲中西部及南部、南美洲，覆盖全球约 58% 的陆地面积和 80% 的人口。中国通信卫星事业正大步走向国际。合作伙伴遍及亚、非、欧、美等四大洲 30 多个国家。

在未来，巨大的发展空间和国内外市场需求将为我国通信卫星领域带来新的机遇和挑战，大力推进东方红 4S、东方红 4E、东方红五号平台以及新三星的研制工作将引领中国通信梦的再次飞跃。

（张国航，时任中国空间技术研究院通信卫星事业部党建主管；孔晓燕，时任中国空间技术研究院通信卫星事业部企业文化、宣传主管）

张风雷、李冬生、张秋卉　拼死也要啃下这块铁家伙

——中国现代化煤港崛起

煤码头一期、二期工程建设

20 世纪 70 年代后期，国民经济发展迅速，东南沿海各省、市发电用煤量激增。北煤南运、西煤东调，致铁路饱和，突出表现在交通运输的不适应，海运煤炭成为经济合理、量大价廉的重要运输方式。秦皇岛既是北煤南运水陆联运重要枢纽，也是对外贸易煤炭出口的大门。但由于秦皇岛港煤炭运输工艺落后，年吞吐量仅 757 万吨，满足不了煤炭下水的需求，压船、压车严重。为解决秦皇岛港通过能力不足和“黑白分家”问题，国务院批准独立自主建设我国第一座机械化大型煤炭输出专业码头——秦皇岛港煤码头一期工程，并被列入国家“五五”计划 70 个重点建设项目。

工程设计是项目建设的龙头，牵扯铁路、民生等，面广，难度极大。交通部第一航务工程局勘察设计院经过多年踏勘论证，初步设计，扩大初步设计，深度依然不够。特别是铁路运力、港内铁路归属等难题久议难决。但一航局设计院、冀东冶金设计院、铁道部通讯信号公司、天津地方铁路管理处规划设计所等部门

相互协作，尽全力提供设计图纸，保证建设正常进行。建港指挥部主任郭本玉、指挥刘培新等团结建港指挥部来自四面八方的工程技术管理人员，指挥来自全国各地的建港大军组织大会战。1976 年 11 月开始，新建成的原油码头西侧的海面千帆竞渡，方驳和大小渔船在抛石围埝。昔日寂寞的 166.67 公顷南李庄盐碱滩涂上，集中 1500 多辆汽车、马车进行煤码头回填大会战，参建的北京车队等回填基沙石 170 万立方米。1978 年，码头基槽、航道开工，天津航道局开创北方冬季挖泥的先例。他们充分调动挖泥船队的积极性，以任务包干和超产奖励替代旱涝保收的日工资，单船效率显著提高，当年挖泥 154 万立方米，超产 32 万立方米，节省概算 85 万元，扭转了建设项目工程超概算的被动局面。一航局航务五处承建码头水工和翻车机房工程，遇到沉箱预制、接高和溜放难题。他们加高平台，加大溜放荷载力，实现一次接高方案成功，完成 548 米顺岸码头和 900 多米的护岸。翻车机房基础设计为直径 27 米的钢筋砼圆形沉井，由于在海边地下水位高，航务五处科技攻关，精心施工，采取深井群排水法、钢板桩挡土开挖地下廊道等新工艺，成功构筑了煤一期翻车机房牢固的地下基础设施，开创国内建设大泊位煤码头的先河。建港指挥部提出：“搞好港口建设是最大的政治，是压倒一切的中心工作！”并大胆起用黄国胜、朱福昌、朱桂英、陈继舜、薛德成、聂振一等一批出色的中青年知识分子走上领导岗位，调动各方积极性，千军万马建煤港，加快了煤工程建设速度。

1978 年 3 月，秦煤一期工程正式开工。秦煤一期码头是我国自行设计、施工、设备制造安装的第一座现代化煤炭输出专业码头，建设两万吨和五万吨级泊位各一个，年设计通过能力 1000 万吨。投资 2.21 亿元。一航局一处完成前方码头栈桥工程的同时，还主动承担沉箱接高任务。二航局三处负责桥涵施工，做到当年入场、当年设计、当年完工。最艰巨的秦皇岛东路港联合编组站，交通部子刚副部长调来天山基建工程兵部队啃这块硬骨头。秦皇岛市建设总公司承担配套设施的建设，市二建公司承建 11 万伏变电站，市三建公司在海员基地工程实行领导包干责任制，均克服困难提前完成。上海港机厂制造三台装船机，一航局四处安装；大连重型机械厂承担三台堆料机、三台取料机和三台翻车机制造安装；6881 米皮带机由唐山冶金矿山机械厂制造安装。所有设备都是中国制造!

1980 年，国家正式批准建设京秦复线电气化铁路和与之配套的秦皇岛港煤码头二期工程。秦煤二期工程是首批利用日元贷款项目工程，由我国自行设计、施工，首次成套引进国外先进技术设备建设的全国第一座大型现代化、高效率的煤炭输出码头。建设五万吨级泊位两个，2.30 亿元，外币 273.13 亿日元，共折合人民币 5.6 亿元。年设计通过能力 2000 万吨。交通部秦皇岛建港指挥部接受这项艰巨的历史重任，4 月工程正式开工。解决了煤一、二期工程不建防波堤问题；与国际接轨，将煤二期翻卸系统由底开门自卸敞车改为串联式翻车机卸车方式；争论六年路权铁路秦皇岛东路港联合编组站，港务局计划处原副处长黄镇东、运输处副处长黄国胜以充分的论据在国家计委权威刊物《交通运输》发表论文据理力争，维护了交通部权益和秦皇岛港区内铁路的归属。征地拆迁是制约秦皇岛港煤码头建设的难点，煤一、二期工程需征地 169.67 公顷，拆迁房建 7000 多平方米及地面附属设施，涉及三个公社 446 户 1454 名村民和秦皇岛郊区建筑公司等 20 多个单位。在国务院及有关部委、省领导现场办公督导下，秦皇岛市委书记李毅亲自挂帅，召开市委常委会等各种专题会议，组成由市政府各委办、路、港领导参加的支港支铁办公室，采取先占后争、统建新居、集体迁移、妥善安置等方式，做了大量工作。老大难征地拆迁历时五年逐步解决。

在秦煤二期工程建设中，通过煤一期建设和与日本住友重工技术交流，一航设计院向交通部报告：煤一期设计的工艺方面与国外水平相比并不落后，但在设备制造方面还达不到国外标准。在电气设备及自动控制等方面有些设备国内目前还不能生产，引进一些关键设备是必要的。秦皇岛港抓住国家利用日本海外经济协力基金会第一批贷款契机，由日本石川岛播磨重工株式会社中标总承包，引进现代化煤码头成套装卸设备，开启了秦皇岛港煤码头跨入现代化港口之列。秦煤二期工程装卸设备工艺采取中外厂商联合设计、联合制造方式，日本石川岛（IHI）株式会社提供机械设备，配套设备包括：翻车机系统由英国 SH 公司和石川岛供货；解冻设备由日本丸红和美国江森马奇公司供货；商检采样设备由日本伊藤忠和美国拉姆斯供货等，汇集了当时国际一流的先进水平。主要装卸设备有翻车机、堆、取料机和装船机等 11 大机和皮带机输送系统，配备有较先进的控制程序、通信供电、洒水除尘等系统，国内厂商承担设备制造合同总价 94 亿日元的 47.9%，引进成套设备从 1984 年 4 月供货。设备安装为一航局四公司，由于秦煤二期是第一次由中日工厂合作生产的项目，在设计、制造习惯不同和对日方提供图纸理解的不同，产生过一些质量问题。在翻车机重载调试、剪裁日期等问题上，涌现出港口方负责技术的总工程师朱福昌，被日方誉为“强硬的谈判对手”的中方代表薛德成，被英国专家称为“先生”的谢友权等出色人物，他们成为共和国权益和煤一期工程建设的卫士。在所有建设人员的共同努力下，总包单位日商在两个月内解决了设备调试产生的尾留问题。1985 年 7 月 18 日，国务委员谷牧、日本驻华公使和新任交通部副部长黄镇东等为秦煤二期工程投产剪彩。

秦皇岛港煤码头一、二期工程建成投产，其经济效益和社会效益显著，使东南沿海各省市工农业总产值增加数百亿元，增加了外煤运输和国家外汇收入。港口装卸效率成倍提高，改变了秦皇岛港口“三压”状况。为我国引进外资建港首开先河，确立了国家将秦皇岛港作为能源大港重点建设的地位。为秦皇岛市每年增加几千万元的城市建设配套费，“以港兴市、以市促港”改变了“先进的港口，落后的城市”的旧貌，使秦皇岛港吞吐量迅速跃居全国沿海港口第三位。1989 年，秦煤二期工程荣获“国家优质工程银质奖”。

煤码头三期工程建设

为使我国北煤南运，1983 年 9 月，国务院作出关系国家经济命脉的决策，修建大秦铁路及其配套工程——秦皇岛港煤三期工程。煤三期工程受到国家高层领导的高度重视，享受“优惠政策”：在上报设计任务书的同时，初步设计方案开始进行；设计任务书批准的同时，关键工程提前开工。

1984 年 4 月 1 日，上海航道局的挖泥船率先开进沙河口海域，作为特殊工程先期拉开煤三期建设的序幕。交通部一航院、一航局五公司、天津航道局等十几路大军云集秦皇岛。1986 年，码头水工、堆场、引堤、翻车机房基础及廊道地下连续墙，各单项工程全面开工建设。

设计表明，煤三期工程规模和能力在世界上均属一流。近期年装船能力达煤一、二期的总和；泊位吨位比二期大一倍，可停泊十万吨级巨轮；大秦线设计重载单元列车，即开行百节万吨列车，循环运输不解体，翻车机不摘钩一次翻卸 3 节车厢；从卸车到装船全部实现电脑程序控制，具有 20 世纪 80 年代国际先进水平。国家在港口建设领域第一次动用数千万美元和自由外汇进行工程设备国际招标。联邦德国 PWH 公司中标，承担 1.8 万余吨设备供货和总承包责任；世界著名的德国西门子公司（以下简称 S 公司）、曼恩公司（以下简称 M 公司）及美国德拉孚公司分别承包了电子计算机、自动化管理的技术与设备；中国港湾建设总公司分包了国内制造、设备安装任务。

正当国内各厂家秣马厉兵准备大干一场的时候，矛盾和困难接踵而至。总承包商 PWH 公司虽有百年历史和良好的技术优势，然而没有总包如此巨大工程的经验，综合能力不强，提供的图纸粗糙，设计漏洞百出，有的图纸半数以上返工，而且经常设计延误、变更，致使设备供货普遍拖延。

中方的目标是明确的，必须与大秦铁路同步建成。为弥补 PWH 公司的缺陷，国家决定，做好两级协调：一级协调由交通部、国务院重大办等组成部委协调小组，协调跨地区、跨部门的中方制造与施工单位动作；二级协调由总分包单位中港公司牵头，确保质量和工期。

1987 年 2 月，上海江南造船厂会议室内，煤三期设备制造协调会正在进行。离第一批设备交货期仅有 50 天，而特殊钢材严重短缺，从日本进口的“价格战”谈判又搁浅；PWH 公司提供的图纸纰漏百出；设备供货滞期；大秦铁路一天天在逼近，工期迫在眉睫！主管煤三期工程的交通部副部长黄镇东面对 80 多位代表激动地站起来说：“大秦铁路已突破喜峰口，到了煤三期鼻子底下了。难道拖国家重点建设后腿的是在座诸位？”“困难是死的，人是活的。谁误了工期谁跳海！”承担设备制造和配件供货的上百个厂家，团结协作，克服重重困难，全力投入生产建设。1987年底，码头水工、翻车机房及地下廊道全部完工，翻车机、堆料机、取料机、装船机等十大主机已经矗立在现场，只待装上机电及中控设备。安装调试的大幕徐徐拉开，建设者要展开最后的攻艰战了……

天有不测风云。煤三期工程遭遇了供货商破产的冲击波。PWH公司因经营亏损，宣布破产。面对码头堆积的没有中枢神经系统的庞然大物，中国人心急如焚，距原定的大秦铁路联动试车仅有半年时间，时间贵如金！PWH公司又火上浇油，认为德方已按合同提供了80%的设备，逼迫中方全部交出货款。中国人冒着双重付款的风险，寻找第三条出路：由S或M公司完成工程项目。春寒料峭的北京3月，S公司代表来华谈判。他们自恃掌握着关键设备与技术，条件苛刻，既要向PWH公司托管人交付货款，又要向S公司支付货款，而且要先付款后交货，且不保工期。第三条路被堵死。德国人把原协议中提供的安装计划、操作规程及整套设备的润滑图席卷一空，单方撤走现场专家。煤三期再一次被推到悬崖边缘。国家果断做出决定：立足国内，自力更生，全面完成建设任务。中国人在被逼之下，群策群力闯难关，一方面选择了香港振华工程公司作为新的合作伙伴；另一方面，成立合同清算小组，清理商务、债务，准备应付因PWH公司破产引发的合同纠纷。

为实现总工程目标，理顺外商留下的烂摊子，交通部成立秦煤三期工程协调组，与建港指挥部共同负责工程建设关键技术性工作的决策和协调。62岁的基建总工程师刘济舟临危受命，出任组长。他火速从北京赶赴秦皇岛，下了车直奔工程现场，第二天就把办公室搬到前线的临时办公室。从北京捎来的自行车成了他的“伴儿”，为了方便，他不乘专车，骑着自行车满现场跑。一次，他不慎把脚扭伤，脚面肿得连鞋都穿不上，疼得厉害了就吞一片药，或是就地而坐用手揉揉，然后咬紧牙关，一瘸一拐地爬上十多米高的堆、取料机，进行技术指导。他抓工作雷厉风行，凡是他召集开会研究工作，不研究透了不散，而研究决定的事情，不办不行。他的高效务实的工作作风，在各级领导和工程技术人员中产生了极大的影响。“要让外国人看看煤三期是怎样在我们手中矗立起来的！”

工程安装阶段的中心任务是电气设备的安装调试，这个艰巨任务落到了机电部天津电气传动研究所的肩上。当 48 名“天传所”的技术人员赶赴现场时，离重载试车只有两个月时间，而接手一项遗留工程比重起炉灶还难，调试从未接触过的东西，梳理遗留设备资料，吃透、调整原设计思路，调试从未接触过的最新电脑，几十号人挤在工地简陋的平房里，调试着世界上最先进的“VAX”中控机。

中央调控室的硬件及软件短期内无法解决，为保工期，港务局总工程师朱福昌提出集中手动控制暂时替代电脑程序控制，使这一关键难题迎刃而解。

为解决大型机械设备的自动控制软件，“天传所”的技术人员对有关装置进行大量测试、制图、模拟实验，直到实际运转，最后完成全部软件编制工作。

担负设备安装任务的是交通部一航局四公司。当初德国人提交的安装图纸拖后 200 天，安装工作断断续续。现在德国人走了，图纸残缺不全，面对现场堆积的数千吨设备，年轻的高级工程师、副总经理蔡根耀急红了眼，他大臂一挥：“拼死也要啃下这块铁家伙。”

一场抢装设备的硬仗打响了。翻车机房是煤三期工程的“咽喉”，也是确保总工期的关键。时值盛夏，暑气袭人。工人们在 15 米深的翻车机房沉井和廊道里面进行安装施工，四周用混凝土浇注而成的胸墙犹如巨大的罐体把人们闷在里面，下去一身汗，上来一身水。工人们在工地每天工作十五六个小时，发疯地抢装设备，硬是在图纸残缺不全的情况下，将杂乱堆放在工地的设备井然有序地安装到位，保质保量完成了煤三期安装任务。

交通部秦皇岛建港指挥部是工程建设管理单位，曾在全国大建港中打响头一炮，建成我国第一座原油管道输出码头，组织建设六个大型项目，15 个深水泊位，使秦皇岛港一跃成为全国吞吐量第二大港口。如今，他们又遇到了我国大型工程建设中没有先例的承包商破产的冲击和压力，他们变压力为动力，充分发挥建设单位的龙头作用，大胆求实，科学管理，首次与交通部签订了以包投资、包工期、包质量、包材料消耗、包形成综合生产能力的“五包”投资包干合同，建立和完善了工程招标、工程调度会、项目责任制、质量监督、资金调配、材料供应等一系列管理制度和措施。为节省建设资金，他们连续奋战三昼夜，将一台报废的拖车拼装成大件设备运输车。翻车机房“中间走廊”重25吨，长18米，为了把它安全接卸下船并运至安装现场，指挥部领导随车步行，亲自指挥。半年多时间里，他们共接卸设备两万余件，节约运费83.5万元。工程技术人员广泛投入到合理化建议活动中，一些建议获得部、省和秦皇岛市的合理化建议优秀成果奖。在煤三期工程建设中，共节约建设投资7008万元，工程项目获得“国家优质工程银质奖”，闯出一条“创优秀、保工期、省投资”的高效建港之路。

1988年12月26日，首列以大同开往煤三期的列车接卸成功，实现了同步联动。

中国改革开放以来最大的一起因外商破产而引发的合同纠纷案短兵相接。27公斤重索赔材料以无可辩驳的事实维护了合同条款中我方利益。经过唇枪舌剑的谈判和层层严谨的司法程序，最终达成“零点方案”，即中方向破产方代理人支付800万至1000万马克，而中方则从对方的“提保银行”收取违约保证金1100万马克。这意味着中方没花一分钱就得到PWH公司提供的所有设备。至此，中国改革开放以来最大的涉外破产索赔案，以中国人的全面胜利而告终。

煤码头四期工程建设

1992年，秦皇岛港虽然拥有7000万吨煤炭装船能力，但与南方各省、市经济运转加速，能源、物流需求相比，依然运力不足。专家预测，到1995年通过秦皇岛港下水煤炭将达到8500万吨。到2000年西煤东运和煤炭出口将达1.7亿吨，而北方四港煤炭下水能力仅为1.05亿吨，六七千吨煤炭下水能力缺口巨大。秦皇岛港审时度势，利用国家扩大内需、重点扶持的优惠政策，积极落实国务院李鹏总理1987年、1992年两次视察秦港关于“煤四期建设能不能早一点？秦皇岛港有条件还要搞煤四期增容，煤四期和增容同时搞”的指示和1992年全国政协八届三次会议关于加快秦皇岛港煤四期码头建设1250号提案精神，为了国民经济持续发展，给东南沿海各省市输入能源和活力，保证“北煤南运”战略大通道的畅通，建设单位交通部秦皇岛建港指挥部乘势而上，及早做好了工程各项前期工作。

“万事俱备，只欠东风。”1993年4月26日，国家计委正式批复秦皇岛港煤四期工程开工建设。秦港煤四期工程是大秦铁路工程的重要配套设施，部分利用第三批日元贷款，被交通部列为港口建设的“重中之重”。工程概算内币8.48亿元，外币103.41亿日元。年设计通过能力3000万吨，预留发展到4000万吨。6月12日，秦皇岛港务局局长、交通部部长黄镇东亲自为秦煤四期工程开工剪彩，部、省领导和秦皇岛市长陈来立、政协主席朱桂英、副市长吴泽吉等出席，黄部长提出“关死后门，倒排工期，1997年建成投产”的奋斗目标。为加快秦煤四期工程建设，国家组成以国家计委副主任叶青为组长、交通部部长黄镇东为副组长的建设协调领导小组，交通部组成以李居昌副部长为组长的交通部秦煤四期工程建设领导小组，负责协调解决工程建设的重大问题。

我作为建港指挥部经济工程师、秘书科科长，跟随交通部秦皇岛港务局常务副局长兼建港指挥部指挥陈继舜和局总工程师朱福昌踏勘煤四期现场各个角落，亲历了秦煤四期工程组织、协调、建设的全过程。当开工一声令下，全局悉数而动：建设单位交通部秦皇岛建港指挥部从质量上立足“保”字、工期上立足“抢”字、资金上立足“省”字，三大主体工程翻车机房、水工码头和堆场齐头并进。天津航道局选派技术能力最佳的绞吸船和国内最大的链斗挖泥船，陆域吹、回填土方173万立方米，造陆729亩。公路一局三公司随之建成堆场29.23万平方米；翻车机房被誉为工程的心脏，由于比邻煤三期1号、2号翻车机房，现场狭窄，需要浇筑直径68米、深达31米的圆井式地下连续墙，开挖土方8.385万立方米，浇筑混凝土9360立方米，其深度已经大大超过煤三期翻车机房底板基础和地连墙维护深度。稍有不慎，就会墙倒塌方，波及煤炭六公司的正常运输生产。

分包地连墙施工的天津深基公司克服现场狭小、工艺复杂等困难，小心翼翼、精心施工，提前34天实现地连墙圆井合龙。总包交通部一航局五公司狠抓制约设备安装的+5.738米翻车机平台关键节点，确保煤三期翻车机房基础万无一失，优选弹性地基梁法设计，运用地下连续墙导管反循环法专利技术，干性施工。采用挖掘机替代抓斗阶梯开挖、混凝土泵送工艺，现浇钢筋混凝土18900立方米。建港现场代表、高级工程师刘广海（现任河北省交通运输厅副厅长）和一航五公司经过原位观测和计算论证，减少对设计标高原土扰动，大胆取消了地连墙圆井第五道圈梁及相连竖肋，节省钢筋混凝土497立方米，缩短了工期。在严冬腊月，甲方代表、工程师毛德伟冻得手握不住钢笔，但依旧坚持在现场协调。经三天三夜连续作业，浇筑翻车机房基坑底板混凝土6000立方米一次成功。广大参建者打破常规，昼夜奋战，仅用一年零八天，提前工期111天交付翻车机设备安装；总长771.1米的水工码头由58个巨型透空式沉箱组成，50多岁的交通部劳模、一航五公司潜水老工长黄玉震和工友在19米深的海底码筑基床，安放沉箱。这些家伙最大单重2000吨，具有稳定港内波况程度、与煤三期码头衔接方便等优点，为煤四期水工工程构筑了坚实的脊梁。

充分利用外资引进先进设备。1993年，利用第三批日元贷款的秦煤四期成套装卸设备国际公开招标，由日本东棉一三菱重工株式会社联合中标并作为总承包商，我国大连重工等厂商分包了设备制造任务。1994年4月6日，在人民大会堂举行签字仪式，国务院副总理李岚清会见了包括局长黄国胜在内的中外各方代表，进而拉开了煤四期设备制造安装序幕。然而，好事多磨。由于国家金融和投资体制改革，远行期间敦请软、硬贷款，建贷资金及资金到位方面存在一定难度；又因引进设备合同滞后原总工期计划五个多月，日方按惯例办事，无法适应秦煤四期打破常规的建设速度，设计供图拖延，尤其是翻车机房预埋件位置等问题加大了施工难度；外加施工中土建与设备安装交插作业、港池挖泥与运输船舶相干扰、水工施工与运输生产相干扰的矛盾接踵而来……就在项目三大主体工程建设粗具规模、国内设备分包厂家大干快上的关键时刻，天有不测风云：1995年1月18

日，日本阪神地区发生7.2级强烈地震，秦煤四期主要部件供货港神户港库存设备受损变形。外商报告因不可抗力，两次要求交货期推迟八个月，部长黄镇东提出的建设工期目标大有拖延之势。“泰山压顶不弯腰。”秦皇岛市政协委员、港务局副局长陈继舜和河北省政协常委、局总工程师朱福昌等东赴日本几经交涉，取得设备总承包商日本“三菱”公司供货期不变和增派现场总代表、专家到秦皇岛指导安装的承诺。另派副指挥王树和赶赴京津，敦请资金到位、保证及时出图。确立施工组织形式，指挥前移，以现场总代表范安国为主，十二大机责任到人，做到日碰头、周协调、月总结。坚持质量预控，派员进行设备监造、厂检、试车，坚持各大机“谁制造谁安装”“谁使用谁参加调试”和“交钥匙工程”，提前对使用单位人员上岗培训，有效地加快了工程进展。

时势造英雄。在秦煤四期工程重点建设的大熔炉里，培养、锻炼了一大批年富力强的大学生。女硕士朱钰在总工朱福昌、副处长范安国等的指导下，勇挑现场大梁，每天十几个小时长在工地，对设备概况了如指掌。主管翻车机安装的女硕士苏岩勇于探索、认真负责，为保工期坚持晚婚晚育。各科室、单项负责人刘广海、陈海烈、韩利威、杨学军、洪杰、李帅义、高科等经过秦煤四期工程建设的洗礼，如今皆成为河北港航战线的骨干力量。

秦煤四期工程建设得到党和国家的高度重视和支持，被列为“八五”“九五”期间的重点建设项目。李鹏总理，邹家华、吴邦国、朱镕基副总理多次视察煤四期现场并作重要指示。项目协调小组组长、国家计委副主任叶青现场办公，协调解决资金、供电等关键问题。建设领导小组组长、副部长李居昌连续三年召开秦煤四期工程现场办公会，协调解决资金担保、转贷协议等重大问题，提出“煤四创国优”质量目标。秦皇岛市市长赵铁练、菅瑞亭多次协调解决供水、市政规划问题。建港指挥部瞄准香港回归祖国契机，提出大干440天，决战120天，打好工程三大战役，1997年“七一”向党和祖国献礼目标。1996年12月29日，“中海2号”满载两万吨晋煤驶离煤四期704号泊位，重载调试成功。1997年6月26日，秦皇岛港务局局长聂振一在秦皇岛国际饭店召开新闻招待会，宣布秦煤四期工程在香港回归祖国的 7 月 1 日建成投产，吹响了秦皇岛港冲刺世界亿吨大港的进军号！

1997 年 12 月 18 日，秦煤四期工程通过了国家验收委员会验收，认为煤四期工程工艺设计先进，设备国际一流。2001 年，秦皇岛港吞吐量和煤炭吞吐量双超一亿吨，雄踞世界第一大煤炭输出港地位，秦煤四期工程起到了决定性作用。项目质量荣获“国家优质工程奖章”，实现秦煤二期、煤三期、煤四期工程国家优质工程“三连冠”，圆了政协委员陈继舜、朱福昌们一生的建港梦。交通部部长黄镇东自豪地宣布：考察现代化煤码头建设不需要到国外，请到秦皇岛港！秦煤四期工程投产六年即达到设计能力。2003 年以年吞吐量 3058 万吨创全国同类煤码头之最！其中尚须浓墨重彩的一笔是：工程项目高度注重环境保护工作，以 6000 万元引进了世界最先进的环保设施，为秦皇岛港打造绿色港口开辟了崭新的路径。

煤码头五期工程建设

新世纪给港口带来了新的发展机遇，能源交通再度成为瓶颈，全国拉闸限电一度曾达到 24 个省区。秦皇岛港务集团未雨绸缪，抓住国家对大秦线扩能增量的绝好机遇，加快与其配套的煤五期工程及煤四期扩容工程开工，恰恰契合了国务院常务会议关于“秦煤五期、煤四期扩容工程要加快建设，现是最需要的时期。煤电、油运是制约国民经济发展的重要问题，大秦线扩能第一步是 2005 年底实现两亿吨，这个增量基本上由秦皇岛港来承担”的决议。秦港集团公司的决策与国务院的部署不谋而合，顺应了时代潮流的发展。2004 年 8 月 9 日，秦皇岛港务集团有限公司成立以秦皇岛市委副书记、秦港集团董事长聂振一为组长，党委书记薛德成、副总经理徐建文以及煤五期筹备组组长何振亚等组成的港口建设领导小组，日常工作由徐建文主持。是年 10 月 8 日破土动工，明确了总工期目标，打响了秦煤五期工程重点建设的攻坚战！

思路创新，自主总包。30 多年来，建港指挥部管理体制培养了大批港口建设专门人才，煤五期工程建设时虽由234人浓缩到76人，徐建文打破常规，运用突破性思维，在聂、薛两位领导的鼎力支持下，创新提出由建港指挥部自行承担设备总包，这是一个大胆而又充满挑战的角色。取代外商，业主当设备总包，能节省几千万元的总包费用，但风险巨大，前所未有！徐副总坚信：建港指挥部既然能克服秦煤三期遇到的国外总承包商破产的重重困难，就有能力自主总包。

煤五期工程价值20亿元、总重四万多吨的21台（套）大机和40条皮带机系统，这些设备从合同签订到完成原需两年时间。2005年3月，秦煤五期设备开始制造，到2006年3月底，仅用一年调试完成，在于管理出效益。在设备制造阶段，加大配置监理力量。重点控制配套设备的采购，对设备制造厂家，重点加强企业质量保证体系的完善和监理、监造。对拖期的厂商专人赴厂催办。在设备安装过程中，指挥部建立快速反应机制，由使用单位、监理公司、制造厂和安装单位组成的应急小组对出现的技术问题尽快解决，为安装工程提供强有力的技术保障。为保证设备安装的节点工期，制定科学、周密、详细的总体安装调试计划，严格执行。每周召开两次监理例会和建立安装单位每晚碰头会制度，随时协调解决发生的各类问题。通过开展东南西北大协作，力保总体安装计划。在煤五期安装现场，2000多人的安装队伍包括指导安装调试的外国专家，战严寒，斗酷暑，一丝不苟，兢兢业业，为煤五期总工期目标拼搏……随着55米跨度的BH6皮带机架成功跨越秦皇岛龙源大道，12月18日，煤五期8号翻车机单机空载调试，运行效果良好，实现了集团公司提出的奋斗目标。

科学管理，严格招标优选中交一航局五公司中标。航五人落实总工期计划，打破常规，采用“四新”和高科技，引入GPS卫星定位技术取代水上测量平台，提高了抓斗挖泥定位效率；基床抛石采用2000吨大吨位自航驳抛设，为增强沉箱安放对抗恶劣海况能力，配备大设备，一周最多安放沉箱14个。首次引进空气后处理装置，开创了秦皇岛沿海冬季潜水基床整平不间断的新纪录；改装成首条1500立方米的大型水上混凝土拌和船，开辟水上通道，加快了砼胸墙的浇注速度。在全国最大的翻车机房工程自主体开挖到+5.738米平台封顶仅用228天，创造了国内同类工程建设用时新纪录。

秦煤五期工程陆域回填量 811 万立方米。由于国内疏浚能力严重不足，适合秦皇岛港河卵石土质的大型绞吸式挖泥船全国仅有七艘。董事长聂振一呈请国家计委调度，副总经理徐建文协调天津航道局先后调入 215 号、216 号、217 号绞吸船等 32 艘等各类船舶参战，还不惜动用荷兰籍万吨“诺西”号绞吸挖泥船助阵，使主力绞吸船达到四艘。采取不间断作业、节点攻关、超产重奖等有力措施。使月疏浚量由 20 万立方米提高到 110 万立方米。同时开发挖泥船监控系统软件，运用无线数据传输显示，控制疏浚进度、质量。保证船机配件供应，配备双路管线和添置 600 万元自浮管线，有力地驯服了恶劣海况。共同探索出吹填挤淤置换方案，提前交付堆场施工。

指挥徐建文还首次采用重点建设立功颁奖仪式，设立秦煤五期建设金牌和奖惩制度，有力地激励了参建单位的工作激情。开展保持共产党员先进性教育活动，广大党员佩戴鲜红的党徽，建港工程科长毛德伟等发出“共产党员就是要干在前面”的庄严誓言，无私奉献。广大参建者节假日不休，每天在现场拼搏 12 小时，一天干出两天的工程量，创造了一年半建成 5000 万吨现代化煤码头的奇迹!

科学技术是第一生产力。科学管理、技术创新使秦煤五期工程创造了诸多之最和第一：规模最大。秦煤五期工程新建突堤式码头一座，其中建设 15 万吨级、10 万吨级泊位各一个，五万吨级泊位两个，年通过能力 5000 万吨（尚建有 906、907 预留泊位）。投资最省。工程概算 44.84 亿元，略有节余，为全国建设 5000 万吨煤码头项目投资制定了依据。工期最短，绝无仅有。定额工期三年，仅用一年半时间建成。2004 年 10 月 8 日开工，2006 年 3 月 18 日竣工验收交付使用，交通部副部长徐祖远、总经理邢录珍出席会议。质量最优。设备工艺领先，选用国际知名品牌，技术先进、性能可靠。秦煤五期荣获“国家优质工程银质奖章”之首，具备最先进和最成熟的技术，达到 21 世纪初先进水平。合理化建议广泛，实现效益 2000 多万元。单机效率最高。卸车系统选用三线三翻，翻车机效率 7200 吨 / 小时，可以接卸两万吨列车。堆取系统堆料机效率 6480 吨 / 小时，取料机效率6000吨/小时，8000吨/小时移动伸缩式装船机，以上设备均是目前国内煤码头能力最大的。

煤五期工程创造多项第一：总工程师何振亚、刘军朴等第一次在取装线皮带机采用伸缩头工艺，增大了流程选择性和堆场利用率，荣获科技进步三等奖；第一次设计利用中水进行绿化、洒水除尘和消防用水；第一次在外海施工采用内河的吸沙船工艺，拓宽了疏浚市场，加快了工程进度；第一次在秦皇岛港使用外籍挖泥船进行疏浚作业，对开拓国际疏浚市场进行尝试；第一次改装使用水上混凝土大型拌和船工艺，开辟了水上施工通道；第一次探索出堆场吹填挤淤置换方案，有效地解决了吹填淤泥带问题；第一次在基槽挖泥采用GPS卫星定位技术取代水上测量平台；第一次在冬季潜水使用空气后处理装置，保证潜水作业不间断；第一次开发挖泥船疏浚监控软件，保证了安全、质量；第一次采用冬季混凝土施工采用电热毯等保温措施，保证工程质量优良；第一次报请辽宁、河北跨省及请交警部门开通煤五期大件运输绿色通道；第一次在工程设计中执行SOLAS公约和ISPS规定等。

设计年通过能力5000万吨的秦煤五期工程仅用一年半时间建成投产，创造了中国乃至世界港口建设史上的奇迹。为全国建设现代化煤码头提供了成熟经验，树立了全国建设现代化煤码头的典范。使用单位秦港股份公司第九分公司八年来平均年吞吐量超设计能力的40%以上，成为全球煤码头工程建设史上的一面旗帜。

（张风雷，时任交通部秦皇岛建港指挥部秘书科科长；李冬生，时任秦皇岛建港指挥部秘书科秘书；张秋卉，时任河北港口集团技术中心科长）

王嵎生　**超越争议　携手共赢**

——我所亲历的 APEC

美国高官桑德拉·克里斯托弗女士几乎是贴着我耳朵轻声说："'亚太经济共同体'是克林顿总统的'宠儿'，他现在已作了很大让步，把'共同体'改成了'大家庭'。届时还请贵方'高抬贵手'，允其通过。"

1993 年 2 月，外交部正式任命我为中国 APEC（Asia Pacific Economic Cooperation，亚太经合组织）高级官员。从双边外交到多边外交，这是我外交生涯的一次重大转变。同年 3 月底，我率领 APEC 高官会中国代表团前往美国古都威廉斯堡出席当年 APEC 第二次高官会（SOM）。到 1998 年 10 月为止，我前后担任中国 APEC 高官近六年，负责筹划和执行领导人会议和部长级会议的决定，总体协调 APEC 各委员会和工作组的工作，扮演了一个承上启下的"总管"角色。

APEC 的出现有其深刻的时代背景。20 世纪八九十年代以来，东亚迅速崛起，实际上已同北美和欧盟在经济上形成三足鼎立之势。APEC 正是在这一背景下应运而生。1991 年 10 月 2 日，中国加入 APEC。目前,APEC 共有 21 位成员，此外还有东盟（ASEAN）、太平洋经济合作理事会（PECC）、南太论坛（SPF）

三位观察员，观察员可参加 APEC 部长级会议及其以下各层次的会议和活动。

近 20 多年来，随着形势的发展和时代的变迁，APEC 也在与时俱进，而一些顺应时代潮流的原则，如“贸易投资自由化和便利化”“大家庭精神”和“APEC 方式”等，则得到坚持和发展，成为 APEC 稳步迈向未来的价值基石和战略导向。当然，这些重要原则的确定不是凭空而降，而是经过了艰苦曲折的多边谈判磋商，甚至针锋相对的斗争后取得的。我很有幸，亲历了 APEC 历史几次重大的战略性争议。

APEC 向何处去——“共同体”还是“大家庭”

1993 年，APEC 西雅图领导人非正式会议召开。对于 APEC 来说，这一年是它探索发展过程中的一次重大突破，关系到 APEC 究竟要成为一个什么样组织的方向性问题，因此显得很不平凡。美国作为东道主既增加了会议的重要性，也增加了其复杂性。

这一年，克林顿初登总统宝座。作为世界唯一超级大国的领导人，他希望有一个由美国支配的国际秩序来推行美国价值观和发展模式。竞选总统时，克林顿在中美关系问题上曾说过一些过头的话，并且美国此时仍在对我国进行“制裁”。因此他既想利用东道主的机会开创亚太工作新局面，同时也想尝试改善同我国的关系。这一时期，我国的形势也发生了深刻的变化。邓小平南方谈话后，我国经济强劲的发展势头向全世界显示了中国市场的巨大潜力。同时，我国也产生了更广泛、深入地参与国际经贸合作，为建立新型国际政治、经济关系发挥影响、作出贡献的需要。西雅图领导人非正式会议正是在这一背景下召开的。

6 月份西雅阁高官会后不久，美国高官桑德拉·克里斯托弗女士单独约见我，态度显得异常友好而严肃。她说：“美方十分重视召开这次会议，届时克林顿总统希望同江泽民主席举行会谈，这一点甚至比会议本身更为重要。希望贵国代表团能积极反映和推动此事。”

消息传出后，各方都非常关心我国的态度。东盟国家和日本等国的代表曾私下向我试探并表示，他们的领导人将会非常高兴在这样一次高峰会期间同江主席会见。我们观察分析情况后认为，中国国家领导人出席此会既有利于中国打破“制裁”，也有利于开创外交工作新局面。

然而，事情并不是一帆风顺的，矛盾和斗争从会前就微妙地进行着。7月7日，克林顿在日本出席西方七国首脑会议期间宣布，在11月APEC部长级会议后，他将邀请APEC各领导人在西雅图举行会议，就建立“新太平洋共同体”及相关问题进行讨论。

10月，会议准备工作已基本就绪。此时，以美国经济学家弗雷德·伯格斯滕为主席的APEC知名人士小组（EPG）向各成员提交了一份题为《走向亚太经济共同体》的展望报告。这份洋洋数万言的报告中提出：应该着手“建立一个真正的亚太经济共同体”，以促进本地区的稳定、安全和繁荣。《报告》中把APEC中“C”原本所代表的“Cooperation”（合作），改成“Community”（共同体），这明显反映了美国的利益，其目的是要改变APEC的性质。这样一来，尽管APEC还是APEC，但将不是原来意义上的“合作”论坛，而是一个具有约束性的“共同体”了。

按规定，这份报告应先经高官会提交11月下旬召开的部长级会议，但10月下旬一家日本报纸就将其发表了。紧接着APEC秘书处（当年执行主任是美国的鲍迪大使）也将报告分送各个APEC成员。当我看到“走向亚太经济共同体”那醒目的标题时，不由得暗暗吃惊：这是怎么回事？我们该怎么应对？于是立即向国内报告，准备对策。

11月13日，领导人会议召开前一周，美方又散发了领导人《经济展望声明》草案，草案高度浓缩了知名人士小组报告的主要内容，明确提出建立“亚太经济共同体”的构想。至此，美国的战略意图已比较明显。其“共同体”的构想包括：以贸易自由化为基轴的经济一体化，以美国为主导的多边安全机制和以美国价值观为标准的民主化。

建立这样一种“共同体”当然是包括我国在内的广大发展中成员不能接受的，部分发达成员对此也有异议或顾虑。在领导人会议前举行的高官会上，各方就是否要建立“共同体”问题陷入了激烈争论。美国见势不妙只得让步，表示可将 Community 的大写 C 改为小写 c（即把“共同体”概念改为一般的“大家庭”概念）并征求各方意见。我们研究后认为，“大家庭”和“共同体”两者有所不同，可视情况适当灵活处理。在当晚高官们最后磋商有关文件时，我们对“大家庭意识”（Sense of community，c 为小写）的提法没有表示反对。

考虑到领导人会议前的争论，克林顿总统显然担心领导人会议的主要文件《经济展望声明》会遇到阻力，甚至通不过。因此在领导人会议前一天，他紧急写信给各领导人，还把《声明》中的大写 C 都改为小写 c。为确保美方不在《声明》中加入中方不能接受的内容并把我方的基本观点记录在案，江泽民主席当日中午便复信克林顿总统强调指出：“亚太共同体”的性质和观念既不反映、也不符合 APEC 的现实，把它写进《展望声明》中是不合适的。克林顿总统也面对现实，在 19 日领导人欢迎宴会的祝酒词中对“共同体”一词作了新的解释。他说，这里所提的“共同体”，不同于欧洲式的以法律形式固定下来的以大写 C 开头的“经济共同体”（Economic Community），而是以共同经济利益为纽带、以小写 c 开头的亚太地区的大家庭似的“共同体”。后来大家索性把这个小写 c 开头的“community”直接译成“大家庭”。

这是一次盛大的国宴，有 14 位国家元首和政府首脑、几十位外交部长和经贸部长、知名人士、企业界代表等出席，全体高官也都应邀出席。当晚宴进行到最兴浓的时候，美国高官桑德拉·克里斯托弗女士悄悄来到我身边。克里斯托弗女士人高马大，办事很少拖泥带水，当然也很懂得妥协。她首先对我们在高官会上的合作成功表示祝贺，并把手中的红葡萄酒一饮而尽，紧接着放低声音，几乎是贴着我的耳朵说：“‘亚太经济共同体’是克林顿总统的‘宠儿’，他现在已作了很大让步，把‘共同体’改成了‘大家庭’。晚宴后领导人在一起喝咖啡时，克林顿将征求对《经济展望声明》草案的意见。届时还请江主席‘高抬贵手’，允其通过。”桑德拉离开后，我立即向钱其琛副总理作了报告。钱副总理说，我们的态度已记录在案，不用再答复她了。

经过紧张磋商，11月20日通过的《经济展望声明》中把美方修改稿中五处小写c删掉两处，把最后一句“承诺要建立一个APEC大家庭”（Committed to building an APEC community）改为“承诺要深化APEC大家庭精神”（Committed to deepening spirit of APEC community）。这样既坚持了原则，又给了美国面子，形成了一个比较平衡、各方都比较满意的文件。尽管当时大家尚未顾及讨论什么是“大家庭精神”以及如何深化“大家庭精神”，但这毕竟是一个从战略上加强合作的良好开端。

APEC需要一个“老大”吗——“领导人私人代表制”还是“高官会”

APEC领导人非正式会议第二次会议于1994年11月15日在印尼的茂物召开。这一年，东道主从世界上最发达的美国转移到东盟最大的发展中国家印尼。这一转移本身就意味着APEC中的经济体享有平等的权利，但美国却总想发挥“主导作用”。印尼总统苏哈托身边的一位高级助理曾私下告诉我，美国利用移交工作之便竭力对印尼施加影响，新年伊始便派高级官员来“传授经验”，实际上是想成为“并非东道主的东道主”。苏哈托是一位颇有个性的人物，他很重视美国的作用，但也不喜欢被“喧宾夺主”。

根据获得的情况并结合我们自己的观察，我觉得这次矛盾也很错综复杂，一开始就有点“短兵相接”的味道，焦点之一就来自要不要搞一个“领导人私人代表”的班子，实行“领导人私人代表制”。“领导人私人代表制”是美国人的主意，他们在西雅图会议时就曾有这样的想法。新年刚过不久，印尼高官便通知所有高官：请各经济体领导人指派私人代表，直接向领导人负责，以便专门处理西雅图领导人会议的有关决定和倡议。印尼的这一决定立即得到美方的积极回应，然而大多数成员反应冷淡，加拿大、日本和韩国则强烈反对，这预示着春节后在雅加达召开的当年第一次高官会将不可避免会有一场较量。

高官会期间，一般在正式开会前都有两天左右的时间进行磋商。根据国内指示，中方代表团首先向东道主印尼方面明确表示："'领导人指派私人代表'的办法，既无必要，也不合适。领导人会议的待办事务和准备工作，完全可以由高官会办理。否则，等于要搞'双轨制'，不仅工作重叠，效率受损，而且将使 APEC 内部机制混乱，增加矛盾。"印尼高官会主席路易斯对此并没有争辩，只一般性地解释说，他们原意也只是为了方便和提高效率。从他的话中，我感到他对"领导人指派私人代表"一事并不十分热心。

美国高官桑德拉·克里斯托弗则大不相同。她在双边磋商中表现强硬，大谈"私人代表制"的好处和必要性，说："我就是不喜欢高官会，高官会太官僚，什么事都要协商一致，效率太低。私人代表可以实现按多数人的意见作决定。"外交上有时候需要"以柔克刚"，有时候也需要来点"硬碰硬"。于是我也坦率地告诉她："我很难苟同你的意见。不管美方主观愿望如何，这一做法将产生严重后果：第一，破坏 APEC 协商一致的基本原则；第二，打乱 APEC 现行运作体制。此外，没有协商一致，各干各的，结果只能是欲速而不达。"

当时，各代表团都围绕这一问题紧张地进行双边磋商，我曾在一天内马不停蹄参加了十多场活动，虽然累得够呛，但心情愉快，因为预感到将赢得这场斗争。高官会上，各路高官就这一问题展开了激烈辩论，美国带头支持，加拿大带头反对。由于僵持不下，高官会主席在征得大家同意后当场逐一问"Yes or No"（支持还是反对），结果说"Yes"的只有寥寥几家，关于"领导人指派私人代表"的意见就这样被否决了。美国高官无可奈何，只得拉长着脸表示遗憾。加拿大高官巴洛克大使一向快人快语。此时便顺手在纸上写下了他兴奋之至的心情："We have just defeated a 'coup d' é tat' of the White House."（我们刚刚击败了白宫的一次"政变"。）APEC 座位是按英文字母顺序排列的，加拿大的左边是中国，他就很自然地把这张纸递给我看。我看后会心一笑，心想，他的话虽有些激烈，但不无道理。如果真的搞什么"领导人指派私人代表"制，APEC 整个体制都要随之而变，一些基本原则也会被破坏，这岂不是有点“政变”的味道？

在当晚的招待会上，美国代表团成员在私下交谈中承认失败，还说没想到会败得这么惨。有人开玩笑说：“如果你们成功，我们高官就要失业了。”

贸易投资自由化怎么搞——“齐步走”还是“分步走”

争议还在继续。如果说西雅图 APEC 领导人第一次非正式会议完成了经济前景展望任务，那么茂物会议的主要任务就是要根据这一展望绘制一幅宏伟的蓝图。

可是，《经济展望声明》中的多方面内容该从何处着手，重点又当放在哪里？因此，此次会议上在选择“自由贸易区”还是“地区贸易自由化”方面的争议，实质上也是西雅图会议关于大 C（共同体）和小 c（大家庭）之争的一个继续。

对于“地区贸易自由化”的设想，东道国印尼方面从一开始便广泛征求意见。经过磋商，这个问题比较顺利地解决了。在 1994 年头两次高官会上，大家便对印尼的设想取得了共识。美国对此也表现得比较务实，表示完全赞同苏哈托总统的设想，不搞自由贸易区。

两次高官会后，印尼感到时机成熟，于是明确提出要把“贸易投资自由化”（TIL）作为茂物领导人会议的主题。当年 7 月，平托罗教授作为苏哈托总统的特使访问我国。中方对此次访问十分重视，安排印尼特使下榻钓鱼台国宾馆，并由我全程陪同。平托罗教授思想敏捷，精力充沛，讲起话来学者味十足。在北京短短几天，我们很谈得来。他因小我一两岁，后来就索性不叫我“大使”，而改口亲热地称我为“大哥”了。

双方磋商会谈时，平托罗教授向我们通报了苏哈托总统的基本设想：APEC 一个“大家庭”，两大支柱——贸易投资自由化和经济技术合作。这显然是印尼方面在综合考虑了各方利益和诉求之后结合自身需要而制定的一个比较平衡的方案，大体符合 APEC 的前进方向，实际上也为 APEC 初步勾绘了一幅合作蓝图草案，我们给予充分肯定，表示愿意积极研究印尼方面的设想。

正当平托罗教授“周游列国”争取支持时，印尼方面还没有提出关于贸易投资自由化的任何时间表。可是不久，围绕时间表的争议便出现了。

1994 年 8 月，APEC 知名人士小组提出报告，建议 APEC 领导人在茂物会议上将“在本地区实现自由、开放的贸易与投资”确定为 APEC 的长远目标，并建议将 2020 年作为实现这一目标的最后期限，发达成员、新兴工业化经济体和发展中成员分别于 2010 年、2015 年和 2020 年实现这一目标。

10 月中旬，根据西雅图 APEC 领导人非正式会议要求成立的“太平洋工商论坛”（PBF）也发表报告，建议 APEC 发达成员应在 2002 年实行贸易投资自由化，其他经济体则应不晚于 2010 年。用 APEC 发达成员的话来说，这份报告比知名人士小组的报告“更加激进”。

11 月 3 日，印尼在广泛听取意见后正式提出了《茂物宣言》草案，把实现贸易投资自由化的时间表修订为：发达经济体不晚于 2010 年，发展中经济体不晚于 2020 年。苏哈托总统为此亲自写信给各经济体领导人进行解释，寻求支持。他还特意向中国等发展中成员表示：“这两个时间表对我们有利，可赢得十年的宝贵发展时间。”

至此，摆在 APEC 各成员面前的已有三个不同的时间表。随着茂物领导人非正式会议一天天临近，一场围绕时间表问题的斗争迅即从暗地走向公开。11 月上旬，对阵明显摆开：印尼作为东道主，又是一个市场开放程度并不高的发展中国家，坚持将两个不同的时间表明确写入宣言，但这正是美国所“不喜欢”的。先期抵达雅加达的美国总统特别助理在部长级会议召开之前就放出风声，说克林顿总统只能同意《茂物宣言》中有一个时间表，或者 2010 年，或者 2020 年，绝不能有差别待遇。与此同时，马来西亚则反复重申它不希望设任何时间表的立场。这样，印尼、美国和马来西亚及其背后所代表的成员成为在时间表问题上具有代表性的三方。

我国在时间表问题上的立场从一开始就比较明确。作为长远目标，我们赞成 APEC 地区实现贸易投资自由化，并原则上赞成通过一个意向性的时间表。但考虑到 APEC 巨大多样性的特点，我们主张应根据不同的经济发展水平制定不同的时间表，在不同的领域也要采取不同的时间表和做法。在高官会双边磋商中，我们曾反复阐述这一立场。11 月 5 日，江泽民主席复信苏哈托总统时强调指出："贸易自由化时间表的表达方式应尽可能具有灵活性。"11 月 11 日，钱其琛副总理兼外长在部长级会议发言中明确表示：由于 APEC 成员经济发展水平差异很大，中国赞成苏哈托总统提出的根据不同情况制定不同时间表的建议。印尼方面私下对我说："这是中国对印尼的有力支持，也代表了广大发展中成员的意愿。"关键时刻，印尼方面作出非常强硬的姿态，放风说："苏哈托总统宁可不要《茂物宣言》，也绝不同意搞单一的时间表。"

茂物会议前夕，各成员都在焦急地等待印尼方面拿出《茂物宣言》的最后修改稿。作为中国方面的高官，我当然也希望尽快拿到，可就是找不到负责起草的平托罗教授。有人开玩笑，说他是不是"玩失踪"了。直到苏哈托总统为各领导人举行晚宴前一小时，仍然没有平托罗教授的任何消息。我焦急万分，于是立即赶赴宴会厅，满以为这次无论如何也该拿到修改稿了。可出乎意料的是，还是没有！这时现场有人悄悄告诉我："不会再有修改稿了。据印尼方面说，11 月 3 日的草案就是最后一稿，一字不改！"

11 月 15 日，各经济体领导人从雅加达驱车茂物，在印尼总统行宫举行 APEC 领导人第二次非正式会议，会上大家本着"大家庭"精神各抒己见。江泽民主席对 APEC 的未来提出了五项原则建议：相互尊重、协商一致；循序渐进、稳步发展；相互开放、不搞排他；广泛合作、互利互惠；缩小差距、共同繁荣。他同时指出：贸易自由化应以非歧视性原则为基础，循序渐进，分阶段实施。大多数与会领导人都表示十分赞同江主席提出的主张。美国总统克林顿也说："我同意江泽民主席关于分步实施的想法，同时要照顾到各成员的不同经济发展水平。"

就这样，随着与会各方对"贸易投资自由化"时间表的一致通过，《茂物共同决心宣言》终告产生。《宣言》承诺：最迟不晚于 2020 年完全实现在亚太地区的自由和开放贸易以及投资的目标。可以说，《宣言》的顺利产生是各经济体不同经济利益的某种汇合。各领导人存异求同，寻求合作，确实体现了一种“大家庭”精神。《宣言》绘制了 APEC 的蓝图，制定了具体战略目标，从此，APEC 不再是一个普通的官方论坛，而是一个“具有实质内容的官方经济论坛”了。《宣言》还表明，美国力图主导 APEC 发展方向的目的并未如愿，中国和其他发展中国家的影响力却在上升。

来之不易的“APEC 方式”与中国的独特贡献

1996 年由菲律宾任东道主，领导人非正式会议在苏比克召开。久闻苏比克湾的大名，大家都希望一睹它的风采。同年 2 月，在马尼拉召开第一次高官会，会后我们飞赴苏比克实地考察会议准备情况。飞临苏比克上空时，蓝天白云下苏比克湾绮丽的海湾风光尽收眼底，令人赞叹不已。考察结束后，所有代表都感到满意，我心里也对菲方的准备工作有了数。

苏比克的风光固然美丽，它的“现代历史见证人”地位则更加引人关注。苏比克领导人非正式会议的主旨是要进一步深化“大家庭精神”，而在这一年先后召开的四次高官会上，“亚太经合组织方式”（APEC Approach）就是其中一个历史性的重大议题。

APEC 从一开始就不是一个有约束力的集团或谈判场所，但它也绝不是一个空谈俱乐部，而是有着建立在共识基础上的宗旨、运作原则和具体行动。《西雅图宣言》在重申 APEC 作为一个论坛的同时，承诺要“深化大家庭精神”，但到底什么是“大家庭精神”，当时并未探讨，当然也不明确。

回顾西雅图会议以来的一系列矛盾和斗争，我们在第一线的工作人员深感需要总结经验，就什么是“大家庭精神”取得共识，以免 APEC 在前进过程中走偏方向。我同外交部同志多次探讨并认真听取专家意见后，提出了关于“APEC 方式”的初步主张和建议，很快得到部领导的同意。江泽民主席把这一主张和建议上升到战略高度，并几次致信菲律宾总统拉莫斯指出：通过几年的实践，APEC

已找到了一条符合亚太特色的独有的方式，这就是“APEC 方式”。这种方式指的是互尊互利，在自主、自愿基础上的协商一致，既承认多样性，允许一定的灵活性，也适当地进行协调，开展一些集体的活动。这一方式的基本内容已被各成员普遍接受。如果把这些内容以适当的形式加以确认、阐述和丰富，对于 APEC 今后的发展将具有积极的意义。

在 5 月的第二次高官会上，我们在中菲双边磋商中提出了“APEC 方式”。一开始，菲方高官会主席马卡拉纳斯副部长的回应很积极，认为这是中国方面对苏比克会议的一大贡献，他愿意为“APEC 方式”而主动去做各方的工作。可是不久他的态度却变了，说：“一些发达成员不赞成，美国更是‘强烈反对’，不好办。”尽管我们做了大量工作，《苏比克宣言》草案仍只字不提“APEC 方式”。还剩下一天领导人就要开会了，怎么办，难道一年的心血就这样白费了？关键时刻我们不得不使出“撒手锏”。

我紧急约见马卡拉纳斯副部长，强烈要求宣言一定要反映“APEC 方式”。我说：“江泽民主席几次致信拉莫斯总统，可贵方却始终毫无反应，我们不能理解。如果因为美国反对就不写进去，那么现在的草案中也有一些美国的建议，我们顾全大局而勉强同意了。如果我们也反对，你们还能通过《苏比克宣言》吗？”听到这里，对方开始紧张起来，问我有何具体建议。我立即拿出事先准备好的案文：To deepen the spirit of the community in the spirit of “APEC Approach”（以“APEC 方式”的精神深化大家庭精神）。马卡拉纳斯阅后当即表示，他今晚将面见拉莫斯总统最后敲定宣言草案，届时他将争取把“APEC 方式”写进宣言草案。我说：“光争取不行，还是请你们要设法写进去，以免发生大家都不愉快的事。”

第二天一早，我们便看到了新修改的草案，“APEC 方式”终于写进去了，只是把我们案文中的“In the spirit of”（以……精神）改为“In accordance with”（按照……），即“按照 APEC 方式深化大家庭精神”。他们这是从英文技术上来考虑的，认为一句话中紧挨着出现两个“Spirit”不好听，结果效果比我们的案文更好。

1996年12月25日，APEC领导人在《苏比克宣言》中庄严宣布："按照APEC方式深化大家庭精神，对于APEC在本地区和全球发挥积极影响是至关重要的。"江泽民主席指出：这是APEC领导人对APEC多年来实践经验的重要共识和总结，它向全世界宣告"APEC方式"的诞生，也从战略高度为APEC的发展指明了方向，照顾了合作伙伴不同的经济发展水平和承受能力，使他们不同的权益和要求得到较好的平衡。许多参加会议的人都说："APEC方式，是'大家庭'的灵魂和最佳方式，它赋予APEC强大的生命力。"APEC今天之所以能够生机勃勃，很大程度上就是由于坚持了"APEC方式"，亚太经济合作的未来发展，也离不开"APEC方式"。

（作者时为中国APEC高官　潘飞/采访整理）

鸣　谢

在《大潮》丛书出版之际，谨向下列省市政协在文稿编选方面给予的大力支持表示谢意！

天津市政协文史资料委员会、上海市政协文史资料委员会、浙江省政协文史资料委员会、重庆市政协学习及文史委员会、海南省政协文史资料委员会、贵州省政协文史与学习委员会、石家庄市政协学习和文史资料委员会、秦皇岛市政协文史资料委员会、沈阳市政协学习宣传文史委员会、大连市政协文史和学习委员会、南通市政协教文卫体和文史委员会、连云港市政协学习文史资料委员会、宁波市政协文史委员会、温州市政协文史委员会、福州市政协文史资料和学习宣传委员会、厦门市政协文史和学习宣传委员会、青岛市政协文史资料委员会、烟台市政协科教文卫体和文史资料委员会、广州市政协学习和文史资料委员会、深圳市政协文化文史和学习委员会、珠海市政协文史资料委员会、汕头市政协文化和文史资料委员会、湛江市政协学习和文史资料委员会、北海市政协文史资料委员会等。